Praxisbuch

**Alt und Jung – Generationen
in der Umweltbildung und
Naturschutzarbeit**

Praxisbuch

Alt und Jung

Generationen in der Umweltbildung und Naturschutzarbeit

Claudia Olejniczak
Clemens Geißler
(Hrsg.)

Vorwort

Claudia Olejniczak
Clemens Geißler

Als Träger des *Generationennetzwerks Umwelt* haben die Deutsche Gesellschaft zur Förderung der Forschung im Alter e.V. (DGFFA) und das Institut für Entwicklungsplanung und Strukturforschung GmbH (*ies*) seit 2002 Einrichtungen mit umweltbezogenen Aufgabenfeldern dabei unterstützt und begleitet, eine generationenübergreifende Arbeitsweise unter Einbeziehung der Potenziale Älterer zu beginnen, weiter zu entwickeln und zu verstetigen. Möglich wurde der Aufbau des *Generationennetzwerks Umwelt* und die Entwicklung und Erprobung dieses Arbeitsansatzes durch die Förderung der Deutschen Bundesstiftung Umwelt (DBU), Osnabrück, der wir an dieser Stelle danken. Durch diese Entwicklungsarbeit konnte ein wesentlicher Beitrag zur Förderung der gesellschaftlichen Mitverantwortung der Älteren für die Sicherung der Umwelt geleistet werden.

Möglich wurde der Erfolg des Vorhabens durch das Engagement der acht beteiligten Lernwerkstätten. Sie haben von Anfang an das Anliegen des *Generationennetzwerks Umwelt* zu „ihrem" Anliegen werden lassen und sich auf einen offenen und experimentellen Weg der Engagementförderung eingelassen. Wir danken ihnen sehr herzlich für ihre Begeisterung, Kreativität und das große Engagement. Die Erfolge ihrer Arbeit lassen sich sehen, wie auch die verschiedenen Auszeichnungen und Preise zeigen, die einzelne Projekte der Lernwerkstätten erhalten haben.

Mit dieser Publikation möchten wir viele weitere Einrichtungen der Umweltbildung und Naturschutzarbeit, der Kinder- und Erwachsenenbildung sowie aus anderen Bereichen ermutigen, die Potenziale Älterer für die generationenübergreifende Zusammenarbeit zu nutzen. Gute Beispiele für die gelingende generationenübergreifende Zusammenarbeit unterstützen das Wachsen eines neuen Bilds vom Altern und Alter und tragen dadurch zu Veränderungen des öffentlichen und medialen Bilds einer alternden Gesellschaft bei. Dies wird hoffentlich auch vielseitige Formen der generationenübergreifenden Zusammenarbeit entstehen lassen. Mit der Arbeit im *Generationennetzwerk Umwelt* wird ein ermutigender und anregender Beitrag auf diesem Weg geleistet.

Impressum
Olejniczak, Claudia; Geißler, Clemens (Hrsg.):
Alt und Jung – Generationen in der Umweltbildung und
Naturschutzarbeit. Praxisbuch. Hannover 2006.

© Institut für Entwicklungsplanung und Strukturforschung
Lister Straße 15
30163 Hannover
Telefon: 0511/399-70
Fax: 0511/399-7229
www.ies.uni-hannover.de
mailbox@ies.uni-hannover.de

ISBN 3-933272-46-7
Printed in Germany

Alle Rechte vorbehalten
Hannover 2006

Redaktion: Claudia Olejniczak, Maike Schaarschmidt
Gestaltung: Birgit Knoth
Druck: Albat und Hirmke GmbH, Hannover
Auflage: 900
Papier: Munken Pure 120 g/qm, Umweltzeichen „Nordic Swan"

Evang. Landjugendakademie
Dieperzbergweg 13-17
57610 Altenkirchen/Ww.
Tel.: 02681 / 95 16-0 - Fax: 7 02 06
E-mail: info@lja.de

Inhalt

4 Vorwort

Grundlagen, Erkenntnisse und Strategie

12 Einführung
Claudia Olejniczak

19 Bündnisse der Generationen – Potenziale für gemeinsames Handeln zugunsten von Gesellschaft und Umwelt
Clemens Geißler

36 Erfahrungen und Erkenntnisse aus den Lernwerkstätten
Claudia Olejniczak

56 Strategische Schritte zur generationenübergreifenden Arbeitsweise
Claudia Olejniczak

Praxisberichte der Lernwerkstätten

Naturschutz- und Umwelteinrichtungen

72 Akademie für Natur und Umwelt des Landes Schleswig-Holstein
Dörte Paustian

89 NABU-Naturschutzzentrum Rheinauen, Bingen-Gaulsheim
Robert Egeling

109 Nationalparkhaus Sächsische Schweiz, Bad Schandau
Jana Spitzer

124 Ökologisches Schullandheim Licherode
Klaus Adamaschek

Einrichtungen der Erwachsenenbildung und Seniorenarbeit

144 Katholische Erwachsenenbildung Niedersachsen – Bildungswerk Lingen
Gisela Bolmer

159 Projektebüro „Dialog der Generationen", Berlin
Volker Amrhein

178 Zentrum Aktiver Bürger, Nürnberg
Andrea Konopka, Ute Zimmer

201 Zentrum für Allgemeine Wissenschaftliche Weiterbildung der Universität Ulm
Erwin Hutterer

Leitfaden Profilentwicklung

220 Entwicklung von Arbeitsschwerpunkten: Grundsätzliches, Fragenkataloge, Checklisten

Anhang

240 Literatur
247 Internetlinks
251 Programmträger
254 Herausgeber
256 Fotonachweis

Grundlagen, Erkenntnisse und Strategie

Einführung

Bündnisse der Generationen

Erfahrungen und Erkenntnisse aus den Lernwerkstätten

Strategische Schritte zur generationenübergreifenden Arbeitsweise

Einführung

Claudia Olejniczak

Hintergrund und Intention

Das bürgerschaftliche Engagement im Umwelt- und Naturschutzbereich verändert sich: Vereine, Verbände und Bildungseinrichtungen stellen fest, dass die Gewinnung und Einbindung von freiwillig aktiven Menschen kein „Selbstläufer" mehr ist. Sie müssen innovative Wege der Ansprache finden und neue Strukturen entwickeln, die das freiwillige Engagement in umweltbezogenen Arbeitsfeldern (wieder) attraktiv machen. Vielen Initiativen, Vereinen und Verbänden fällt es jedoch schwer, sich auf die Anforderungen des „Neuen Ehrenamts" einzulassen, z.B. weil ihre strukturellen und personellen Voraussetzungen dieser Entwicklung entgegen stehen oder aber auch, weil Prinzipien wie projektförmige Arbeitsweise, zeitlich befristetes Engagement und Management von Freiwilligen als dem Handlungsfeld nicht angemessen betrachtet werden.

Die Besonderheit der Ansätze liegt in dem Zusammenspiel zwischen Alt und Jung.

Ein besonderes Potenzial für das bürgerschaftliche Engagement sind Menschen in der nachberuflichen Lebensphase. Sie verfügen über Kenntnisse, Erfahrungen und zeitliche Ressourcen, von denen Jüngere profitieren können. Umgekehrt gewinnen Ältere durch die Begegnung mit jungen Menschen in vielfacher Hinsicht, u.a. wird ihre gesellschaftliche Teilhabe gesichert. Im Zusammenwirken des Neu- und Erfahrungswissens beider Generationen entstehen neuartige Ideen, Produkte, Dienstleistungen usw.

Unter Älteren ist die Bereitschaft zum Engagement vorhanden. Der aktuelle Freiwilligensurvey 2004 zeigt, dass unter den Älteren der Anteil an Engagierten deutlich gestiegen ist. Zwischen 1999 und 2004 nahm das Engagement der über 60-Jährigen von 26 % auf 30 % zu. In der Gruppe der 60 bis 69-Jährigen ist der Anteil an engagierten Menschen sogar von 31 % auf 37 % gestiegen (Gensicke/Picot/

Geiss 2005: 15). Auch das Engagementpotenzial von bisher nicht engagierten Menschen ist beachtlich angewachsen, in der Gruppe der 60 bis 69-Jährigen von 1999 bis 2004 von 17 % auf 26 % (Ebd.: 323).

Speziell generationenübergreifende Projekte und Angebote unter Nutzung der Engagementbereitschaft und der Kompetenzen von Älteren stehen noch am Anfang. Der Freiwilligensurvey 2004 zeigt, dass erst 12 % der freiwilligen Tätigkeiten von Älteren ab 60 Jahren auf Kinder und Jugendliche zielt (Ebd.: 336), in jüngeren Altersgruppen ist der Anteil deutlich höher. Auf Seiten der Einrichtungen sowie der potenziell freiwillig Aktiven sind noch Lernprozesse in Gang zu setzen: Chancen und Möglichkeiten der Zusammenarbeit müssen erkannt werden, die Fähigkeit institutionelle Rahmenbedingungen sowie individuelle Kompetenzen einzuschätzen muss sich weiter entwickeln. Schließlich müssen die in den Einrichtungen bereits tätigen Hauptamtlichen und Freiwilligen ebenso wie die Engagementbereiten in der Lage sein, Grenzen zu erkennen und ggf. auch zu setzen.

Bei den Beteiligten von generationenübergreifenden Projekten sind Lernprozesse anzustoßen.

Um generationenübergreifende Austauschprozesse in Gang zu bringen, sind übergreifende Programme und konkrete Projekte notwendig, die den vielseitigen Wünschen und Voraussetzungen der verschiedenen Zielgruppen entsprechen und die gemeinsames Erleben, Erfahren und Nachdenken ermöglichen. Vor dem Hintergrund sich lockernder verwandtschaftlicher Netze schaffen sie Gelegenheiten für die Begegnung zwischen den Generationen, die heute bewusster als früher inszeniert werden müssen. In diesem Feld übernehmen Vereine, Initiativen und Einrichtungen eine wichtige gesellschaftliche Aufgabe als Initiatoren und Schnittstellen für Begegnungen.

Ausgestaltung und Verbreitung der Idee

Der Erfolg von Angeboten für und vor allem von Älteren im Umwelt- und Naturschutz steht und fällt mit der Art und Weise, wie solche Angebote eingefädelt und begleitet werden. Um auf diesem Feld neuartige Erfahrungen zu sam-

> Generationennetzwerk Umwelt: Ausgehend von den Potenzialen und Ideen der Älteren wurde in acht Lernwerkstätten am generationenübergreifenden Profil gearbeitet.

meln, initiierten die Deutsche Gesellschaft zur Förderung der Forschung im Alter e.V. (DGFFA) und das Institut für Entwicklungsplanung und Strukturforschung (*ies*) in Hannover im Jahr 2002 das *Generationennetzwerk Umwelt*. Ihm liegt die Idee zu Grunde, die Potenziale von Älteren in umweltbezogenen Handlungsfeldern zu nutzen und weiter zu entwickeln, insbesondere für Angebote und Projekte, die sich an die nachkommenden Generationen richten. Erfahrungen aus dem von 1998 bis 2002 durchgeführten Programm „Alter für die Umwelt" hatten gezeigt, dass für die Erarbeitung eines solchen Arbeitsschwerpunkts in den Organisationen und Einrichtungen Prozesse der Organisations- und Netzwerkentwicklung in Gang zu bringen sind. Acht Einrichtungen der Umwelt- und Erwachsenenbildung wurden in einem Wettbewerb aufgefordert, sich als Modellstandorte zu bewerben. Sie sollten in der Modelllaufzeit von 2002 bis 2005 seniorenbezogene bzw. generationenübergreifende Projekte und Angebote entwickeln und erproben. Ihre Erfahrungen und Erkenntnisse sollten anderen Einrichtungen wiederum als Vorbild für die Initiierung eigener Prozesse dienen, so dass nach und nach immer mehr Institutionen eine generationenübergreifende Arbeitsweise unter Einbindung von älteren Freiwilligen entwickeln.

Im *Generationennetzwerk Umwelt* hatten also acht Einrichtungen aus der Naturschutz- und Umweltbildungsarbeit sowie der Erwachsenenbildung bzw. Seniorenarbeit als Lernwerkstätten die Aufgabe, modellhaft unterschiedliche Arbeitsweisen für die Gewinnung, Qualifizierung und Zusammenarbeit mit interessierten Menschen zu entwickeln und in der Praxis zu erproben. Die durch die Lernwerkstätten zu entwickelnden Projekte und Angebote sollten eines gemeinsam haben: Die Kompetenzen, Ideen und Interessen der Seniorinnen und Senioren bilden den Ausgangs- und Mittelpunkt. Beraten und begleitet wurden sie dabei von der Netzwerk-Agentur im *ies* Hannover. Diese Arbeit erfolgte von 2002 bis 2005 mit finanzieller Förderung der Deutschen Bundesstiftung Umwelt (DBU), Osnabrück.

Der Begriff „Lernwerkstatt" unterstreicht den ausdrücklich erwünschten experimentellen und offenen Charakter der

Ansätze und Projekte. Die beteiligten Einrichtungen unterscheiden sich in ihrer Trägerstruktur und in ihren Aufgaben in der Naturschutz- und Umweltbildungsarbeit. Ein breites Spektrum an institutionellen Voraussetzungen und Erfahrungen wurde einbezogen und bietet Anknüpfungspunkte für die Lernprozesse anderer Einrichtungen. Diese Auswahl sollte dazu führen, dass die im *Generationennetzwerk Umwelt* beteiligten Modellstandorte wechselseitig von der Verschiedenartigkeit profitieren: So konnten und können die Umwelteinrichtungen von den Erfahrungen in der Arbeit mit Älteren lernen und umgekehrt andere Bildungs- und Senioreneinrichtungen neue Anregungen für umwelt- und naturschutzbezogene Projekte erhalten. Die Initiatoren des Programms verfolgen damit auch das Anliegen, Fragen der Umweltbildung und der Naturschutzarbeit über die „klassischen" Umwelteinrichtungen hinaus breiter gesellschaftlich zu verankern. Als Lernwerkstätten beteiligten sich:

- Akademie für Natur und Umwelt des Landes Schleswig-Holstein, Neumünster
- Katholische Erwachsenenbildung im Lande Niedersachsen e.V., Hannover
- Nationalparkhaus Sächsische Schweiz, Bad Schandau (Sachsen)
- Naturschutzzentrum Rheinauen, Bingen-Gaulsheim (Rheinland-Pfalz)
- Ökologisches Schullandheim Licherode – Zentrum für praxisnahe Umweltbildung, Alheim-Licherode (Hessen)
- Projektebüro „Dialog der Generationen", Berlin
- Zentrum Aktiver Bürger, Nürnberg (Bayern)
- Zentrum für Allgemeine Wissenschaftliche Weiterbildung, Ulm (Baden-Württemberg)

Neben der Entwicklung konkreter Modelle einer generationenübergreifenden Profilierung durch die beteiligten Einrichtungen zielte das *Generationennetzwerk Umwelt* von Anfang an auf die netzwerkförmige Verbreitung der zugrunde liegenden Intention und der praktischen Umsetzungsstrategien. Andere Einrichtungen der Umwelt- und Erwachsenenbildung oder Naturschutzarbeit sollten und sollen von den Erfahrungen profitieren. Sie nutzten und

Die Idee der generationenübergreifenden Arbeit verbreitet sich netzwerkförmig über die Modelllaufzeit hinaus.

nutzen z.B. die Beratung der Netzwerk-Agentur im *ies* Hannover. Netzwerkförmig verbreitet sich die Idee der generationenübergreifenden Arbeit aber auch in den jeweiligen Regionen der im *Generationennetzwerk Umwelt* engagierten Einrichtungen. Vor Ort entstanden vielfältige neue Kooperationen. Die Erfahrungen werden auch nach der ausgelaufenen Förderung durch die DBU weiter verbreitet, z.B. auf Tagungen und im Rahmen dieses Praxisbuchs. Alle am *Generationennetzwerk Umwelt* beteiligten Einrichtungen nehmen weiterhin eine Initiativ- und Anregungsfunktion für neue umweltbezogene generationenübergreifende Programme und Projekte wahr, setzen ihre begonnenen Vorhaben fort oder haben sie sogar bereits deutlich weiter entwickelt.

Arbeitsweise im Modellprogramm

Im *Generationennetzwerk Umwelt* haben die Lernwerkstätten Menschen für ein Engagement gewonnen, die bisher nicht in natur- und umweltbezogenen Handlungsfeldern engagiert waren. Das *ies* hat als koordinierende Netzwerk-Agentur die Lernwerkstätten bei der Entwicklung ihrer Projekte und Angebote zur Förderung der generationenübergreifenden und seniorenbezogenen Umweltbildung und -kommunikation beraten und begleitet. Dieser Beratungsprozess umfasste folgende Schritte:

- Bestandsaufnahme in den Lernwerkstätten zu den Zielen, Ressourcen, Projektideen und Festlegung von ersten Umsetzungsschritten zur Zielerreichung;
- Prozessbegleitung der einzelnen Einrichtungen, u.a. Teilnahme, Feedback bzw. Evaluation einzelner Veranstaltungen; Telefonberatung und Vor-Ort-Beratungen zu generellen Fragen der Zielgruppenansprache, der Weiterentwicklung der Projekte usw.;
- Implementierung von Instrumenten zur Selbstevaluation der Lernwerkstätten: Schriftliche Erhebungen zur Projekt- und zur Netzwerkentwicklung (Mitte der Modelllauf-

zeit und gegen Ende); Durchführung von gemeinsamen Workshops zur Reflexion der Ergebnisse;
- Fachliche Inputs bei den Veranstaltungen und Workshops der Lernwerkstätten, z.B. zu den Rahmenbedingungen des freiwilligen Engagements usw.

Neben der Prozessbegleitung der Lernwerkstätten hatte die Netzwerk-Agentur im Weiteren die Aufgabe, über das *Generationennetzwerk Umwelt* auf Veranstaltungen zu berichten, weitere an der generationenübergreifenden Profilierung interessierte Einrichtungen zu beraten sowie den Verlauf und die Ergebnisse zu dokumentieren.

Aufbau des Praxisbuchs

Die Ergebnisse der Projekte und Prozesse werden in diesem Praxisbuch der generationenübergreifenden Arbeit in der Naturschutz- und Umweltbildungsarbeit dokumentiert. Die Publikation richtet sich vor allem an Haupt- und Ehrenamtliche in der Praxis, die eine generationenübergreifende Arbeitsweise beginnen oder weiter entwickeln wollen. Sie soll das Verständnis für die Dynamik einer solchen Arbeitsweise vertiefen: Zum einen sind in der generationenübergreifenden Umwelt- und Naturschutzarbeit die Anforderungen und Voraussetzungen, die die heute zum freiwilligen Engagement bereiten Menschen haben, zu kennen und in Bezug auf die eigene Einrichtung bzw. den eigenen Verein zu berücksichtigen. In vielen Fällen sind veränderte Denk- und Handlungsweisen erforderlich. Zum anderen gilt es, die Potenziale der Älteren erkennen und für die Entwicklung von Vorhaben nutzen zu können.

Die Notwendigkeit der Generationenorientierung begründet zunächst einleitend **Clemens Geißler** in seinem Beitrag „Bündnisse der Generationen". Für eine Sicherung der Zukunft der nachkommenden Generationen ist eine Einbindung der älteren Generationen notwendiger denn je. Sein Beitrag schildert den Gewinn eines solchen Perspektivenwechsels, der die Arbeitsweise des *Generationennetzwerks Umwelt* leitet.

In den Beiträgen von **Claudia Olejniczak** werden anschließend die Erfahrungen der Lernwerkstätten resümiert, so dass für andere Einrichtungen, Vereine und Verbände ersichtlich wird, welchen Ertrag die Entwicklung und Erprobung einer generationenübergreifenden Arbeitsweise bringen kann. Aufgrund der Unterschiedlichkeit der beteiligten Lernwerkstätten ergeben sich für „Nachahmer" aus unterschiedlichen Kontexten interessante Anknüpfungspunkte. Auf diesen Erfahrungen basierend werden in einem weiteren Beitrag strategische Empfehlungen für interessierte Einrichtungen formuliert.

Ein besonderes Gewicht innerhalb des Buches haben die Berichte aus den einzelnen **Lernwerkstätten**. In ihnen werden die jeweiligen Vorgehensweisen beim Aufbau einer generationenübergreifenden Arbeitsweise dargestellt. Die Beiträge folgen dabei einer weitgehend einheitlichen Systematik, die von der Darstellung des Profils der Einrichtung und der Ausgangssituation zu Programmbeginn über die Projektentwicklung und die konkreten Projekte bis zu Aspekten wie Öffentlichkeitsarbeit und Veränderungen für die Einrichtungen reichen. Diese Aspekte bilden ein Raster für die Lernwerkstätten-Beiträge, die diese jedoch ihrer Spezifik entsprechend unterschiedlich gefüllt haben. Zur Spezifik gehört auch, dass der Begriff „Ehrenamt" bzw. „ehrenamtliches Engagement" in den meisten Beiträgen vorherrscht. „Freiwilliges" oder „bürgerschaftliches" Engagement wären hingegen die zumeist eher zutreffenden Bezeichnungen, da die Projekte bzw. Angebote charakteristische Eigenschaften des „neuen" Ehrenamts aufweisen: projektförmige Arbeitsweise, teilweise hohe Eigenständigkeit der Engagierten in ihren jeweiligen Aufgabenfeldern, Freude und Begeisterung für die Aufgabe als leitende Motivation (anstelle von Altruismus), keine funktionelle Stelle (also kein Ehren*amt*).

Abgerundet wird die Publikation durch den **Leitfaden Projektentwicklung** mit Checklisten und Fragenkatalogen, die interessierte Einrichtungen bei ihren Planungen unterstützen, sowie Hinweise auf weiterführende Literatur und Internetseiten.

Bündnisse der Generationen

Potenziale für gemeinsames Handeln zugunsten von Gesellschaft und Umwelt

Clemens Geißler

Die demographische Entwicklung hat die Bedingungen der wirtschaftlichen, sozialen und räumlichen Entwicklung verändert und wird sie weiter verändern. Dies ist inzwischen zwar Allgemeingut, jedoch wird den Zukunftschancen, die dieser Entwicklung auch innewohnen, bisher nicht die rechte Aufmerksamkeit gewidmet.

Leitgedanke dieses Beitrags ist: Die Konzentration der Diskussion auf die schrumpfenden Bevölkerungszahlen, auf Anpassungsstrategien und auf enge Altenhilfeaspekte führt in Sackgassen. In die Richtung der Sicherung gesellschaftlicher Zukunft führen dagegen andere Denk- und Handlungsansätze.

Zwei Perspektiven ragen heraus:

- Die Generationenerneuerung. Das heißt: Zunächst eine nicht weiter abnehmende und dann bald auch ausgeglichene Generationenerneuerung. Denn Zukunft gibt es nur durch Kinder. Die Chance liegt darin, dass die Tabuisierung dieser grundlegenden Tatsache aufhört. Generationenerneuerung bedeutet nicht Bevölkerungswachstum sondern eine altersstrukturell ausgewogene stabile Bevölkerungszahl.
- Die Zusammenarbeit der Generationen. Das heißt vor allem: Die Älteren nehmen ihre Zukunftsverantwortung wahr. Die Chance liegt darin, dass die Einseitigkeit des Bildes vom hilfsbedürftigen älteren Menschen abgelöst wird vom Bild tatkräftiger Teilhabe der Älteren.

Damit sind die beiden Brennpunkte dieses Beitrags genannt. Sie können auch als die zwei Seiten der Medaille „Zukunfts-

> Überholte Altersbilder und defizitorientierte Analysen der demographischen Entwicklung verstellen den Blick auf Chancen.

> Der unmittelbare Lebensraum bietet die Ansatzpunkte, um die Generationenerneuerung und die Zusammenarbeit der Generationen zu unterstützen. Die Umweltvorsorge weist immer einen Lebensraumbezug auf.

fähigkeit" betrachtet werden. Die intergenerationelle Zusammenarbeit ist die eine Seite. Die andere Seite der Medaille ist das nicht mehr defizitäre Ausmaß der Weitergabe des menschlichen Lebens und die Pflege seiner natürlichen Lebensgrundlagen.

Die Konkretisierung der beiden Perspektiven erfordert die regionale lebensräumliche Dimension den Analysen und Konzeptionen zugrunde zu legen. Die Dimension des Lebensraumes ist zugleich die Handlungsebene der Umweltvorsorge und des Umweltschutzes.

> Eine andere Antwort auf die Frage nach der Zukunftsfähigkeit der nachwuchsarmen und alternden Gesellschaft

Dialog und Zusammenarbeit der Generationen

Vor dem Hintergrund der demographischen Entwicklung und der wechselseitigen Wirkungszusammenhänge zwischen verschiedenen Faktoren des gesellschaftlichen Wandels liegt es nahe, danach zu fragen, ob die Potenziale des Alters weiterhin unbeachtet bleiben dürfen, wenn es darum geht, den Wandel besser zu beherrschen und ihm eine sozial verträglichere und zukunftsfähigere Richtung zu geben.

An die bekannte altersdemographische Ausgangslage sei erinnert: Zusammenfassend nenne ich zehn Akzente des generationellen demographischen Strukturwandels:

- Die derzeitige Periode demographischen Wandels ist seit mehr als 100 Jahren soziale Realität. Um 1900 begann der Geburtenrückgang.
- Die demographische Struktur westlicher Gesellschaften ist durch eine bald in das 90. Lebensjahr reichende Lebenserwartung gekennzeichnet. Die Lebenserwartung der Frauen und Männer steigt weiter an.
- Innerhalb veränderter Zeitmuster des Lebenslaufs verlängert sich deutlich die aktiv gelebte Zeit nach Kindererziehung und Erwerbstätigkeit bis zum Übergang in die Hochaltrigkeit.

- Erst die Hochaltrigkeit, die im neunten Lebensjahrzehnt einsetzt, ist die Phase mit zunehmendem Hilfe- und Pflegebedarf und Schwerpunkt der Altenhilfe.
- Die Geburtenhäufigkeit ist gering, die Jahrgangsstärken verringern sich bisher von Geburtsjahrgang zu Geburtsjahrgang.
- Der Ausgleich der Elterngeneration durch Geburten wurde trotz des säkularen Geburtenrückgangs bis Anfang der 70er Jahre erreicht. Schon seit 30 Jahren ist die Generationenerneuerung jedoch defizitär.
- Dem bisher wachsenden Sektor zeitlebens kinderloser Frauen und Männer steht der schrumpfende Familiensektor, der allein die nachwuchsgetragene Generationenerneuerung leistet, gegenüber. Dies verstärkt die sozialstrukturelle Polarisierung.
- Die deutsche Bevölkerung wird strukturell stetig älter. Es gibt aber keinen Maßstab für *Über*alterung.
- Die vom Nachwuchs bestimmte Leistungsbasis der Bevölkerung im Erwerbsalter schrumpft. Zur Zeit verstellen die geburtenstarken Jahrgänge den Blick auf diese Tatsache.
- Zuwanderung aus dem Ausland streckt die Entwicklung zeitlich, kann sie jedoch nicht stoppen oder gar umkehren.

Der demographische Wandel ist inzwischen zwar in aller Munde. Der öffentliche Diskurs ist jedoch weit überwiegend geprägt durch Ratlosigkeit: Dies zeigen u.a.: Abgrundszenarien des Niedergangs der Innovationskraft, die Polemik des Generationenkonflikts (z.B. Bildung versus Rente), die Dominanz der Problematik des medizinischen und pflegerischen Hilfebedarfs oder die Beschränkung auf Anpassungsmaßnahmen.

Diese Ratlosigkeit zeigt sich auch, wenn im Zusammenhang mit der Bevölkerungsentwicklung in Deutschland auf die wachsende Weltbevölkerung hingewiesen wird. Dabei wird nicht beachtet, dass den weltweiten strukturellen Ungleichheiten nur durch räumlich differenzierte Konzepte entgegen gewirkt werden kann. Diese Konzepte müssen regional (kontinental) oder national ganzheitlich auf die jeweilige Einheit gerichtet sein. Weder interkontinentale und internationale Wanderungen großen Umfangs noch drastisches

> In der Gesellschaft des langen Lebens tritt der Pflegebedarf erst in der Hochaltrigkeit in den Vordergrund.

Schrumpfen der Bevölkerungszahl Europas bewirken jeweils für sich globale Nachhaltigkeit.

Kurzum: Phantasiearmes Jammern prägt die Lage. Eine ermutigende und tragfähige Antwort auf die Frage nach der Zukunftsfähigkeit der nachwuchsarmen und alternden Gesellschaft in Deutschland liegt in der verstärkten Realisierung der weithin schlummernden Chancen, die in der Intensivierung des Dialogs und der Zusammenarbeit der Generationen bestehen. Allerdings handelt es sich bisher überwiegend um schlummernden Chancen.

> Die Einbeziehung der Potenziale Älterer ist für eine zukunftsorientierte gesellschaftliche Entwicklung unumgänglich.

Einerseits sind ältere Menschen aufgrund ihrer körperlichen und geistigen Leistungsfähigkeit heute bis in das hohe Alter zur öffentlichen und privaten Teilhabe fähig und willens. Andererseits ist die Gesellschaft der strukturellen Alterung in Verbindung mit defizitärer Generationenerneuerung auf den Beitrag der Älteren zur gesellschaftlichen Entwicklung angewiesen.

Da die Potenziale des Alters nicht (weiterhin) unbeachtet bleiben dürfen, weil ihre Entfaltung zugunsten individueller und gesellschaftlicher Wohlfahrt unverzichtbar ist, erhält auch die Generationenorientierung der Umweltbildung und des Umwelthandelns zusätzliche Bedeutung. Angesichts der schlummernden Potenziale ist das *Generationennetzwerk Umwelt* ein Beitrag zu ihrer Erweckung und Erschließung.

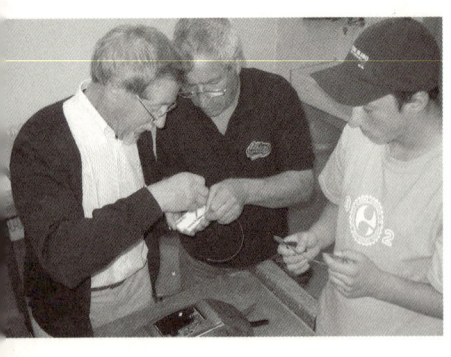

Ob Ältere die Teilhabepotenziale wirksam einsetzen und die Mitverantwortung wahrnehmen, hängt zunächst von der individuellen Sinngebung des Lebens ab, aber ebenso von der Lebenslage und der Qualität der Daseinsbedingungen. Die Umwelt- und Wohnverhältnisse gehören neben Lebensunterhalt, Gesundheit und Zugehörigkeit zu den zentralen Rahmenbedingungen des Daseins der Älteren.

Die Zukunftsfähigkeit der Gemeinwesen wurde bisher vorrangig von den Leistungen des Nachwuchses geprägt. Nunmehr verstärkt die Knappheit des Nachwuchses den wegen der zunehmenden Lebenserwartung ohnehin wachsenden Anteil der Älteren. Um der hieraus drohenden Entwicklungsschwäche vorzubeugen, hängt die Zukunftsfähigkeit verstärkt davon ab, ob im Rahmen einer Strategie neuartiger Kooperation der Generationen die deutlich überforderten Jüngeren durch den Einsatz der Potenziale der Älteren unterstützt und entlastet werden. Mit den von Jahr zu Jahr geringeren Jahrgangsstärken kann der Nachwuchs die versorgenden, produktiven und innovativen Leistungen in Gesellschaft und Wissenschaft, in Kultur, Umwelt und Wirtschaft nicht allein erbringen. Auf wirkungsvolle Unterstützung in den verschiedenen Handlungsfeldern sind insbesondere jene Frauen und Männer angewiesen, die durch die Weitergabe des Lebens elterliche Zukunftsverantwortung übernehmen.

Die Jüngeren können die notwendigen Leistungen nicht allein erbringen. Die Zusammenarbeit der Generationen ist unverzichtbar.

Zu den Triebkräften gesellschaftlicher Entwicklung des Gemeinwesens gehören im demographischen Wandel die Potenziale des Alters, weil die hergebrachte Rollenverteilung zwischen Jung und Alt keine Zukunftsperspektive mehr hat. Die Relevanz des Mehrgenerationendenkens geht somit weit über die natürlichen Lebensgrundlagen und die alltägliche Lebensumwelt hinaus. Die Hinweise zur Sicherung der Zukunftsfähigkeit der Gesellschaft des langen Lebens durch Dialog und Zusammenarbeit der Generationen fasse ich in sechs Sätzen zusammen:

- Jüngere sind auf Berufsarbeit in der alternden Gesellschaft bisher nicht vorbereitet.
- Die alte Arbeitsteilung zwischen Jung und Alt bietet keine Zukunftsperspektiven.
- Die Älteren müssen zukünftig vermehrt Leistungsträger sein. Die Jüngeren sind zunehmend überfordert.
- Ältere sind bereit, Wissen und Erfahrungen weiterzugeben, Neues aufzunehmen, Zeit einzusetzen.
- Dialog und Kooperation der Generationen überwinden die in der öffentlichen Diskussion dominierende Ratlosigkeit und Unsicherheit.
- Zukunft nicht ohne neues Denken: Triebkräfte gesellschaftlicher Entwicklung sind Jung und Alt gemeinsam.

Die neue gesellschaftliche Verantwortung und Teilhabe der Generationen

Potenziale der Wissensgesellschaft

Das Wissen der Generationen

Da seit den 60er Jahren des 20. Jahrhunderts das Bildungsniveau der Jüngeren in beispielloser Weise gestiegen ist, können sie nun als Ältere eigenständig zunehmendes Kompetenzpotenzial in die generationenübergreifende Zusammenarbeit einbringen. Nur kulturelle, wirtschaftliche und soziale Blindheit ließe diese Potenziale unbeachtet brach liegen.

Das Potenzial der Älteren von heute: Bildung

Die Bildungsexpansion ist an dem Strukturwandel hin zu den höheren Bildungsabschlüssen ablesbar. Der Vergleich der Geburtenjahrgänge Mitte der 30er und Mitte der 60er Jahre zeigt Folgendes: Der Anteil der Realschulabschlüsse verdreifachte sich; der Anteil der Hochschulreife-Abschlüsse versechsfachte sich; die Zahl der Hochschulabschlussprüfungen verdreifachte sich. Sehr bemerkenswert ist, dass Frauen von sehr niedriger Ausgangslage aus inzwischen das Qualifikationsniveau der Männer erreicht haben. Alles im Zeitraum von 30 Jahren.

Heute ist dies auch deshalb bedeutsam, weil damit die Bildungsprofile der Rentnerinnen und Rentner unserer Zeit beschrieben sind. Die Wirkungen der Bildungsexpansion wandern jetzt in die älteren Jahrgänge. Diese bildungsdemographische Dynamik wandelt das Alter epochal.

Als Ergebnis der Bildungspolitik, die zunächst auf die regionalen und sozialen Bildungschancen der Jüngeren gerichtet war, zeigen sich nun die steigenden Anteile von Höherqualifizierten in der älter werdenden Bevölkerung. Das ist in allen Regionen so. Wir erleben dies unmittelbar und sind analytisch und konzeptionell herausgefordert. Gesellschaftliche Entwicklung in der Wissensgesellschaft (auch die Umweltentwicklung) würde ohne Mehrgenerationenkonzepte die Zukunftsfähigkeit verfehlen. Dies bestätigt der Vergleich von Eigenschaften und Leistungsparametern, die den Jüngeren und Älteren in Unternehmen zugeschrieben werden. In einer Untersuchung des Instituts für Arbeitsmarkt und Berufsforschung wurden hierzu 16 000 Akteure des Personalbereichs befragt.

Die Stärkung der Innovationskraft durch die Integration von Neuwissen und Erfahrungswissen im Rahmen intergenerationeller Kooperation beruht auf einem wechselseitigen Vorgang. In der einen Richtung handelt es sich bei den Älteren um die Integration des Neuen, das die Jüngeren produzieren, in das Erfahrungswissen. In der anderen Richtung handelt es sich für die Jüngeren um den direkten Zugang zu den Erfahrungspotenzialen, über die die Älteren verfügen.

> Im Diskurs zwischen Jüngeren und Älteren durchdringen sich Neu- und Erfahrungswissen.

Die Potenziale des Alters

Die Dimensionen, die das Potenzial des Alters kennzeichnen, sind vielfältig. Um sie erkennen zu können bedarf es neuartiger Sichtweisen, dies auch deshalb, weil die Lebenserwartung stetig zunimmt.

Vordergründig fällt der Blick zunächst auf Potenziale, deren struktureller Bezug offenkundig ist:

- Arbeitspotenzial: In den alternden Belegschaften wird die Mitarbeit der Älteren dann unverzichtbar, wenn die geburtenschwachen Jahrgänge das Arbeitskräftepotenzial bilden. Das Gelingen erwerbsberuflicher Zusammenarbeit der Generationen verlangt altersgerechte zeitliche und räumliche Organisationsformen der Arbeit, die förderliche Ein- und Zuordnung von Wohnungen und Arbeitsstätten mit altersgerechten Mobilitätsbedingungen und die Vorbereitung des Nachwuchses auf die Zusammenarbeit mit Älteren.
  Ein Element aktiver Lebensgestaltung im Alter ist das Erbringen nachberuflicher Serviceleistungen. Sie haben in strukturell vielseitig gemischten Gebieten die besten Entfaltungsbedingungen.
- Nachfragepotenzial: Die Nachfrage nach Gütern und Dienstleistungen seitens Älterer nimmt zu. Damit sind positive Effekte auf dem Arbeitsmarkt der Jüngeren ver-

bunden. Nicht altersgerechte Standortstrukturen der Dienstleistungsunternehmen und Versorgungseinrichtungen würden jedoch die Realisierung dieses Nachfragepotenzials erschweren oder sogar mindern. Außerdem kommt es auf eine bedürfnis- und altersgerechte Kombination von stationären, medialen und mobilen Angebotsformen mit entsprechender Zugänglichkeit seitens der Älteren an.

- Mobilitätspotenzial: Bedingt durch erhöhte persönliche Leistungsfähigkeit, umfassende Motorisierung und fortschreitenden Barriereabbau verbessern sich die aktionsräumlichen Bedingungen des Alterns. Das Wahrnehmen der erweiterten Möglichkeiten erfordert, den altersspezifischen Bedingungen der Aneignung der Umwelt erhöhte Aufmerksamkeit zu widmen.
- Innovationspotenzial: Die gegenseitige Integration von Neuwissen und Erfahrungswissen ist die Mehrgenerationenbasis für kreative innovative Milieus in der alternden Wissensgesellschaft. Sie stärkt und sichert die Innovationsdynamik.

Für diese und alle anderen Dimensionen des Potenzials gilt, dass sie umso eher zur Entfaltung gelangen können, je besser es gelingt, solche sozialräumlichen Strukturen zu entwickeln, die den unterschiedlichen persönlichen Bedürfnissen gerecht werden und der generationenübergreifenden Teilhabe förderlich sind. Die nachstehend genannten Beispiele zeigen, dass die analytischen und konzeptionellen Blickrichtungen weder Scheuklappen noch Kurzsichtigkeit vertragen, wenn die tatsächliche Vielfalt der Potenziale des Alters sichtbar sein soll:

- Solidaritätspotenzial: Im alltäglichen zwischenmenschlichen Hilfeaustausch in den Familien, sozialen Netzen und Gemeinwesen sind die Älteren bedeutende aktive Leistungserbringer. Wäre das nicht so, hätten wir längst ein soziales Chaos.
- Zeitpotenzial: Die Lebensphase zwischen Erwerbstätigkeit und Kindererziehungszeit einerseits und Hochaltrigkeit andererseits eröffnet den Älteren erhebliche zeitliche Handlungsspielräume.

> Die Potenziale des Alters sind vielfältig. Ihre Nutzung erfordert ein Umfeld, das individuelle Bedürfnisse respektiert und die Teilhabe aller Generationen fördert.

- Netzwerkpotenzial: Dialog und Zusammenarbeit der Generationen erleichtern den Jüngeren den frühen Zugang zu leistungsfähigen sachlichen und gesellschaftlichen Netzwerken, also zu den Beziehungen, die von den Älteren im Laufe eines langen Lebens aufgebaut wurden.
- Zeitgeschichtliches Potenzial: Das noch nicht dokumentierte Gedächtnis der Älteren erleichtert den Jüngeren, die heutige Ausgangslage zu verstehen und den angemessenen zukunftsgerichteten Entwicklungspfad zu finden, auch den Pfad der Entwicklung des Gemeinwesens mit der Pflege der Umwelt.
- Religiöses Glaubenspotenzial: Ältere können vor dem Hintergrund ihres lebenslangen Auf und Ab von Glauben und Nicht-Glauben die Dynamik der Religiosität glaubwürdig bezeugen und dadurch zweifelnde Jüngere ermutigen.
- Selbsthilfe- und Partizipationspotenzial: Die körperliche und geistige Leistungsfähigkeit der Älteren, ihre Zeitsouveränität und vielfältigen Erfahrungen ermöglichen verstärkt Selbstverantwortung und gemeinschaftliche Hilfeleistung bei der Bewältigung des Alltags. Ältere helfen einander selbst, denn die helfenden Hände Jüngerer werden immer knapper.

Konzepte und Programme, die im demographischen Wandel jenen Ziel- und Handlungskorridor benennen, der für das Gemeinwesen positive Perspektiven, Nachhaltigkeit und Zukunftsfähigkeit erreichbar macht, sind auf die Zustimmung der Bürgerinnen und Bürger bei Wahlen angewiesen:

- Bürgerschaftliches Wählerpotenzial: Wählermehrheiten sind nur durch die Älteren zu gewinnen. Als größte und wachsende Wählergruppe haben die Älteren besonders ins Gewicht fallende Verantwortung für die Zukunft der Jüngeren, für die nachhaltige Entwicklung des Gemeinwesens. Alterspezifisches Verwöhnen oder Schonen der Älteren durch Wahlgeschenke, zum Beispiel durch Reformverzicht, unterschätzt deren politische Reife.

Der Beitrag der Familien zum Humanvermögen

Die Kompetenzen der Älteren fallen aber nicht vom Himmel. Die Familie ist der Ort des Entstehens des Humanvermögens. Zusammen mit dem Bildungssystem ist sie der bevorzugte Ort seiner Entfaltung und Pflege. Allerdings ist die durch Geburten getragene Erneuerung des Humanvermögens durch die Geburt von Kindern defizitär.

> Die Familie ist die Basis für die Entwicklung der individuellen Kompetenzen und des gesellschaftlichen Humanvermögens.

Das Humanvermögen ist jenes menschliche Vermögen, welches die Überlebensfähigkeit und Kultur einer Gesellschaft sichert. Dabei geht es um das individuelle Handlungspotenzial jedes Einzelnen sowie um die Gesamtheit der Kompetenzen aller Mitglieder einer Gesellschaft. Deshalb ist jedes Kind in seinen Potenzialen zu fördern.

Im Licht der Bildungsdebatte, die einseitig auf den schulischen Pfad der Wissensausbreitung gerichtet ist, ist es notwendig, ständig an eine grundlegende Tatsache zu erinnern: Im Lebenszyklus geht die familiale Sozialisation stets der Ausbildung und Erwerbsarbeit voraus. Und nur mit dem gemeinsamen Sozialisationserfolg von Familie und Bildungssystem wird eine effiziente wissensbasierte Wirtschaft möglich.

Ohne einen tragfähigen Unterbau an Humanvermögen wird nicht nur die Hoffnung auf Wohlfahrtssteigerung, sondern selbst die Bewahrung des Wohlfahrtsniveaus durch ein effizientes Wirtschaftssystem zu einer Illusion. Ohne diese Basis unterbleibt auch jegliche Weitergabe kultureller und moralischer Werte, auch die der Umweltethik.

> Daseinskompetenzen müssen von Familien und vom Bildungssystem gemeinsam vermittelt werden. Sie sind auch die Grundlage für den Erwerb von Umweltkompetenzen.

Es reicht daher nicht, die Ziele und Inhalte des Bildungswesens auf die Entwicklung des erwerbsberuflichen Arbeitsvermögens (als Humankapital) zu konzentrieren. Nur etwa 10 bis 11 % der Stunden der menschlichen Lebenszeit sind Erwerbsarbeit.

Für das ganze Leben braucht jeder Mensch überlebensnotwendig Daseinskompetenzen. Auch die Umweltkompetenzen würden sonst nicht entwickelt.

Die Leistungen, die die Familien zur Zukunftssicherung des Gemeinwesens beitragen, fasse ich in sechs Sätzen zusammen:

- Familie ist der Ort des Entstehens von Humanvermögen.
- Eltern sorgen durch Weitergabe des Lebens und Wahrnehmung von Elternschaft für lebensnotwendige gesellschaftliche Erneuerung.
- Familien vermitteln der nachwachsenden Generation Daseinskompetenzen und individuelles Handlungspotenzial für den Bildungsprozess und für solidarisches Leben.
- Familiennetze erfüllen als haushalts- und generationenübergreifende Solidaritätspotenziale menschliche Grundbedürfnisse.
- Kein anderer Leistungsträger kann die von Familien erbrachten personalen Leistungen übertreffen.
- Bereitstellung, Sicherung und Pflege des Humanvermögens sind volkswirtschaftliche produktive Leistungen und nicht Privatsache der Familien.

Der zukunftsorientierte Ziel- und Handlungskorridor wird verfehlt, wenn die Rahmenbedingungen der Entwicklung des Humanvermögens ohne strukturpolitische Integration sektoraler Politikfelder konzipiert würden. Besonders herausgefordert sind die Familien- und Generationenpolitik einerseits und die Bildungs- und Arbeitspolitik andererseits. Gelingt dies nicht, dann fehlen einer zukunftsfähigen wissensbasierten gesellschaftlichen Entwicklung bedeutende Triebkräfte. Das *Generationennetzwerk Umwelt* arbeitet in die umgekehrte Richtung. Es bewirkt positive Folgewirkungen für Humanvermögen und Umwelt.

Ein vergleichender Blick auf Europa (2004) zeigt zum Beispiel die Verschleuderung des Arbeitspotenzials der Älteren in Deutschland. Von den 55- bis 64-Jährigen sind zum Beispiel in Schweden 70 % erwerbstätig, in Deutschland aber nur 39 %, im Durchschnitt der EU-15-Staaten sind es 43 %.

Chancen des neuen Denkens und gemeinsamen Handelns überall ergreifen

Strukturpolitische Handlungsstrategien

Die Potenziale der Generationen unterscheiden sich von Region zu Region. Allerdings ist keine Region von der Abnahme der Jüngeren und der Zunahme der Älteren ausgenommen: Überall wachsen die Potenziale des Alters und überall ist die Erneuerung der Generationen durch Nachwuchs überlebensnotwendig. Die Wanderungen innerhalb Deutschlands und die Zuwanderungen aus dem Ausland verstärken die regionaldemographische Vielfalt. Die Veränderungen der Bevölkerungszahl insgesamt schwanken zwischen stark abnehmend und stark zunehmend.

Zu- und Abwanderungen verstärken außerdem die altersstrukturelle Unterschiedlichkeit der Teilräume.

Die Potenzialstrukturen zutreffend zu erkennen und zu bewerten ist eine Aufgabe, die für jede Region zu leisten ist. Die Akteure jeder Region und Gemeinde müssen ihr eigenes Handlungskonzept entwickeln.

Es gibt kein Patentrezept – Handlungskonzepte sind auf Basis der regionalen Gegebenheiten zu entwickeln.

Nirgendwo kann es eine Ausrede dafür geben, die Neuorientierung des Denkens und Handelns zu unterlassen.

Alle staatlichen Ebenen – Kommunen, Länder, Bund – müssen ihre strukturpolitischen Handlungsstrategien als Doppelstrategien konzipieren: Der demographische Wandel in Deutschland erfordert die Verknüpfung der Strategie der Nachwuchssicherung mit der Strategie der Zusammenarbeit der Generationen, in die die Älteren ihre Potenziale einbringen. Derart neues Denken und Handeln („Bündnisse der Generationen") bewirkt Impulse für jede Region. Deshalb darf sich keine Region allein auf Konzepte der quantitativen Anpassung an die Bevölkerungsentwicklung konzentrieren. Es ist ebenso bedeutsam, die qualitativen Chancen nicht zu übersehen. Altern ist nicht nur Niedergang, sondern Wandel.

Intergenerationelle Zusammenarbeit kann jedoch nur dann die Potenziale des Alters einbeziehen, wenn Institutionen, Organisationen und Unternehmen dazu die Gelegenheiten schaffen, indem sie die Arbeit dementsprechend organisieren, Ältere zur Mitarbeit zulassen oder gewinnen und dabei auf deren spezifisches Potenzial (Kompetenzen, Zeitbudget u.ä.) eingehen sowie Jüngere durch rechtzeitiges Vorbereiten zu Dialog und Zusammenarbeit motivieren. Denn Ältere entlasten und unterstützen nämlich, sie verdrängen nicht die Jüngeren.

Die regionalpolitische Konzeption der bevorzugten Förderung von wirtschaftlichen Wachstumskernen wäre eine Strategie der Einseitigkeit. In der Regel konzentrieren derartige Förderprogramme ihre Mittel auf großstädtisch verdichtete Regionen. Diese sind aber auf die fortwährende Zuwanderung jüngerer Menschen angewiesen, weil ihre eigene Generationenerneuerung ausgeprägt defizitär ist. Sie verbrauchen Humanvermögen, das in anderen Regionen durch Geburt, Erziehung und Ausbildung geschaffen wurde.

Dies leisten die weniger verdichteten Regionen. Sie tragen in erheblichem Umfang zur Bereitstellung des zukunftsentscheidenden Humanvermögens bei. Verweigerte (gleichrangige nicht gleichartige) Förderung wäre ein negativer Impuls zur Verschlechterung der Lebensqualität mit der Folge von zunehmender Abwanderung und abnehmender Generationenerneuerung. Ohne den regionalen Ertrag ihrer demographischen Dynamik und ihrer bildungsdemographischen Wertschöpfung würde aber der anderenorts geförderten wirtschaftlichen Dynamik und Wertschöpfung die Triebkraft des Nachwuchses fehlen. Wenn sie als (hoch)qualifizierte junge Frauen und Männer kommen ist wegen der dort überwiegenden strukturellen Rücksichtslosigkeit gegenüber Elternschaft, Kindern und Familien mit einer weiteren Verstärkung des Abwärtstrends der Generationenerneuerung zu rechnen.

Ein einseitiges Konzept der Förderung ökonomischer Dynamik und Wertschöpfung allein hat eine Schwächung der demographischen Dynamik und Wertschöpfung zur Folge, zum Schaden der Gesellschaft insgesamt. Es geht also darum, einseitiges strategisches Denken aufzugeben. Denn auch die demographischen Impulse verstärken wirtschaftliche Dynamik und Wertschöpfung.

Eine vergleichbare Wechselbeziehung besteht zwischen der Pflege des Humanvermögens und der Pflege des Naturvermögens. Denn die Bereitschaft einer Elterngeneration, in die nachwuchsgetragene Generationenerneuerung zu investieren (emotional und materiell) ist eng verknüpft mit der Vorstellung, dass die Lebensbedingungen ihrer Kinder nicht durch Verschleuderung des Potenzials der natürlichen Lebensgrundlagen gefährdet werden.

> Der Erhalt der natürlichen Lebensgrundlagen ist Voraussetzung für die Pflege des Humanvermögens der Gesellschaft.

Insgesamt geht es um die Verwirklichung struktureller Verträglichkeiten. Das Konzept der strukturellen Rücksichtnahme aller Akteure auf Familien, Generationen und Umwelt strebt an, in allen relevanten Handlungsfeldern die strukturelle Rücksichtslosigkeit abzubauen. Die dafür erforderlichen Kompetenzen verlangen die Integration von Fach- und Daseinskompetenzen im Bildungssystem, auch in der Umwelt- und Erwachsenenbildung.

Daseinskompetenzen befähigen das Individuum dazu, das persönliche Lebensweisekonzept verantwortlich zu verwirklichen, am gesellschaftlichen Leben aktiv teilzunehmen und die Folgen des allgemeinen strukturellen Wandels zu beherrschen. Sie sind keinem Menschen in die Wiege gelegt, sie müssen erworben werden.

Im Allgemeinen stehen in den Bildungsinhalten der verschiedenen Zweige und Stufen des Bildungssystems jedoch allein die speziellen meist schnell veraltenden Fachkompetenzen, die in der Erwerbsarbeit einsetzbar sind, im Mittelpunkt. Für das persönliche und soziale Alltagsleben, das im Zeitbudget des menschlichen Lebens die Erwerbsarbeit weit überwiegt und das in der modernen ausdifferenzierten Gesellschaft immer komplexer geworden ist, wird fast nicht qualifiziert.

> Die Umweltkompetenzen müssen zur Sicherung einer nachhaltigen Entwicklung wachsen.

Es geht um die lebenspraktischen Daseinskompetenzen, die der Gesellschaft nicht gleichgültig sein dürfen, weil sie die allgemeine Lebenskultur bestimmen. Sie begründen Handlungskompetenz und Eigenverantwortlichkeit. Im Blick auf die Umwelt bedarf die Gesellschaft des langen Lebens allerdings erheblicher Kompetenzzuwächse, wenn im demographischen Wandel das Ziel zukunftsfähiger nachhaltiger Entwicklung nicht verfehlt werden soll.

Damit sich das neue Denken auch im Handeln auswirkt, muss es sich in den Strategien gesellschaftlicher Strukturpolitik niederschlagen. Diese werden nur dann einen zukunftsfähigen Ziel- und Handlungskorridor bilden, wenn sie nicht einseitig konzipiert sind. Allein Vielseitigkeit der Handlungsansätze macht aus Chancen Wirklichkeit.

> Das neue Denken kann nur durch vielseitige Handlungsstrategien verankert werden.

Das strukturpolitische Konzept der Mehrfachstrategien macht die Komplexität der Wirkungsverflechtung handhabbar, nachvollziehbar. Jeder Strategieansatz ist wegen der inhaltlichen Schnittstellen mit anderen verkettet.

Den in diesem Beitrag dargelegten Befunden und Folgerungen würden folgende Strategiepaare gerecht, wobei die Betonung auf dem „und" liegt:

- Generationenerneuerung und intergenerationelle Zusammenarbeit,
- wirtschaftliche Wertschöpfung und demographische Wertschöpfung,
- Abbau überholter falscher Altersbilder und des Ideals der gewollten Kinderlosigkeit,
- Pflege des Humanvermögens durch möglichst kurze Erstausbildung und lebenslange Weiterbildung,
- Innovation durch personengetragene Integration des Neuwissens und des Erfahrungswissens,
- Vereinbarkeit von Elternschaft und Ausbildung und Vereinbarkeit von Familie und Beruf,
- früherer Eintritt in den Beruf und späteres Eintreten in die Altersversorgung,
- Beherrschung des demographischen Wandels durch Anpassung der Verhältnisse und durch Einsatz neuartiger Potenziale,
- Gegenwartsbedürfnisse der Älteren erfüllen (Alterssicherung) und Zukunftsperspektiven der Jüngeren sichern (Schuldenabbau),

- Pflege des Humanvermögens und des Naturvermögens,
- u.s.w.

Es liegt auf der Hand, dass derartige Strategien die Zukunftsfähigkeit Deutschlands nur dann sichern, wenn sie auf allen Ebenen unseres Staates dem Denken und Handeln sowie den Analysen und Konzeptionen zugrunde gelegt werden.

Brücken zwischen Gegenwart und Zukunft

Fazit: Bündnisse der Generationen

Bündnisse der Generationen sind Bündnisse für die Zukunft.

Lokale und regionale Bündnisse der Generationen sind Triebkräfte der Verwirklichung der Gerechtigkeit für Familien und Generationen und der lebensräumlichen Gerechtigkeit. Es geht nicht um Bündnisse für Seniorinnen und Senioren, sondern um Bündnisse der Generationen für die Zukunft.

Das *Generationennetzwerk Umwelt* zeigt eindrucksvoll, wie es gelingen kann, im Handlungsfeld Umwelt die Doppelstrategie der Gegenwartsorientierung und Zukunftssicherung in konkretes Handeln umzusetzen. Die Zukunft beginnt jeden Tag neu, auch für die Bündnisse der Generationen.

Handlungsebenen der Bündnisse der Generationen sind die Öffentlichkeit des Gemeinwesens sowie die Akteure der Regional-/Kommunalpolitik. Die Familien und Generationen haben ihre Leistungen nämlich unter Alltagsbedingungen zu erbringen. Und diese werden durch örtliches Handeln geprägt. Es muss generationensensibel, familiensensibel, umweltsensibel sein.

Dabei geht es um die Erfüllung der gegenwärtigen Bedürfnisse und um die Sicherung der Zukunftschancen. Das Bild der Medaille ersetze ich am Schluss durch das Bild der Brücke.

Der Brückenbau zwischen den Potenzialpfeilern der Generationen wird nur dann gelingen, wenn die Zukunftssicherung das gemeinsame Ziel in der Mitte ist, wenn die Konstruktion der Zusammenarbeit von Jung und Alt tragfähig ist und in die Spur der strukturpolitischen Doppelstrategien eingeordnet ist.

Es gibt keine Alternative, denn ohne Brücke droht der Abgrund.

Vortrag am 2. Juni 2005 in Osnabrück im Rahmen der Tagung „Gemeinsam handeln! Profilierung der Umweltbildung durch die Potenziale der Älteren", Abschlussveranstaltung im Rahmen der Modellphase des *Generationennetzwerks Umwelt*.

Erfahrungen und Erkenntnisse aus den Lernwerkstätten

Claudia Olejniczak

Sie gehen mit Kindern in den Wald und erzählen von Bäumen, Pflanzen und Steinen oder zeigen ihnen, was man in Tierspuren erkennen kann. Einige lesen in Kindertagesstätten Naturgeschichten vor und erklären das eine oder andere Wunder der Natur gleich an einem mitgebrachten Pflänzchen oder begeistern Jugendliche beim Bau einer „Solardusche" für die Sonnenenergie. Und wieder Andere engagieren sich im praktischen Umwelt- und Naturschutz, betreuen einen Lehrpfad, engagieren sich als Storchennest-Betreuer, informieren Interessierte in einem Infocafé oder, oder, oder … Diese Aktivitäten stehen beispielhaft für das im Generationennetzwerk Umwelt seit 2002 entstandene bürgerschaftliche Engagement von Seniorinnen und Senioren in natur- und umweltbezogenen Handlungsfeldern. In den Projekten der Lernwerkstätten finden einzigartige Begegnungen zwischen Alt und Jung statt, die in Zeiten lockerer werdender Familienbande für viele Kinder eine große Bereicherung darstellen. Der folgende Beitrag resümiert zentrale Erkenntnisse aus der Arbeit der Lernwerkstätten.

Einrichtungsspezifische Wege

Im *Generationennetzwerk Umwelt* haben sich acht Einrichtungen der Umwelt- und Erwachsenenbildung beteiligt, modellhaft Projekte und Angebote für die Aktivierung des bürgerschaftlichen Engagements von Seniorinnen und Senioren zu entwickeln. In der Projektentwicklung war es ein Anliegen der Netzwerk-Agentur im *ies*, die jeweiligen Angebote einrichtungsspezifisch zu entwickeln. Nicht die Umsetzung „fertiger" Konzepte war das Ziel. Vielmehr wurden ausgehend von den Ressourcen und Potenzialen der Einrichtung die jeweilige Vorgehensweise überlegt und in die Praxis umgesetzt.

> Ausgangspunkt für die Entwicklung eines generationenübergreifenden Profils sind die Ressourcen und Potenziale der Einrichtung.

Eine besondere Herausforderung lag für die Lernwerkstätten darin, Angebote zu entwickeln, die die Kompetenzen und Bedürfnisse der Seniorinnen und Senioren zum Ausgangs- und Mittelpunkt machen. Dies erforderte eine große Offenheit für die Älteren, aber auch die Kompetenz auf Seiten der Lernwerkstätten, die Potenziale der Älteren zu erkennen, ggf. zu bündeln (bei Projekten mit mehrere Beteiligten) und weiter zu entwickeln. Vorstellungen über die Projekte der Seniorinnen und Senioren waren vor dem Hintergrund der tatsächlichen Kompetenzen der Älteren immer wieder zu überdenken und neu zu formulieren.

> Eine besondere Herausforderung für die Einrichtung liegt in der Orientierung an den Kompetenzen und Bedürfnissen der Senioren.

Dem experimentellen Charakter entspricht, dass sich sowohl bei der Ansprache von Seniorinnen und Senioren als auch bei der Angebotsentwicklung Herangehensweisen zeigten, die sich bewährten und andere, die nicht zum Ziel führten. Eine gute Kenntnis der Spezifik der Einrichtung, d.h. ihres Angebotsprofils, ihres Images in der Region sowie ihrer zur Verfügung stehenden Ressourcen, stellt einen wichtigen Ausgangspunkt für die generationenübergreifende Profilbildung dar. An allen Standorten hat es sich bewährt, dass sich die Projektmitarbeiterinnen und -mitarbeiter der Lernwerkstätten und die Mitarbeiterin der Netzwerk-Agentur zu Beginn ausführlich mit diesen Fragen befassten und das konkrete Vorgehen immer wieder im Hinblick auf diese Bestandsaufnahme reflektierten. Es wurde im Einzelnen geprüft, welche Erfahrungen vorliegen (z.B. im Hinblick auf Zusammenarbeit mit Freiwilligen, mit Seniorinnen und Senioren, im Management von Projekten). Die Berücksichtigung der Ausgangslage ist ein wichtiger Baustein für die Entwicklung und die erfolgreiche Umsetzung der generationenübergreifenden Projektarbeit wie die Berichte der einzelnen Lernwerkstätten veranschaulichen.

Die in diesem Praxisbuch zusammen getragenen Berichte der acht Lernwerkstätten verdeutlichen diesen Aspekt: Jede der Lernwerkstätten hat einen eigenen und spezifischen Weg für die Entwicklung eines generationenübergreifenden Profils entwickelt und – erfolgreich! – umgesetzt. Die Vorgehensweise bewährt sich sowohl für kleine als auch große Einrichtungen, verstanden als solche, die in übergeordnete organisatorische Strukturen eingebunden sind (z.B. als Landesinstitution). Kleinere Einrichtungen entwickeln sogar eine größere Dynamik als dies bei größeren möglich ist.

Aus den Erfahrungen der Lernwerkstätten konnte aus diesem Grund kein „Rezeptbuch" mit standardisierten Projektplanungen und -durchführungen entstehen. Vielmehr geben die durch die Lernwerkstätten entwickelten Herangehensweisen und Projekte Anregungen für andere Einrichtungen, Vereine und Verbände für die Entwicklung jeweils „passender" Strategien. Größere Verbände, die Programme und Projekte zur Engagementförderung durchführen wollen, sollten in ihrer Konzeptentwicklung sowohl die regionalen als auch die einrichtungsspezifischen Besonderheiten ihrer Vor-Ort-Strukturen berücksichtigen.

> Ein Erfolgsrezept gibt es nicht! Jede Einrichtung muss sich auf einen eigenen Weg begeben.

Gewinne generationenübergreifender Arbeit

Die Projekte im *Generationennetzwerk Umwelt* belegen das Potenzial für Einrichtungen durch die Gewinnnung und Aktivierung von Seniorinnen und Senioren für bürgerschaftliches Engagement. In Gesprächen mit beteiligten Einrichtungen (Lernwerkstätten, Schulen, Kindertagesstätten usw.) wird immer wieder hervorgehoben, dass die Älteren große Begeisterung für die Belange von Umwelt und Natur vermitteln und dies vor allem bei Kindern „ankommt". Einige Hauptamtliche sind von dem enormen Wissen der engagierten Älteren beeindruckt, das ihnen spontanes Reagieren auf die Fragen und Anmerkungen der Kinder ermöglicht. Die Begeisterung, das vorhandene Wissen und die Lebenserfahrung stellen einen ganz besonderen „Mehrwert" dar, dem bei der Vermittlung von Wissen über und Wertschätzung für die Natur an Kinder und Jugendliche, aber auch an andere Erwachsene große Bedeutung zukommt.

Engagierte Seniorinnen und Senioren sichern die Zukunft der nachfolgenden Generationen und ihre eigene Teilhabe

Aus der Perspektive der engagierten Seniorinnen und Senioren sichert das generationenübergreifende bürgerschaftliche Engagement ihre Teilhabe an einer zukunftssichernden Entwicklung der Gesellschaft. Gerade Engagierten in umwelt- und naturbezogenen Handlungsfeldern ist die Sicherung einer auch für künftige Generationen lebenswerten Umwelt ein großes Anliegen. Auf der Basis der eigenen Lebenserfahrung können gerade sie Kindern und Jugendlichen den Wert der natürlichen Lebensgrundlagen besonders gut vermitteln. Nach dem Motto „Nur was man liebt, ist man bereit zu schützen" sehen sie es als ihre Aufgabe an, Kinder und Jugendliche emotional an Natur und Umwelt heran zu führen. Sie betrachten dies als Voraussetzung für umweltbewusstes Handeln.

Viele Seniorinnen und Senioren nutzen das Engagement in solchen Projekten, weil die eigenen Enkelkinder nicht in unmittelbarer räumlicher Umgebung leben und sie somit ihre Zeit- und Erfahrungspotenziale nicht ausschließlich im familiären Umfeld zum Einsatz bringen können. Generationenübergreifende Projekte übernehmen eine Art „Kompensationsfunktion". Als besonders positiv nehmen die Aktiven die Aufmerksamkeit und den Zuspruch der Kinder und Jugendlichen wahr. Sie fühlen sich durch die Wünsche und die Neugier der Kinder gefordert. Neben dem Umstand, generell etwas für Umwelt und Natur tun zu können, wird dieser Aspekt als besonders befriedigend erlebt.

In generationenübergreifenden Projekten werden die – viel zu oft brachliegenden – Potenziale von Älteren zugunsten der Bewältigung von gesellschaftlichen Herausforderungen genutzt. Im Handlungsfeld der Naturschutz- und Umweltbildungsarbeit z.B. tragen die engagierten Seniorinnen und Senioren dazu bei, dass Umweltbewusstsein und -wissen nicht verloren gehen. Die generationenübergreifende Umweltkommunikation verstärkt zudem als soziale Interaktion den Zusammenhalt zwischen den Generationen.

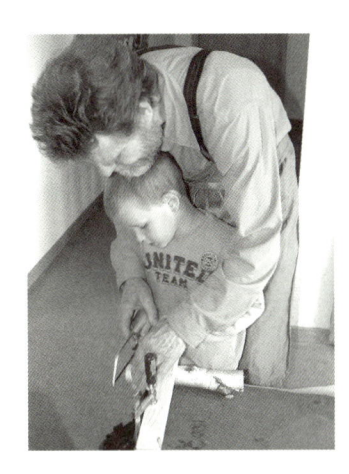

> Für die engagierten Älteren ist es besonders wichtig, dass sie durch die Kinder gefordert werden.

Erfahrungen und Erkenntnisse aus den Lernwerkstätten

Die Projekte der Lernwerkstätten leisten unter verschiedenen Gesichtspunkten einen Beitrag zur Entwicklung neuartiger Beziehungen zwischen den Generationen jenseits von familiären Strukturen:

Win-Win: Alt und Jung profitieren von Projekten, in denen Ältere eine verantwortungsvolle Rolle übernehmen.

- So merken die Beteiligten in einigen der generationenübergreifenden Projekte an, dass vor allem unruhige oder auffällige Kinder von den Begegnungen mit den Seniorinnen und Senioren besonders profitieren, sich z.B. ihnen besser anvertrauen können als den Erzieherinnen oder Lehrerinnen bzw. Lehrern. Die Kinder nehmen positiv wahr, dass sich die Älteren „freiwillig" Zeit für sie nehmen und ihnen Erlebnisse ermöglicht werden, die sie ohne dieses Engagement nicht hätten.
- Bei den Projekten, die sich an Jugendliche richten, konnten die Lernwerkstätten und die Freiwilligen ähnliche Erfahrungen machen: Auch die Jugendlichen finden das Engagement der Älteren „cool" und nutzen die Chance für den Dialog zwischen den Generationen und den Abbau von Vorurteilen gerne (→ *Projektebüro „Dialog der Generationen", Zentrum für Allgemeine Wissenschaftliche Weiterbildung*).
- Begegnungen zwischen den aktiven Jüngeren und Älteren in der Umwelt- und Naturschutzarbeit – wie sie die Akademie für Natur und Umwelt des Landes Schleswig-Holstein initiiert und begleitet hat – haben zur Förderung der gegenseitigen Wertschätzung von Jung und Alt beitragen können. So zeigten sich die Älteren von dem großen Engagement der Jüngeren „begeistert" und die Jüngeren fühlten sich von Älteren „ernst genommen".

Solche „Effekte" erzielen generationenübergreifende Begegnungen allerdings nur dann, wenn den Seniorinnen und Senioren eine ernsthafte Teilhabe ermöglicht und eine verantwortungsvolle Rolle übertragen wird.

Nutzen für die Einrichtungen

Die generationenübergreifende Profilierung hat für die Lernwerkstätten zur Erschließung und Förderung von Kooperationen geführt. Bemerkenswert ist vor allem, dass die Einbindung von Älteren zu einer Verstärkung der regionalen Verankerung beitragen konnte (→ *z.B. Ökologisches Schullandheim Licherode, Nationalparkhaus Sächsische Schweiz, Zentrum für Allgemeine Wissenschaftliche Weiterbildung*). Einzelnen Lernwerkstätten sind Kooperationen mit und Verknüpfungen zu anderen Bundes- und Landesinitiativen gelungen, die zu einer weiteren Entwicklung des generationenübergreifenden Profils beitragen. Als besonders wichtig haben sich im Programmverlauf jedoch die Kooperationen mit Kindertagesstätten und Schulen erwiesen. Aufgrund der grundsätzlichen Veränderungen im Bildungsbereich mit den Stichworten Bildungsauftrag der Kindertagesstätten und Ganztagsbetreuung in Schulen haben sich an vielen Standorten interessierte Kindertagesstätten und Schulen in die Projekte einbinden lassen.

> Generationenübergreifende Projekte führen für die Einrichtung zu Synergieeffekten durch Kooperationen mit anderen Einrichtungen, Experten, Schulen und Kindertagesstätten.

Auch die trägerübergreifenden Kooperationen zwischen Umweltbildungs- bzw. Naturschutzeinrichtung und Seniorenorganisationen oder Bildungsträgern sind von großem Nutzen. Die auf dieser Ebene entstandenen Kooperationen im *Generationennetzwerk Umwelt* tragen zu einer Stärkung und Verbreitung von Umwelt- und Naturschutzthemen in andere gesellschaftliche Bereiche bei. Die Kooperationen, die fachliche Beratung und Begleitung durch andere Institutionen und die Netzwerk-Agentur sowie der Austausch im *Generationennetzwerk Umwelt* haben – so die Lernwerkstätten – die Projektansätze qualitativ voran gebracht und vor „Betriebsblindheit" geschützt. Kooperationen signalisieren den anderen Einrichtungen außerdem, dass keine Konkurrenz zu bereits bestehenden Angeboten geplant ist, sondern vielmehr z.B. (gemeinsam) neue Zielgruppen erreicht werden sollen. Über konkrete Projekte geknüpfte Kooperationen bieten im Falle des Erfolgs die Chance für weitere gemeinsame Projekte und Angebote (→ *z.B. Nationalparkhaus Sächsische Schweiz*).

Die Lernwerkstätten haben vielfältige Erfahrungen in der generationenübergreifenden Arbeit und/oder in der Zusammenarbeit mit Älteren gesammelt und reflektiert. Damit hat sich dieser Bereich für durch den demographischen Wandel bedingte Veränderungen geöffnet und erste Strategien zur Bewältigung dieser Herausforderungen entwickelt und erprobt. Die notwendige Sensibilisierung für die Herausforderungen einer alternden Gesellschaft wurde damit in Gang gesetzt. Auf der Basis dieser Erkenntnisse können weitergehende Projekte und Prozesse angegangen werden.

Auch die Hauptamtlichen profitieren

Die mit den Seniorinnen und Senioren arbeitenden Hauptamtlichen in den Lernwerkstätten sowie die Fachkräfte in den Kindertagesstätten und Schulen sehen große Vorteile in der Einbindung von Älteren auch für die eigene Arbeit: Sie betonen in Gesprächen, dass auch sie von den Älteren fachlich und persönlich viel lernen. Die Einbindung von Seniorinnen und Senioren bedeutet immer eine Auseinandersetzung auch mit Fragen des eigenen Älterwerdens sowie mit Altersbildern in der Gesellschaft. Gerade die Erzieherinnen in den Kindertagesstätten sowie die Lehrkräfte in den Grundschulen sehen zudem einen großen Nutzen darin, dass die engagierten Älteren den Kindern sehr vorurteilsfrei begegnen (können). Das setzt bei einigen Kindern – so die Beobachtung – positive Entwicklungen in Gang und ermöglicht auch den Erziehenden zuweilen das Entdecken von neuen Potenzialen in den Kindern.

> Die Zusammenarbeit von Hauptamtlichen und älteren Freiwilligen setzt Prozesse individueller und gesellschaftlicher Auseinandersetzung in Gang.

Auch wenn Einrichtungen zuweilen die Verdrängung von Arbeitsplätzen durch (ältere) Freiwillige befürchten, gibt es dafür derzeit keine Anhaltspunkte. Im Gegenteil: Die Beispiele im *Generationennetzwerk Umwelt* verdeutlichen, dass die Einbindung von und die Projektentwicklung mit Älteren ohne professionelle Strukturen nicht auskommt. Eine Ausweitung des bürgerschaftlichen Engagements durch die Einbindung älterer Freiwilliger kann vielmehr einen wichtigen Beitrag zur Stabilisierung der Einrichtungen und für den gesellschaftlichen Stellenwert des jeweiligen Sektors leisten.

Zielgruppenansprache

An einzelnen Standorten war die Zielgruppenansprache über Zeitungen sehr erfolgreich, während andernorts die direkte und persönliche Ansprache erforderlich war, um engagementbereite Seniorinnen und Senioren zu gewinnen. Ein entscheidender Faktor für eine gelingende Zielgruppenansprache über die örtlichen Medien ist die Bekanntheit der jeweiligen Einrichtung in der Region. Einrichtungen, die in der Öffentlichkeit mit dem bürgerschaftlichen Engagement verbunden werden (→ *Zentrum Aktiver Bürger*), erreichen ihre Zielgruppe über die Medien eher als solche, die noch kein entsprechendes Image haben. Einrichtungen, die neue Wege mit (älteren) Freiwilligen beschreiten wollen, sollten sich aber „experimentierfreudig" zeigen und verschiedene Wege ausprobieren (→ *NABU-Naturschutzzentrum Rheinauen*).

Gerade in der Zielgruppenansprache zeigen sich bei den Lernwerkstätten unterschiedliche Strategien, die von der jeweiligen Ausgangslage und Zielrichtung für die Programmumsetzung abhängig waren. Die Lernwerkstätten haben z.B. folgende Strategien verfolgt:

- Bewerben der Umweltbildungsveranstaltungen persönlich, telefonisch und über Adressverteiler, Zeitungsartikel und Aushänge (→ *Nationalparkhaus Sächsische Schweiz*)
- Ansprache über Medien und über Betriebe (→ *Katholische Erwachsenenbildung*)
- Ansprache über eigenen Adressverteiler und über Presse (→ *Ökologisches Schullandheim Licherode*)
- Ansprache über vorhandene Kontakte (bereits Aktive), die für ein neues Projekt gewonnen werden sollen, und über Medien (→ *Zentrum Aktiver Bürger*)
- Ansprache über Kooperationskontakte zu anderen Einrichtungen (→ *Projektebüro „Dialog der Generationen"*)

Bei den Lernwerkstätten zeigten sich deutliche Unterschiede in der Gewinnung von Männern und Frauen für ein freiwilliges Engagement im Umweltbereich. In einigen Projekten gelang es, Frauen und Männer gleichermaßen anzusprechen (→ z.B. Ökologisches Schullandheim Licherode), in anderen fühlten sich in erster Linie oder ausschließlich Männer angesprochen (→ Katholische Erwachsenenbildung, Zentrum für Allgemeine Wissenschaftliche Weiterbildung). Die Gründe sind unterschiedlich: Bei der Katholischen Erwachsenenbildung im Bildungswerk Lingen ist diese Entwicklung darin begründet, dass ältere Frauen sich aufgrund der gewählten Ansprache als „Expertin/Experte" und der großen Offenheit des Projektangebots nicht zu einem Engagement ermutigen ließen. Insbesondere diejenigen Frauen, die hauptsächlich in der Familienarbeit tätig waren, fühlten sich durch die Anfrage nicht angesprochen. Beim Zentrum für Allgemeine Wissenschaftliche Weiterbildung hingegen hat beim AK Solar das auf Technik ausgerichtete Thema dafür gesorgt, dass sich ausschließlich Männer engagieren.

Projektideen und Aufrufe sind vor dem Hintergrund ihrer unterschiedlichen Wirkung auf Frauen und Männer zu reflektieren.

Einige der Modellstandorte haben bewusst Seniorinnen und Senioren mit unterschiedlichen Vorerfahrungen und Kenntnissen zu Natur- und Umweltthemen angesprochen. Sie ermöglichten somit sowohl Älteren mit mehr und solchen mit geringeren Voraussetzungen den Einstieg in das bürgerschaftliche Engagement. Unter den Seniorinnen und Senioren ist Bereitschaft zum Engagement für Aufgaben im praktischen Naturschutz und für Umweltbildungsaufgaben anzutreffen. Es gibt unter den Älteren nicht wenige, die gerne bestimmte Aufgaben allein entwickeln bzw. anbieten (z.B. Führungen, Lehrpfad-Betreuung usw.). Gleichwohl hat es sich als wichtig erwiesen, auch für diese motivierten Aktiven Gelegenheiten für den Informations- und Erfahrungsaustausch zu schaffen.

Konkret und gleichzeitig offen: Bewährt hat sich die Nennung von Projektideen und Mitmachmöglichkeiten, die jedoch je nach Interessenlage modifiziert werden können.

Bei den Projektaufrufen hat es sich bewährt, die Engagementmöglichkeiten oder -bereiche möglichst konkret zu benennen. Zu große „Offenheit" bei den Einladungen zur Mitwirkung wirkt kontraproduktiv, wenn das Engagement für die potenziellen Freiwilligen nicht vorstellbar ist. Insofern hat es sich bewährt, eine Projektidee oder auch die verschiedenen Mitmachmöglichkeiten möglichst konkret zu benennen. Im Verlauf der Gespräche mit einzelnen engagementinteressierten Seniorinnen und Senioren oder der Projektentwicklung mit Gruppen sind diese Ideen dann basierend auf den Kompetenzen, Erfahrungen und Interessen auszugestalten und ggf. zu modifizieren (→ *siehe unten „Projektentwicklung"*).

Öffentlichkeitsarbeit

Ein differenzierter Blick auf die Öffentlichkeitsarbeit der Lernwerkstätten zeigt die Unterschiedlichkeit der Erfahrungen. Die Zugangsmöglichkeiten zu den Zielgruppen über Medien (i.d.R. Presse) hängen u.a. von der jeweiligen Bekanntheit der Einrichtung in der Region und der Qualität der bestehenden Medienkontakte ab. Während einige Einrichtungen sehr positive Erfahrungen mit der Zielgruppenansprache über Medien gemacht haben (→ *z.B. Katholische Erwachsenenbildung*), ist der Zugangsweg für andere weniger ertragreich verlaufen (→ *Zentrum für Allgemeine Wissenschaftliche Weiterbildung*). Als besonders positiv bewerten einige Einrichtungen die kostenlosen Anzeigenblätter oder auch Amtsblätter, da sie eine große Verbreitung haben und von vielen Seniorinnen und Senioren gelesen werden.

Auch wenn die Zielgruppenmobilisierung über Zeitungen weniger erfolgreich ist, sollte die Pressearbeit nicht vernachlässigt werden. Positive Erfahrungen hat z.B. das Nationalparkhaus Sächsische Schweiz mit einer kontinuierlichen Information der Tagespresse gemacht. Tageszeitungen sind tendenziell offen, Entwicklungen von Projekten darzustellen. Solche Berichte verbessern langfristig die Chance einer Einrichtung, sich bekannt zu machen. Durch eine kontinuierliche Presse- und Öffentlichkeitsarbeit gelingt es u.U. außerdem, mit seinem Projekt überregionale Resonanz hervorzurufen (→ *z.B. NABU-Naturschutzzentrum Rheinauen, Ökologisches Schullandheim Licherode*).

In der Bewertung ähnlich unterschiedlich sind die Erfahrungen der Lernwerkstätten mit Plakaten und Faltblättern. Während die Einen betonen, diese würden nicht zur Kenntnis genommen, haben Andere damit gute Erfahrungen machen können (→ *NABU-Naturschutzzentrum Rheinauen,*

Eine kontinuierliche Pressearbeit verbessert langfristig die Bekanntheit der Einrichtung und ihrer Angebote.

z.B. Streuung Faltblätter über Arztpraxen, Aushänge im Schaukasten). Fast alle Lernwerkstätten haben selbstverständlich eigene Adressverteiler (auch als E-Mail-Verteiler) und Medien für die Zielgruppenansprache genutzt.

Positiv sind die Erfahrungen jener Lernwerkstätten, die zum Projektauftakt Informationsveranstaltungen für interessierte Seniorinnen und Senioren durchgeführt haben (→ z.B. Nationalparkhaus Sächsische Schweiz, Ökologisches Schullandheim Licherode). Als wichtigster Faktor für den Erfolg solcher Veranstaltungen ist eine angenehme und offene Atmosphäre zu nennen. Im Zentrum sollte die Intention und Idee des Angebots an die Seniorinnen und Senioren – Potenziale von Älteren für generationenübergreifende Angebote – stehen. Bewährt haben sich auch verschiedene andere Wege der Zielgruppenansprache des NABU-Naturschutzzentrums Rheinauen, wie z.B. die Werbung für generationenübergreifende Projekte bei allen Veranstaltungen des Zentrums sowie auch bei externen Veranstaltungen. Auch über Kleingartenvereine, Seniorengruppen und Unternehmen ist eine erfolgreiche Zielgruppenansprache möglich.

Projektentwicklung

Die Lernwerkstätten haben basierend auf der Reflexion der Ausgangslage ihre konkreten Strategien für die Programmumsetzung entwickelt. Einige haben zudem Bedarfsanalysen durchgeführt, um ihre Angebotsplanung nachfrageorientiert zu gestalten. Eine etwas modifizierte Herangehensweise hat das NABU-Naturschutzzentrum Rheinauen gewählt, das Kriterien formuliert hat, auf deren Basis verschiedene Maßnahmenbereiche konzipiert wurden.

Bei der Entwicklung der konkreten generationenübergreifenden Angebote haben sich die Einrichtungen mit großer Offenheit auf die potenziellen älteren Freiwilligen und ihre vorhandenen Kompetenzen eingelassen. In einzelnen Fällen wurden aber auch Freiwillige für bereits sehr klar umschriebene Aufgaben „gesucht" (→ NABU-Naturschutzzentrum Rheinauen). Dabei wurde den Seniorinnen und Senioren jedoch gleichwohl große Offenheit entgegen gebracht und sie wurden eingeladen, die Aufgaben nach eigenen Vorstellungen mitzugestalten oder generell eigene Themen zu entwickeln.

Die große Offenheit für die Kompetenzen, Ideen und Vorstellungen der Seniorinnen und Senioren erforderte große Flexibilität auf Seiten der hauptamtlichen Projektentwicklerinnen und -entwickler in den Lernwerkstätten. Es musste viel Wert auf eine methodisch angepasste und gut strukturierte Arbeitsweise gelegt werden. Es hat sich bewährt, im Hinblick auf die thematische Ausgestaltung so offen wie möglich zu sein, um Gestaltungsspielraum für die Freiwilligen zu lassen. Gleichzeitig muss die Arbeitsweise bei der Projektentwicklung zielgerichtet und ergebnisorientiert erfolgen. Sinnvoll ist, wenn die Einrichtungen Ziele und Projektideen als Vorschläge in die Diskussion einbringen. Dies kann eine gute Unterstützung für die potenziellen Freiwilligen darstellen, so die Erfahrungen der Lernwerkstätten. Allerdings müssen die Mitarbeiterinnen und Mitarbeiter offen für die Modifizierung der Ziele und ersten Ideen sein. Sofern die Diskussion der Seniorinnen und Senioren sich zu lange „im Kreis dreht", zu abstrakt geführt wird oder auch unterschiedliche Ansichten zu Auseinandersetzungen führen, hat es sich bei den Lernwerkstätten bewährt, in die Praxis zu gehen (z.B. Exkursionen zu möglichen Ausflugszielen für die späteren Angebote). Ein breites Angebot an Mitwirkungsmöglichkeiten schafft die Voraussetzung dafür, dass viele Interessierte ein für sie geeignetes Engagementfeld finden (→ *NABU-Naturschutzzentrum Rheinauen*). Die Erfahrungen der Lernwerkstätten zeigen außerdem, dass viele Freiwillige sich und in der Folge auch ihre Projekte weiter entwickeln.

> Offenheit gegenüber den Interessen und Wünschen der Senioren erfordert eine hohe Flexibilität und eine strukturierte Arbeitsweise der Hauptamtlichen.

Die Ermittlung von Bedarfen für Angebote und Projekte zu Beginn der Projektentwicklung hat sich aus Sicht von zwei Lernwerkstätten bewährt (→ *z.B. Akademie für Natur und Umwelt, Nationalparkhaus Sächsische Schweiz*). Diese ermöglichen eine nachfrageorientierte Projektentwicklung und dienen bereits dem Aufbau bzw. der Pflege von Netzwerkbeziehungen. Als sinnvoll erweist es sich auch, bei

Projekten mit Kindertagesstätten und Schulen intensive Kooperationsgespräche zu führen. In diesen sind z.B. die grundlegende Idee des generationenübergreifenden Ansatzes unter Einbeziehung von Älteren zu vermitteln, Erwartungen und Ressourcen aller Projektbeteiligten genau zu klären und Rahmenbedingungen für die Freiwilligen festzulegen. Kooperationen dienen darüber hinaus bei vielen Projekten der Lernwerkstätten auch der Mobilisierung fachlicher Unterstützung, z.B. für die Fortbildung von Seniorinnen und Senioren. Für die Lernwerkstätten haben sich die entstandenen neuen Kooperationen teilweise als „Mehrwert" der Programmmitwirkung erwiesen, da diese auch für weitere Arbeitszusammenhänge genutzt werden. Gerade die Erarbeitung einer Kooperationsgrundlage ist bei Kindertagesstätten und Schulen zu empfehlen. Es ist die Aufgabe von Hauptamtlichen und kann nicht durch die potenziellen Freiwilligen erfolgen. Bei den Projekten der Lernwerkstätten, die in Zusammenarbeit mit Kindertagesstätten und Schulen umgesetzt werden, zeigt sich, dass auf der Basis einer zu Beginn geschaffenen Grundlage auch ein alle Seiten zufriedenstellender Prozess der „Verselbstständigung" einsetzt.

> Eine fundierte Kooperationsvereinbarung zwischen den Einrichtungen ermöglicht oft die „Verselbstständigung" eines Projektes zu einem späteren Zeitpunkt.

In der Startphase ist es bei konkreten Projekten mit Seniorinnen und Senioren wichtig, dem gegenseitigen Kennenlernen und der Gruppenbildung einen großen Raum zu geben. Als positiv haben sich Angebote erwiesen, die eigenen Bezüge zu Umwelt und Natur zu Beginn zu reflektieren und zu klären (→ *z.B. Zentrum Aktiver Bürger, Ökologisches Schullandheim Licherode*). Unter Männern sind u.U. die beruflichen Bezüge und die Klärung alter Rollen wichtige Themen (→ *Katholische Erwachsenenbildung*). Die Unterstützung im Gruppenprozess ist gerade zu Beginn eines Projekts eine wichtige Aufgabe. Aber auch in Phasen der Weiterentwicklung eines Projekts durch eine bestehende Gruppe ist eine hauptamtliche Unterstützung bei der Formulierung von Zielen und der Vermittlung eines realistischen Maßstabs für das durch Freiwillige Leistbare unerlässlich (→ *Zentrum für Allgemeine Wissenschaftliche Weiterbildung*).

Die nachfolgende Auflistung zeigt die Projekte der Lernwerkstätten verschiedenen Themen und Schwerpunkten zugeordnet.

Zielgruppenansprache und Öffentlichkeitsarbeit

Infoblatt
Zusammenstellung von Informationen zum Hintergrund, zu Projekten und Erfahrungen in generationenübergreifenden Projekten für Vereine, Verbände und Initiativen im Umwelt- und Naturschutzbereich (→ *Akademie für Natur und Umwelt*)

Jobbörse Natur
Gewinnung von Freiwilligen mit unterschiedlichen Kenntnissen und Vorerfahrungen für konkrete Aufgaben im Umwelt- und Naturschutz über Schaukasten, Vereinszeitschrift, Faltblatt (in Arztpraxen ausgelegt) (→ *NABU-Naturschutzzentrum Rheinauen*)

Vorträge
Informationen für Seniorengruppen und Kleingartenvereine sowie Veranstaltungen in Kooperation mit anderen Einrichtungen aus der Seniorenarbeit und Erwachsenenbildung (→ *NABU-Naturschutzzentrum Rheinauen*)

Praktischer Umwelt- und Naturschutz

Jobbörse Natur
Horstbetreuung, Biotoppflege, Lehrpfad-Betreuung, Mitarbeit im Infocafé, Managerin oder Manager für Streuobstwiesenschutz (→ *NABU-Naturschutzzentrum Rheinauen*)

72-Stunden-Projekt
Praktische Naturschutzarbeit von Jung und Alt (Pfadfinder/Naturschützer) (→ *NABU-Naturschutzzentrum Rheinauen*)

Erfahrungen und Erkenntnisse aus den Lernwerkstätten

Umweltbildung für Kinder

Naturgeschichten
Vorleseprojekt für Kinder in Kindertagesstätten (→ *NABU-Naturschutzzentrum Rheinauen*)

Naturwissenschaftliche Experimente
Angebot von Lehreinheiten für kleinere Gruppen in Kindertagesstätten (→ *Zentrum Aktiver Bürger*)

Projekttage „Wald", „Geologie" und „Pflanzenwelt"
Projekttage für Kindertagesstätten und Grundschulen zu unterschiedlichen Themen (→ *Zentrum Aktiver Bürger*)

Schulgarten
Unterstützung beim Aufbau und bei der Pflege von Schulgärten (→ *Nationalparkhaus Sächsische Schweiz, Zentrum Aktiver Bürger*)

Was Großvater noch weiß
Exkursionen mit Kindern im Kindergarten- und Grundschulalter nach dem Motto „Natur beginnt vor der Haustür" (→ *Katholische Erwachsenenbildung*)

Umweltbildung für Jung und Alt

Umweltbildungsveranstaltungen für Jung und Alt
Mit Umweltbildungsangeboten mit möglichst praktischen Handlungsteilen lassen sich unterschiedliche Zielgruppen von jung bis alt ansprechen und gewinnen, wie z.B. Obstbaumschnittseminare, Lehmbau-Modellierkurse, Backkurse (→ *Nationalparkhaus Sächsische Schweiz*)

Projekte mit Jugendlichen

Generationenübergreifender Dialog
Kooperationsprojekt zwischen einem Seniorenclub einem Gymnasium (→ *Projektebüro „Dialog der Generationen"*)
Kooperationsprojekt von Seniorinnen und Senioren und Schulen zum Thema „Wohnen" (→ *Zentrum für Allgemeine Wissenschaftliche Weiterbildung*)

Regensammler von Stechlin
Schülerinnen und Schüler nutzen Ältere in einem Naturschutzprojekt als Expertinnen und Experten *(→ Projektebüro „Dialog der Generationen")*

Solarenergie – ein Thema für die Schule!
Angebot von Unterrichtseinheiten zum Thema Solarenergie in unterschiedlichen Angebotsformen (Projekttage, sechswöchiger Kurs, Arbeitsgruppen, Tag der Offenen Tür) und für verschiedene Klassenstufen und Schulformen *(→ Zentrum für Allgemeine Wissenschaftliche Weiterbildung)*

Austausch und Qualifizierung

Expertentreffen und -pool
Informations- und Erfahrungsaustausch von fachlich versierten Aktiven im Umwelt- und Naturschutz *(→ Akademie für Natur und Umwelt)*

Generationengarten
Entwicklung des Projektansatzes und Netzwerkbildung *(→ Projektebüro „Dialog der Generationen")*

Grundlagenkurs Naturschutz
Kursangebot für Jung und Alt *(→ NABU-Naturschutzzentrum Rheinauen)*

Qualifizierung für Haupt- und Ehrenamtliche
Qualifizierungsangebote für haupt- und ehrenamtlich Tätige zur Förderung der Kompetenzen in der Arbeit mit (älteren) Ehrenamtlichen und für generationenübergreifende Projekte *(→ Akademie für Umwelt und Natur)*

Umwelttrainer-Zertifikat für Seniorinnen und Senioren
Qualifizierungsangebot für Seniorinnen und Senioren für die außerschulische und schulische Umweltbildungsarbeit *(→ Ökologisches Schullandheim Licherode)*

Workshops „Jung lernt von Alt" und „Alt lernt von Jung"

Vermittlung von Fertigkeiten an Jüngere durch Ältere (Handwerkstechniken, Modellieren) und an Ältere durch Jüngere (Informationsrecherche per Internet) *(→ NABU-Naturschutzzentrum Rheinauen)*

Lernen

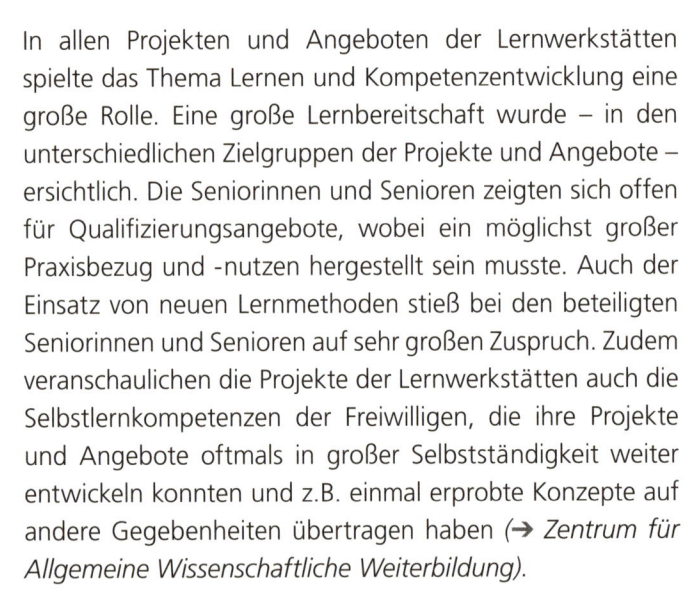

In allen Projekten und Angeboten der Lernwerkstätten spielte das Thema Lernen und Kompetenzentwicklung eine große Rolle. Eine große Lernbereitschaft wurde – in den unterschiedlichen Zielgruppen der Projekte und Angebote – ersichtlich. Die Seniorinnen und Senioren zeigten sich offen für Qualifizierungsangebote, wobei ein möglichst großer Praxisbezug und -nutzen hergestellt sein musste. Auch der Einsatz von neuen Lernmethoden stieß bei den beteiligten Seniorinnen und Senioren auf sehr großen Zuspruch. Zudem veranschaulichen die Projekte der Lernwerkstätten auch die Selbstlernkompetenzen der Freiwilligen, die ihre Projekte und Angebote oftmals in großer Selbstständigkeit weiter entwickeln konnten und z.B. einmal erprobte Konzepte auf andere Gegebenheiten übertragen haben *(→ Zentrum für Allgemeine Wissenschaftliche Weiterbildung)*.

Auch unter den bereits sehr aktiven Ehrenamtlichen und den Hauptamtlichen, die mit anderen Freiwilligen arbeiten, zeigte sich Bedarf und Interesse an Qualifizierungsangeboten zur weiteren Entwicklung des bürgerschaftlichen Engagements. Für sie war es von Bedeutung, sich mit den Unterschieden zwischen dem alten und dem neuen „Ehrenamt" auseinander zu setzen *(→ Akademie für Natur und Umwelt)*.

Voraussetzungen bei den Einrichtungen

Die Umsetzung der generationenübergreifenden Projekte und Angebote stellt spezifische Anforderungen an die Kompetenzen der Hauptamtlichen in den Einrichtungen. Erforderlich sind

- Erfahrungen und Kompetenzen in der Beratung von engagementbereiten Seniorinnen und Senioren im Hinblick auf ihre Engagementbereitschaft und -motivation und im Erkennen ihrer Kompetenzen;
- Entwicklung von möglichen Einsatzfeldern für die engagementbereiten Personen auf der Basis dieser Erkenntnisse unter Beachtung der Anforderungen und Rahmenbedingungen der beteiligten Einrichtungen;
- Erfahrungen und das entsprechende methodische Know-How zur Entwicklung, Unterstützung (z.B. auch bei der Konfliktlösung) und fachlichen Beratung von Gruppen engagementbereiter Seniorinnen und Senioren bzw. von einzeln aktiven Freiwilligen;
- Kompetenzen im Aufbau und Management von Kooperationen mit anderen Einrichtungen aus der Umwelt- und Seniorenarbeit sowie Kindertagesstätten und Schulen.

Eine kontinuierliche und professionelle Begleitung durch eine feste Ansprechperson mit Lust und Zeit für die Arbeit mit (Gruppen von) Seniorinnen und Senioren ist einer der wesentlichen Schlüsselfaktoren für erfolgreiche Projekte. Die kontinuierliche Zusammenarbeit von Hauptamtlichen und den Freiwilligen gewährleistet, dass die Kompetenzen der Seniorinnen und Senioren umfassend erkannt werden können. Für freiwillig Engagierte bedeutet eine kontinuierliche Begleitung durch eine feste Ansprechperson ein hohes Maß an Sicherheit und Verlässlichkeit. In allen Projekten der Lernwerkstätten haben diese Aspekte maßgeblich zum Erfolg beigetragen.

> Der Erfolg von Projekten mit älteren Freiwilligen hängt von der kontinuierlichen und professionellen Begleitung durch eine feste Ansprechperson in der Einrichtung ab.

Der Aspekt der kontinuierlichen Begleitung und Unterstützung umfasst darüber hinaus auch die teilweise einbezogenen anderen Einrichtungen. Das Zusammenbringen und

Pflegen von Kooperationspartnern kann – je nach Projektansatz – auch zu den Kernaufgaben gehören, wie Beispiele aus dem *Generationennetzwerk Umwelt* belegen (→ *Projektebüro „Dialog der Generationen")*.

Die auf die Potenziale der Älteren ausgerichtete Haltung in den Projekten wird von den Seniorinnen und Senioren als Bestätigung und Anerkennung erlebt. Es hat sich bewährt, bei der Entwicklung bzw. Ausgestaltung der Projekte und Angebote auf diesen Kompetenzen aufzubauen. Als wichtig erweist es sich, die (zukünftigen) Aktivitäten von Anfang an in den Mittelpunkt zu stellen, denn die Engagementbereiten haben Interesse am konkreten Handeln und weniger an „theoretischen" Diskussionen. Raum für Gespräche beanspruchen allerdings Fragen zur eigenen (beruflichen) Biographie, zu den Bezügen zu Natur und Umwelt sowie zu regionalen Erinnerungen.

Neben der offenen Haltung durch die engagementfördernden Lernwerkstätten war und ist es den im *Generationennetzwerk Umwelt* Aktiven besonders wichtig, dass auch die Kooperation mit anderen Einrichtungen wie z.B. den Kindertagesstätten und Schulen durch Offenheit und Vertrauen geprägt sind. Dies findet seinen Ausdruck z.B. darin, dass den engagierten Freiwilligen die entsprechenden Rahmenbedingungen gegeben werden, die sie benötigen (Zugang zu Räumen, Material, Schlüssel-Verantwortung).

Nachhaltigkeit

Bei den Projekten der Lernwerkstätten spielte der Gedanke der Langfristig- und Nachhaltigkeit von Anfang an eine große Rolle. Alle Lernwerkstätten wollten die Modellphase des Programms nutzen, um Projekte anzuschieben, die auch nach dem Auslaufen der Förderung durch die Deutsche Bundesstiftung Umwelt (DBU) weitergeführt werden können. Die Weiterführung der Projekte ergibt sich auch aufgrund der weiterhin vorhandenen Nachfrage nach den entsprechenden Angeboten, z.B. durch die kooperierenden Einrichtungen, Kindertagesstätten und Schulen. Die Sicherung kann auf unterschiedlichen Wegen gewährleistet werden:

- Weiterführung durch die vorhandenen (regelfinanzierten) Strukturen (→ *Akademie für Natur und Umwelt, Katholische Erwachsenenbildung, Nationalparkhaus Sächsische Schweiz, Ökologisches Schullandheim Licherode, Projektebüro „Dialog der Generationen"*);
- Anlage des Prozesses in der Form, dass nach und nach die hauptamtliche Begleitung reduziert werden kann, z.B. durch Verantwortungsübergabe an die engagierten Seniorinnen und Senioren (→ *NABU-Naturschutzzentrum Rheinauen, Zentrum Aktiver Bürger, Zentrum für Allgemeine Wissenschaftliche Weiterbildung*).

Strategische Schritte zur generationenübergreifenden Arbeitsweise

Claudia Olejniczak

Die erfolgreiche Engagementförderung Älterer bedarf einer professionellen und strukturierten Arbeitsweise. In der Modellphase des Generationennetzwerks Umwelt *wurden vielfältige Erkenntnisse gewonnen, welche Faktoren bei den Einrichtungen die Einbindung von Älteren zu einem wirklichen Erfolg werden lassen. Die Erfahrungen aus dem* Generationennetzwerk Umwelt *in möglichst praxisorientierte Handlungsanregungen zu „übersetzen" ist das Anliegen dieses Buchs. Die Aufbereitung der Erfahrungen unter „strategischen" Gesichtspunkten gibt all jenen in anderen Einrichtungen der Umwelt- und Erwachsenenbildung, der Naturschutz- und Seniorenarbeit, die eine generationenübergreifende Arbeitsweise auf den Weg bringen wollen, Ideen zur Vorgehensweise, Argumentationshilfen und Hinweise auf Dinge, die zu tun und solche, die besser vermieden werden sollten, an die Hand.*

Den wichtigsten Erfolgsfaktor beachten

Die für die Mitwirkung von Freiwilligen im Allgemeinen wichtigen und vielfach diskutierten Rahmenbedingungen haben auch für die Arbeit mit (Gruppen von) engagierten Seniorinnen und Senioren Gültigkeit (z.B. feste Ansprechperson, Anerkennungskultur, Erstattung von Auslagen). Für die Zusammenarbeit mit freiwillig aktiven Älteren ist es – so zeigen die Erfahrungen – noch wichtiger, dass Einrichtungen die entsprechenden Faktoren darauf hin prüfen, ob und inwieweit sie eingehalten und umgesetzt werden können. Einen besonderen Stellenwert hat die „Haltung" der Einrichtung, d.h. ihrer hauptamtlich Tätigen und bereits freiwillig Aktiven zur Zusammenarbeit mit Seniorinnen und Senioren. Es lohnt sich, wenn die Einrichtung sich intensiv mit der Frage befasst, ob sie als neue Freiwillige wirklich willkommen sind oder lediglich eine vermeintliche Lücke geschlossen oder einem „neuen" Trend gefolgt werden soll, der in aller Munde ist. Die Gefahr, dass die Projekte dann misslingen ist groß, weil die „innere" Überzeugung fehlt.

Die Verantwortlichen müssen sich darüber klar werden, welches Bild von Älteren und vom Altern sie selbst haben: Sehen Sie eher die Potenziale, die Seniorinnen und Senioren mitbringen (Zeit, Wissen, Erfahrungen), und/oder sehen Sie eher Probleme und Anforderungen? Haben Sie eventuell selbst gerade Auseinandersetzungen im Verein oder in der Trägerorganisation mit „alten" Vorstandsmitgliedern, die Veränderungen nicht akzeptieren wollen? Gibt es Sorgen, den Ansprüchen und Forderungen von Älteren evtl. „nicht gewachsen" zu sein? Solche Fragen gehören am Anfang „auf den Tisch", um Klarheit über den eigenen Standpunkt zu gewinnen.

> **Die** grundlegende Voraussetzung ist, dass Ältere als Freiwillige wirklich willkommen sind – dies sollte die Einrichtung intensiv erörtern.

Eine wertschätzende und offene Haltung gegenüber neuen Ideen sowie die Erkenntnis, dass „Kommunikation" zu den Schlüsselfaktoren erfolgreicher Ansätze gehört, zählen darüber hinaus zu den zentralen Voraussetzungen für eine erfolgreiche Arbeit bei der Gewinnung von neuen (älteren) Freiwilligen.

→ *Im Leitfaden Profilentwicklung ab S. 220 finden Sie die Checkliste „Atmosphäre für Freiwillige", mit deren Hilfe Sie Ihre „Tauglichkeit" prüfen können!*

Besondere Qualität aufzeigen

„Warum sollten wir generationenübergreifende Projekte mit Seniorinnen und Senioren machen?", so werden vielleicht einige Verantwortliche und Aktive in Einrichtungen der Umwelt- und Erwachsenenbildung sowie der Naturschutzarbeit fragen. Argumente für solche Angebote und Projekte sind z.B., dass sie

- die Weitergabe von Wissen, Erfahrungen und Begeisterung der Älteren für Umwelt und Natur an die jüngeren Generationen fördern,

- dazu beitragen, Älteren Zugang zu Themen und Fragen der nachwachsenden Generationen zu ermöglichen und ihre gesellschaftliche Teilhabe zu sichern,
- „Neuwissen" entstehen lassen durch die Verknüpfung „alter" Wissensbestände mit aktuellem Wissen und den Erfahrungen der Jüngeren,
- einen Beitrag leisten zur Einsicht, dass die Kenntnis und Bewältigung von Vergangenheit, Gegenwart und Zukunft eine gemeinsame Aufgabe aller Generationen ist.

→ *Ergänzen Sie diese Argumente um solche, die speziell für Ihre Situation und Ausgangslage passen. Sammeln Sie in Ihrer Einrichtung und in Ihrem Umfeld!*

Potenziale und Voraussetzungen der Einrichtung kennen

Seniorinnen und Senioren stellen eine differenzierte Zielgruppe dar. Ältere interessieren sich aus unterschiedlichen Gründen und mit verschiedenen Wissensbeständen und Erfahrungen für eine Mitarbeit in (generationenübergreifender) Naturschutz- und Umweltbildungsarbeit. Insgesamt gelingt die Entwicklung von Projekten mit und für Seniorinnen und Senioren um so besser, je genauer die Einrichtung die eigenen Möglichkeiten, Ressourcen und Erwartungen kennt und diese auch gegenüber den neuen Freiwilligen vermitteln kann.

Bei diesem Schritt geht es zunächst um die allgemeinen Rahmenbedingungen und Vorzüge, die eine Einrichtung für das bürgerschaftliche Engagement von Älteren mitbringt. In einem späteren Schritt müssen diese Rahmenbedingungen vor dem Hintergrund der geplanten Herangehensweise weiter konkretisiert werden. Generell zu klärende Fragen beziehen sich auf folgende Aspekte:

Erfahrungen der Einrichtung in der Zusammenarbeit mit Freiwilligen

- Gewinnung,
- Qualifizierung,
- Einbindung in Entscheidungen,
- Zusammenarbeit mit unterschiedlichen Altersgruppen,
- Klarheit bei Aufgaben/Tätigkeitsfeldern für Freiwillige.

Ressourcen der Einrichtung für die Förderung und Einbindung von (älteren) Freiwilligen

- Personelle Möglichkeiten (Wer? Welcher zeitliche Rahmen?),
- finanzielle Rahmenbedingungen, z.B. für die Erstattung von Auslagen,
- Versicherungsschutz für Freiwillige,
- mögliche Kooperationspartner,
- räumliche Möglichkeiten der Einrichtung (Arbeitsplatz für die Freiwilligen vorhanden?).

Zu den wesentlichen Bausteinen des Erfolgs gehören stimmige und verbindliche Rahmenbedingungen. Diese umfassen z.B. einen tragfähigen strukturellen Rahmen (Träger), feste Ansprechpersonen in den Einrichtungen sowie klare Absprachen über die konkrete Aufgabe und den zeitlichen Umfang des Engagements, über Qualifizierungs- und Unterstützungsangebote. Aber auch Regelungen der Verantwortlichkeiten und versicherungsrechtliche Fragen (z.B. bei Ausflügen mit Kindern) sowie die Wertschätzung und Anerkennung für die Tätigkeit sind wichtige Voraussetzungen, die das Engagement von (älteren) Freiwilligen beflügeln.

→ *Im Leitfaden Profilentwicklung finden Sie ab S. 222 die Checkliste „Rahmenbedingungen für bürgerschaftliches Engagement" für eine Bestandsaufnahme Ihrer Voraussetzungen!*

Ziele setzen und Tätigkeitsfelder benennen

Die Frage „Welche konkreten Ziele verfolgt die Einrichtung, die mit der Unterstützung von freiwillig tätigen Älteren erreicht werden sollen?" sollte in jedem Fall überdacht werden. Ziele sind häufig nur „diffus" in den Köpfen der Beteiligten vorhanden und nicht formuliert. Ihre Klärung trägt jedoch maßgeblich dazu bei, dass alle Beteiligten einer Einrichtung ein gemeinsames Verständnis für die neue Aufgabe oder das neue Vorhaben entwickeln. Aus diesem Grund sollten die Ziele auf jeden Fall schriftlich fest gehalten werden. Aus den Zielen ergeben sich die konkreten Tätigkeitsfelder und Herangehensweisen. In diesem Klärungsprozess wird somit auch besprochen, für welche Bereiche und Aufgabenfelder sich die Einrichtung eine Einbindung und Aktivierung von Seniorinnen und Senioren vorstellen kann. Mögliche Ziele sind:

> Die von der Einrichtung verfolgten Ziele sollten schriftlich fixiert werden, da sie den Grundstein für die Projektausgestaltung bilden.

- Seniorinnen und Senioren sollen in die vorhandenen (außerschulischen) Umweltbildungsangebote für Schulen eingebunden werden, um zahlenmäßig zusätzliche und inhaltlich neue Angebote anbieten zu können;
- Seniorinnen und Senioren sollen für Aufgaben des praktischen Umwelt- und Naturschutzes gewonnen werden, um die Bestandspflege auf neue Flächen auszuweiten;
- es sollen neue Angebote der generationenübergreifenden Umweltbildung entwickelt werden, um Kindern und Jugendlichen das Wissen und die Begeisterung der Älteren für die Natur zu vermitteln;
- ....

Je klarer die Ziele und die möglichen Tätigkeitsfelder benannt sind, desto leichter wird sich im Folgenden auch die Öffentlichkeitsarbeit, die Zielgruppenansprache und die Gewinnung von Kooperationspartnern gestalten.

→ Im Leitfaden Profilentwicklung helfen Ihnen die Abschnitte „Ziele und Tätigkeitsfelder für ein generationenübergreifendes Profil" (S. 224) und „Klärung der konkreten Rahmenbedingungen für das neue Projekt" (S. 225 f.) bei Ihrer Planung!

→ Ein Blick in die Praxisberichte der Lernwerkstätten in diesem Buch gibt Ihnen Anregungen für Ihre Arbeit!

... und den Abgleich mit den Rahmenbedingungen nicht vergessen!

Wenn die möglichen Tätigkeitsfelder definiert sind, sollte die Einrichtung noch einmal überlegen, ob die Rahmenbedingungen tatsächlich eine Umsetzung zulassen. Die Voraussetzungen für die Ansprache und Einbindung der (neuen) Freiwilligen sollten noch einmal für die konkreten Ziele und Maßnahmenbereiche überprüft werden. Mögliche Fragen in dieser Phase sind dann:

> Die Möglichkeiten und Grenzen der Einrichtung hinsichtlich der Projektrealisierung müssen ehrlich und realistisch geprüft werden.

- Auf welchem Weg sollen die Seniorinnen und Senioren für die geplanten Projekte und Angebote gewonnen werden? Wer kann die Zielgruppenansprache übernehmen und steht als Ansprechperson zur Verfügung? Wer führt die „Erstgespräche" mit den interessierten Älteren? Ist der Zugang zu möglichen Werbeträgern vorhanden?
- Sind für die konkreten Tätigkeiten Personen in der Einrichtung, die ggf. die Einführung der Seniorinnen und Senioren fachlich übernehmen können? Besteht ggf. Kontakt zu einer anderen Institution, die Unterstützung geben kann?
- Sind die Rahmenbedingungen für potenziell Aktive in den geplanten Projekten und Angeboten in der Einrichtung gegeben, wie z.B. Aufwandsentschädigung, Räume und Schreibtisch usw.?

Kooperationen

Kooperationen sind wichtig, denn nicht alle Aufgaben bei der generationenübergreifenden Profilierung wird die Einrichtung alleine bewältigen können. Es ist aus diesem Grund sinnvoll, nach der „Bestandsaufnahme" zu prüfen, welche Anforderungen von der Einrichtung selbst nicht oder nicht ausreichend gut bewältigt werden können. Für diese Bereiche sollten Partner gesucht werden, die die entsprechende Lücke schließen können. Hier zeigt sich ein positiver Nebeneffekt der „Bestandsaufnahme": Durch die Klarheit der Projektziele und der eigenen Ressourcen kann die Idee gut vermittelt werden, und es gelingt für ein konkretes Vorhaben schnell die passenden Partner zu finden. Bereiche für Kooperationen sind z.B.:

- Informations- und Öffentlichkeitsarbeit (z.B. Medien, Veranstalter usw.),
- Projektentwicklung (z.B. Bildungsträger mit Naturschutzverein oder Naturschutzzentrum mit Seniorenorganisation),
- Qualifizierungsangebote für Seniorinnen und Senioren bzw. Gelegenheiten zur Hospitation,
- Kindertagesstätten, Schulen als „Abnehmer" von Angeboten der generationenübergreifenden Umweltbildung.

Kompetenzen aufbauen

Projekte mit Senioren stellen hohe Anforderungen an die Mitarbeiter in der Einrichtung. Qualifizierungsangebote für Hauptamtliche können hilfreich sein.

Die Zusammenarbeit mit älteren engagementbereiten Menschen erfordert eine hohe konzeptionelle Kompetenz bei der Entwicklung von Angeboten. Zum einen sollten die Wissens- und Erfahrungspotenziale der Älteren den Ausgangspunkt für Projekte bilden, zum anderen sind angepasste Qualifizierungs- und Beratungsangebote bis hin zum „Coaching" erforderlich, um Projekte erfolgreich auf den Weg zu bringen.

Erfolgreiche generationenübergreifende Projekte stellen somit hohe Anforderungen an die hauptamtlich sowie langjährig freiwillig oder ehrenamtlich Tätigen. Aus diesem

Grund hat es sich als förderlich erwiesen, die Qualifizierung und Engagementförderung von Älteren durch entsprechende Bildungsangebote für die Hauptamtlichen **und** die bereits sehr aktiven Freiwilligen zu begleiten (z.B. Seminar zum Thema). Eventuell muss das Selbstverständnis der langjährig Aktiven und der Hauptamtlichen überdacht werden: Verstehen sich diese z.B. als die „eigentlichen" (und einzigen) fachlichen Expertinnen und Experten, an deren Wissens- und Kenntnisstand jede und jeder Neue gemessen wird, wirkt sich das demotivierend auf die potenziell Aktiven aus. Aus diesem Grund ist die Einbindung von Seniorinnen und Senioren in Angebote und Aufgaben der Naturschutz- und Umweltbildungsarbeit, die einen hohen fachlichen Standard zwingend erfordern, wenig realistisch, sofern die engagementbereiten Personen entsprechende Kenntnisse nicht mitbringen. Für die Entwicklung von generationenübergreifenden Projekten mit Seniorinnen und Senioren sind weiterhin z.B. Erfahrungen und Kompetenzen in Gruppendynamik und -pädagogik hilfreich, um die Gruppenbildung und -entwicklung unterstützen zu können.

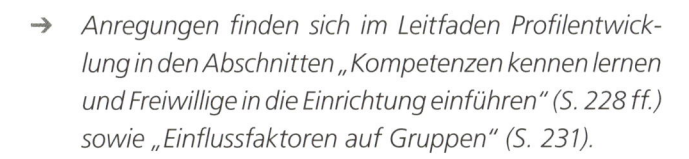

→ *Anregungen finden sich im Leitfaden Profilentwicklung in den Abschnitten „Kompetenzen kennen lernen und Freiwillige in die Einrichtung einführen" (S. 228 ff.) sowie „Einflussfaktoren auf Gruppen" (S. 231).*

„Umwege" zulassen

Sofern sich die Einbindung von (neuen) engagierten Freiwilligen aufgrund der Bestandsanalyse noch nicht als realistisches Ziel erweist, bieten Umweltbildungsangebote für Ältere oder auch für Jung und Alt die Chance, die Einrichtung für diese Zielgruppe zu öffnen. Gerade auch erlebnisorientierte Angebote können – wie das Beispiel des Nationalparkhauses Sächsische Schweiz in Bad Schandau zeigt – eine Möglichkeit darstellen, den Einstieg in das Thema zu finden. Solche regelmäßigen Angebote und Arbeitskreise haben den positiven Effekt, die regionale Verankerung einer Einrichtung zu stärken und bieten die

> Umweltbildungsangebote für Jung und Alt können ein erster Schritt sein, falls die Einbindung von älteren Freiwilligen (noch) kein realistisches Ziel darstellt.

Möglichkeit, in einem nächsten Schritt auch das freiwillige Engagement von Älteren anzustoßen.

→ *Anregungen für entsprechende Angebote finden sich vor allem in den Praxisberichten des Nationalparkhauses Sächsische Schweiz und des NABU-Naturschutzzentrums Rheinauen!*

Engagementbereite Ältere durch persönliche Ansprache gewinnen

Einrichtungen unterschiedlicher Prägung und Größe können für engagementbereite ältere Menschen attraktiv sein. Für die Gewinnung der (neuen) Freiwilligen sind verschiedene Wege erfolgversprechend. Sie sind u.a. von den spezifischen Voraussetzungen der Einrichtung, ihrer Bekanntheit in der Region u.a.m. abhängig.

Für das Erreichen der Zielgruppe ist förderlich, neben der allgemeinen Informations- und Öffentlichkeitsarbeit über dieses (neue) Betätigungsfeld der Einrichtung z.B. in örtlichen und verbandseigenen Medien die Menschen auch persönlich anzusprechen, bei passenden Anlässen auf die Offenheit für neue engagementbereite Ältere hinzuweisen oder einen Informationsnachmittag oder -abend (im Sommer!) in angenehmer Atmosphäre anzubieten. Je ausgeprägter die Einrichtung die „Werbung" um neue (ältere) Freiwillige zu ihrem Thema macht, das bei jeder Gelegenheit kommuniziert wird, desto erfolgreicher wird die Einrichtung Freiwillige für das Engagement finden.

Genutzt werden sollte – sofern vorhanden – die örtliche Infrastruktur zur Förderung des bürgerschaftlichen Engagements (Freiwilligenagenturen, Seniorenbüros, sonstige Kontaktstellen), denn wie der neue Freiwilligensurvey 2004 aufzeigt, kennen und nutzen speziell Ältere diese Einrichtungen, um sich über die Möglichkeiten zum freiwilligen Engagement beraten zu lassen (Gensicke/Picot/Geiss 2005: 345 f.).

> **Je umfassender verschiedene „Werbekanäle" genutzt werden, umso eher können Freiwillige interessiert und gewonnen werden.**

→ *Tipps und Hinweise für die „Gewinnung von Freiwilligen" finden Sie im Leitfaden Profilentwicklung (S. 226 f.)*

Kompetenzen, Erwartungen und Motivationen der Älteren kennen lernen

Haben (die ersten) Seniorinnen und Senioren den Weg zur Einrichtung gefunden, um sich in generationenübergreifenden Projekten zu engagieren, sollte zunächst in Erstgesprächen über die Motivationen, Erfahrungen, Erwartungen und Rahmenbedingungen der potenziellen neuen Freiwilligen gesprochen werden. Sofern sich das Interesse auf eine bestimmte Tätigkeit richtet, ist zu klären, ob die Voraussetzungen der Person und die Tätigkeiten zueinander passen. Ggf. wird in einem solchen Gespräch auch bereits sehr schnell deutlich, dass die Kompetenzen und Erfahrungen der/des interessierten Älteren vielleicht in einem anderen Aufgabenfeld besser zum Einsatz kommen können. Es ist aus diesem Grund unerlässlich, dass der/dem Älteren die Einrichtung möglichst umfassend vorgestellt wird und ggf. auch andere Mitwirkungsmöglichkeiten aufgezeigt werden.

> In einem Erstgespräch zwischen Einrichtung und potenziell Engagiertem sind Interesse an und „Eignung" für die geplanten Tätigkeiten zu erörtern.

Sollten sich bei dem Erstgespräch „Zweifel" bei der Vertreterin bzw. dem Vertreter der Einrichtung in Bezug auf die Eignung der Interessentin bzw. des Interessenten einstellen, ist dies als Warnsignal auf jeden Fall Ernst zu nehmen! Es bietet sich in solchen Fällen z.B. an, für ein weiteres Gespräch eine andere Person aus der Einrichtung hinzuzuziehen. Sinnvoll ist es bei (andauernden) Zweifeln an der Möglichkeit einer Zusammenarbeit diese in der Anfangsphase gegenüber der/dem Interessierten anzusprechen und z.B. die Gründe kurz aus der eigenen Sicht zu benennen („Ich habe den Eindruck, Ihre fachlichen Kenntnisse sind nicht ausreichend für diese Aufgabe und wir haben keine Möglichkeit, Sie in dem erforderlichen Umfang zu qualifizieren!"; „Ich habe den Eindruck, Sie stehen der Arbeitsweise unserer Einrichtung eigentlich sehr kritisch gegenüber!"). Es bietet sich in solchen Fällen an, sofern dies von beiden Seiten gewünscht ist, eine „Probezeit" für die Zusammenarbeit zu verabreden und im Anschluss an diese offen über die Erfahrungen zu sprechen.

→ *Anregungen rund um die Gespräche mit engagementbereiten (älteren) Freiwilligen und ihre Einführung in die Arbeit finden Sie im Leitfaden Profilentwicklung unter „Kompetenzen kennen lernen und Freiwillige in die Einrichtung einführen" (S. 228 ff.)!*

Projekte kompetenzorientiert entwickeln

Ob nun Seniorinnen und Senioren in bestehende konkrete Tätigkeiten und Aufgaben der Einrichtung eingebunden oder ob neue Projektideen mit ihnen umgesetzt werden sollen, in jedem Fall sollten die Erfahrungen und das Wissen der Freiwilligen den Dreh- und Angelpunkt bei der Entwicklung und Ausgestaltung einnehmen. Die in den Gesprächen mit den engagementbereiten Personen gewonnenen Informationen bilden die Basis für die weitere Arbeit.

Soll ein neues (generationenübergreifendes) Angebot mit einer Gruppe von Seniorinnen und Senioren aufgebaut werden, sind zu Beginn die Rahmenbedingungen abzustecken. Worauf zielt das Projekt? Welche konkreten Tätigkeiten fallen voraussichtlich an? In welchem zeitlichen Rahmen kann/muss das Projekt oder Angebot entwickelt werden? Welche Kompetenzen sind in der Gruppe der Seniorinnen/ Senioren vorhanden? Welchen Fortbildungsbedarf gibt es unter Umständen?

Speziell bei generationenübergreifenden Projekten ist es wichtig, das gemeinsame Tun von Jung und Alt in den Mittelpunkt zu stellen, z.B. durch die gemeinsame Arbeit im Garten, durch Ausflüge oder das gemeinsame Bauen von Modellen usw. Generationenübergreifende Projekte gedeihen in einer Kultur der gegenseitigen Akzeptanz und Wertschätzung. Diesen Aspekt bewusst zu machen und ggf. zu fördern und ist eine wichtige Aufgabe vor allem in der Startphase von Projekten. Eine solche Atmosphäre ist gekennzeichnet durch:

- Kultur der gegenseitigen Anerkennung – Bewusstsein über das „Geben" und „Nehmen" im Rahmen der Austauschbeziehungen
- Gegenseitige Wertschätzung – Wissen und Erfahrungen von Alt und Jung sind wertvoll, ergänzen sich, schaffen „Neues"
- Perspektiven wechseln – Förderung des Verständnisses für die Weltsicht von Kindern/Jugendlichen und von Älteren

> → *Im Leitfaden Profilentwicklung finden Sie verschiedene Hinweise und Anregungen, die die Projektentwicklung unterstützen. Bitte beachten Sie vor allem die Themen „Konkrete Verabredungen der Zusammenarbeit" (S. 230 f.), „Einflussfaktoren auf Gruppen" (S. 231), „Projektmanagement" (S. 232 f.), „Erfolgreiche Veranstaltungsplanung" (S. 234 ff.) sowie auch die Hinweise zur „Zusammenarbeit zwischen Alt und Jung" (S. 236 f.)!*

In der Startphase der Projekte sollte eine Kultur der Akzeptanz und Wertschätzung vermittelt werden – gemeinsame Aktivitäten eignen sich dafür besonders.

Kommunikation gestalten

Das gegenseitige Kennenlernen zwischen der/dem potenziell aktiven Älteren und der Einrichtung bildet die Basis für die Vereinbarung der konkreten Zusammenarbeit. Gerade zu Beginn der Zusammenarbeit sollten demnach Gespräche statt finden, in denen erörtert wird, ob die Beteiligten mit der Zusammenarbeit zufrieden sind oder ob z.B. der neue Freiwillige eine andere Aufgabe sucht. In manchen Einrichtungen hat es sich bewährt, eine „Probezeit" zu verabreden, nach deren Ablauf beide Seiten eine Entscheidung über die Zukunft der Zusammenarbeit treffen. Solche Verabredungen sind z.B. sinnvoll, wenn sie zum Charakter der Einrichtung oder der konkreten Tätigkeit passen. Bewährt haben sie sich auch, wenn den engagementbereiten Personen dadurch mehr Sicherheit im Hinblick auf die Möglichkeit des Wieder-Aufhören-Könnens gegeben werden kann.

Das direkte Zugehen und die persönliche Begleitung der engagierten Personen ist bei älteren Freiwilligen besonders wichtig. Für Ältere ist das Engagement auch eine Möglichkeit, im sozialen Kontakt mit jüngeren Menschen und der Berufswelt zu bleiben. Sie suchen aus diesem Grund den Kontakt und das Gespräch auch über konkrete Absprachen hinaus. Das erfordert auf Seiten der Hauptamtlichen „Empathie" für Ältere und das notwendige Fingerspitzengefühl im Umgang mit eigenen zeitlichen Anforderungen im beruflichen Tagesgeschäft und der Zugewandtheit für die Engagierten.

> Mitunter ist die Zusammenarbeit mit älteren Freiwilligen sehr zeitintensiv – eine Herausforderung für Hauptamtliche, die auch ihr Tagesgeschäft bewältigen müssen.

Begegnung, Austausch und Fortbildung ermöglichen

Auch wenn Seniorinnen und Senioren verschiedene, auf die eigenen spezifischen Erfahrungen und Vorlieben konzipierte Projekte verfolgen, ist es ihnen wichtig, sich auch als „Gesamtgruppe" zu treffen und sich über die gewonnenen Erfahrungen auszutauschen. Aus diesem Grund ist es erforderlich, dass die Einrichtung den Freiwilligen Möglichkeiten gibt, sich zu bestimmten Gelegenheiten zu treffen und miteinander in Austausch zu treten. Gerade auch der informelle Rahmen von Festen für freiwillig Aktive als Teil der Anerkennungskultur einer Einrichtung bietet z.B. gute Gelegenheiten für den Erfahrungsaustausch.

Der Bedarf an Fortbildung zeigt sich u.U. nicht gleich zu Beginn der Engagementaufnahme. Gleichwohl kann der Wunsch im Laufe der Zeit bei den Engagierten aufkommen oder es zeigt sich im Verlauf der Projektentwicklung, dass Fortbildungen die Arbeit befördern. Aus diesem Grund sollte die Einrichtung entsprechende Angebote unterbreiten, wobei unter den Älteren eher kurze und praxisnahe Fortbildungen gewünscht werden.

→ *Anregungen für die Fortbildung von Hauptamtlichen bzw. engagierten Ehrenamtlichen finden Sie im Praxisbericht der Akademie für Umwelt und Natur des Landes Schleswig-Holstein!*

Nachhaltigkeit und Weiterentwicklung ermöglichen

Ein Projekt ist in der Regel zunächst ein zeitlich begrenztes Vorhaben. Im Erfolgsfall stellt sich jedoch die Frage nach der Verstetigung und den Entwicklungsperspektiven. Aufgrund des Kompetenzzuwachses auf Seiten aller Beteiligten steigt zumeist die Chance auf eine qualitative Weiterentwicklung des Projekts oder Angebots.

Fragen, die sich z.B. stellen:

- Kann das Projekt in „Eigenregie" (unter Leitung einer/eines freiwillig aktiven Älteren) weitergeführt werden?
- Ist die Gruppe der engagierten Älteren offen für neue Mitstreiterinnen und Mitstreiter? Wird sich die Gruppe weiterentwickeln?
- Gibt es weitere „Nachfrager" nach der Projektidee und wie können diese bedient werden (z.B. bei Schulprojekten)?
- .....

Auch wenn die Weiterentwicklung und Fortführung das eigentliche Ziel vieler Vorhaben sein wird, sollte darüber mit den Freiwilligen auf jeden Fall anlassbezogen gesprochen werden (z.B. zum Abschluss einer bestimmten Projektphase). Es gibt zudem vielfältige Gründe, warum (ältere) Freiwillige ihre Tätigkeit einschränken oder aufgeben (z.B. plötzlich verstärkte familiäre Verpflichtungen). In diesen Fällen ist es sinnvoll, die Beendigung des freiwilligen Engagements aktiv zu gestalten (Danksagung, Präsent usw.). Auch wird es in vielen Fällen vielleicht die Möglichkeit geben, die Zusammenarbeit zu einem späteren Zeitpunkt wieder aufzunehmen, weshalb es sinnvoll ist, den Kontakt zu „Ehemaligen" durch Rundbriefe u.ä. aufrecht zu halten.

Praxisberichte der Lernwerkstätten

Naturschutz- und Umwelteinrichtungen

Akademie für Natur und Umwelt des Landes Schleswig-Holstein

NABU-Naturschutzzentrum Rheinauen, Bingen-Gaulsheim

Nationalparkhaus Sächsische Schweiz, Bad Schandau

Ökologisches Schullandheim Licherode

Akademie für Natur und Umwelt des Landes Schleswig-Holstein

Dörte Paustian

Als Umweltbildungseinrichtung des Landes Schleswig-Holstein mit Servicefunktion hat die Akademie für Natur und Umwelt in Neumünster im Rahmen des Generationennetzwerks Umwelt *eine Informationsbasis und Strukturen geschaffen, die die Umwelt- und Naturschutzverbände bei der Nachwuchsgewinnung und einem besseren Zusammenwirken von Haupt- und Ehrenamtlichkeit unterstützen. Die Qualifizierungs- und Austauschmöglichkeiten der im Umwelt- und Naturschutz tätigen Hauptamtlichen bzw. der besonders aktiven (und belasteten) Ehrenamtlichen haben zu einer besseren Vernetzung untereinander beigetragen und den Blick „über den Tellerrand" in andere Engagementfelder ermöglicht. Die Arbeit der Umweltakademie belegt, welche Bedeutung einer einrichtungsübergreifenden Engagementförderung zukommt.*

Profil der Einrichtung

Seit 1993 arbeitet die Umweltakademie als nichtrechtsfähige Anstalt des öffentlichen Rechts für die Fort- und Weiterbildung im Bereich des Natur- und Umweltschutzes und der nachhaltigen Entwicklung. Als zentrale Umweltbildungseinrichtung des Landes gehört sie organisatorisch zum Geschäftsbereich des Landwirtschafts- und Umweltministeriums Schleswig-Holstein. Ihr Angebot richtet sich vorrangig an Personen mit umwelterheblichen Entscheidungsbefugnissen, an haupt- und ehrenamtlich im Natur- und Umweltschutz Tätige und an Multiplikatorinnen und Multiplikatoren aus allen gesellschaftlichen Bereichen. Die Veranstaltungen finden in Kooperation mit Einrichtungen wie Verbänden, Vereinen, Institutionen und Behörden statt.

Die Stadt Neumünster in der Mitte Schleswig-Holsteins ist Sitz der Umweltakademie. Sie ist in der denkmalgeschützten Fabrikantenvilla, die größtenteils nach ökologischen Kriterien renoviert wurde, untergebracht. Das naturnahe, weitläufige Außengelände lädt zum Lernen in freier Natur ein.

Das Stammpersonal besteht aus 13 Mitarbeiterinnen und Mitarbeitern. Hinzu kommen zwei Zivildienstleistende, eine Teilnehmerin am Freiwilligen Ökologischen Jahr beim Förderverein und projektbezogen befristete Kräfte.

Die Arbeit der Umweltakademie wird unterstützt und begleitet durch den Verein „Zukunftsfähiges Schleswig-Holstein – Förderverein der Umweltakademie e.V.".

Die Umweltakademie hat eine Reihe unterschiedlicher Aufgaben und Angebote für die Umwelt- und Naturschutzverbände in Schleswig-Holstein:

- Schwerpunkt Umweltbildung: Seminare, Tagungen, Vorträge, Expertenforen, Workshops, Exkursionen, Sommerakademie, Kunstaktionen und Naturerlebnisspiele zu verschiedenen Themenbereichen.
- Publikationen: Die Akademie dokumentiert ihre Bildungsarbeit durch eine Vielzahl unterschiedlicher Publikationen in der Reihe „Akademie aktuell". Die meisten Publikationen sind kostenlos erhältlich.
- Info-Servicestelle Umweltbildung: Sie trägt maßgeblich zur Professionalisierung der Umweltbildung bei, indem sie Nachfragen und Angebote möglichst vieler umweltpädagogischer Einrichtungen und Akteure vernetzt. Sie fördert den Gedankenaustausch durch Arbeits- und Gesprächskreise und den viermal jährlich erscheinenden Infobrief.
- Zukunftsfähigkeit durch Nachhaltigkeit: Das Agenda 21-Büro bringt die nachhaltige Entwicklung Schleswig-Holsteins voran, sammelt und vermittelt Kontakte und Informationen, bietet Fortbildungen an und fördert den Erfahrungsaustausch.
- Die Umweltbibliothek, die allen Interessierten offen steht, umfasst derzeit 4.000 Bücher, Zeitschriften, Videos und Spiele.

- Arbeitskreise der Umweltakademie dienen zur Verstetigung des Informationsaustausches und zur gezielten Planung von Aktivitäten und Angeboten.

Ausgangspunkt

Die Umweltakademie als Fort- und Weiterbildungseinrichtung versteht ihren Arbeitsansatz im *Generationennetzwerk Umwelt* als Dienstleistungsangebot für die Vereine und Verbände des Natur- und Umweltschutzes in Schleswig-Holstein. Sie hat sich bereits 2002 in einem Expertenworkshop mit dem Thema „Alter für die Umwelt" befasst (in Zusammenarbeit mit dem *ies* Hannover, das sich in einem ersten Modellvorhaben von 1998 bis 2000 mit der Engagementförderung Älterer befasst hatte), um ältere Menschen in den Natur- und Umweltschutz zu integrieren. Die Ausweitung auch auf jüngere Menschen und die Intensivierung des Kontaktes zu älteren Menschen erschien vor dem Hintergrund dieser ersten Erfahrungen sinnvoll, da der Nachwuchs im Natur- und Umweltschutz fehlt. Aufgrund der Netzwerkfunktion der Umweltakademie in Schleswig-Holstein und der vielen Kooperationsbeziehungen erhoffte sie sich für ihren Ansatz eine starke Breitenwirkung. Folgende Ziele sollten im Projektzeitraum erreicht werden:

Die Umweltakademie: Kommunikations-, Informations- und Serviceschnittstelle zur Unterstützung der Nachwuchsgewinnung im Natur- und Umweltschutz.

- Vermittlung von Kompetenzen an Mitarbeiterinnen und Mitarbeiter der Vereine und Verbände im Natur- und Umweltschutz über die Voraussetzungen zur Integration älterer und jüngerer Menschen in die verbandliche ehrenamtliche Arbeit (Weiterbildungsseminare).
- Aufbau eines Netzwerks fachlich qualifizierter Älterer, Ermittlung des Fortbildungsbedarfs und Vermittlung der Kompetenzprofile der Älteren an die Einrichtungen, die Ehrenamtliche in ihre Arbeit einbinden möchten (Gründung eines Arbeitskreises, Expertenpool).
- Organisation eines Austausches von in der Umweltbildung Tätiger über die Methoden, Instrumente und Inhalte von generationenübergreifendem Lernen im Umweltbereich (über vier regionale Gesprächsforen).

Startphase

Zunächst wurde eine Befragung der Mitglieder der bestehenden Gesprächsforen „Umweltbildung" gestartet, um deren Qualifizierungs- und Unterstützungsbedarf zu ermitteln.

In anschließenden Gesprächen mit Landesinitiativen der Senioren- und Ehrenamtsarbeit, mit Vertreterinnen und Vertretern von Naturschutzvereinen und -verbänden sowie mit weiteren regionalen Akteuren wurde zum einen über die Beteiligung am Modellprogramm *Generationennetzwerk Umwelt* informiert und darüber hinaus Möglichkeiten der Zusammenarbeit und gegenseitigen Unterstützung ausgelotet.

> Bedarfserhebungen und -analysen sind als Ausgangspunkt für die Angebotsplanung unerlässlich.

Auf der Basis dieser Bedarfserhebung und Gespräche hat die Akademie Angebote zur Qualifizierung der im Umwelt- und Naturschutz Tätigen durchgeführt. Dabei griff die Umweltakademie immer wieder auf die fachliche Unterstützung durch die Netzwerk-Agentur des *Generationennetzwerks Umwelt* zurück, u.a. indem Claudia Olejniczak als Referentin zu Rahmenbedingungen des freiwilligen Engagements, zu den spezifischen Anforderungen in der Zusammenarbeit mit älteren Ehrenamtlichen und den Erfolgsfaktoren von generationenübergreifenden Projekten einbezogen wurde.

Angebote und Arbeitskreise

Qualifizierungsangebot (I)

Zur Unterstützung von haupt- und ehrenamtlich Tätigen bot die Umweltakademie unter dem Titel „Erfahrungsschätze für ehrenamtliches Engagement im Natur- und Umweltschutz heben" am 4. Juni 2003 eine erste Veranstaltung an. Das Seminar sollte Vereinen und Verbänden des Natur- und Umweltschutzes Unterstützung geben, ehrenamtliches Engagement in ihren Bereichen zu fördern und generationenübergreifenden Projekten zum Erfolg verhelfen. Die Inhalte dieser Veranstaltung waren:

- Aufgaben und Zielsetzung der Umweltakademie im *Generationennetzwerk Umwelt*
- Dem Ehrenamt auf die Sprünge helfen – Was sind gute Bedingungen für ehrenamtliches Engagement? (Impulsreferat)
- Generationenübergreifende Projekte in Schleswig-Holstein: Vorstellung von verschiedenen Projekten mit anschließendem Erfahrungsaustausch
  - Ein Garten für Kinder (BUND), Husum
  - Kräuterpark Stolpe (reNatur), Stolpe
  - Naturerlebnisraum Stollberg, Langenhorn
  - Freiwilligenbrief – NABU Schleswig-Holstein, Neumünster
- Steuern im Ehrenamt (Referat)
- Versicherungsschutz im Ehrenamt (Referat)
- Grundprinzipien einer guten Zusammenarbeit – Der Ton macht die Musik – Motivation, Vereinbarungen, Konflikte (Moderierte Diskussion)

> Besonders anschaulich und „mitreißend" ist die Vorstellung von Projekten durch die jeweiligen Akteure.

Die Veranstaltung stieß bei den Teilnehmenden auf große Zustimmung, weil sie ihnen die Möglichkeit bot, sich umfassend über verschiedene Aspekte des ehrenamtlichen Engagements zu informieren. Das Vorstellen konkreter Beispiele erhielt besonders gute Resonanz, während der Bereich „Steuern und Versicherung" noch Fragen offen ließ.

Expertentreffen

Das Expertentreffen am 24. September 2003 für bereits ehrenamtlich engagierte Seniorinnen und Senioren diente dazu, das *Generationennetzwerk Umwelt* vorzustellen und zu überlegen, ob auf Seiten der Engagierten Interesse besteht, sich als Beraterin oder Berater anderen Organisationen zur Verfügung zu stellen. Darüber hinaus sollte geklärt werden, in welcher Weise die Umweltakademie ehrenamtlich im Natur- und Umweltschutz Tätige durch z.B. Fortbildungen, Exkursionen oder organisierten Erfahrungsaustausch in Form von Arbeitskreisen unterstützen könnte. Es wurden Personen angesprochen, die bereits im Expertenworkshop „Alter für die Umwelt" im Jahre 2002 mitgewirkt hatten sowie solche Personen, deren besonderes Engagement bei der Umweltakademie bekannt war.

Es wurde beschlossen, einen „Berater-Steckbrief" zu entwickeln, der über die Umweltakademie ins Internet gestellt werden sollte. Aus den Ergebnissen eines Brainstormings wurde schließlich der „Expertensteckbrief" entwickelt (s.u. „Expertenpool").

Darüber hinaus wurden Ideen für zukünftige Zielgruppen entwickelt, die Qualifizierungsbedarf durch die Umweltakademie haben könnten. Auch Fortbildungsthemen waren Gegenstand dieses Treffens.

Öffentlichkeitsarbeit auf dem Naturschutztag 2003 und 2004

Die Umweltakademie hat im Oktober 2003 die traditionellen Naturschutztage Schleswig-Holstein mit dem Thema „Naturschutz und Heimat" mit ca. 200 Teilnehmenden durchgeführt. Diese Veranstaltung richtet sich insbesondere an ehrenamtlich im Natur- und Umweltschutz aktive Menschen, daher erschien ein Infotisch mit Material über das *Generationennetzwerk Umwelt* sinnvoll. Das Interesse an dem Thema war gering, was möglicherweise an dem straffen und vollen Programm der Tagung gelegen haben könnte.

Ein stärkeres Gewicht sollte im Folgejahr mit dem Thema „Naturschutz und Jugend" auf diese Thematik gelegt werden. Die Vorbereitungsgruppe bestand zu ca. 50 % aus jungen und zu 50 % aus älteren Menschen, die gemeinsam die große Tagung vorbereitet haben. Durch die engagierte Zusammenarbeit entstand ein sehr interessantes und abwechslungsreiches Programm. Dennoch konnten nicht die Türen in die Schulen aufgestoßen bzw. Jugendliche erreicht werden. Die Tagung wurde aus Mangel an Anmeldungen von Jüngeren abgesagt.

Qualifizierung (II)

Unter dem Titel „Junge und Junggebliebene ziehen an einem Strang" fand am 23. Juni 2004 in der Umweltakademie eine zweite Veranstaltung zur Verbreitung neuer Erkenntnisse über freiwilliges Engagement statt. Die Veranstaltung sollte zeigen, wie sich langjährige Erfahrung und die Flexibilität junger Köpfe in der Arbeit des Natur- und Umweltschutzes erfolgreich integrieren lassen. Es sollte verdeutlicht werden, welche Schritte berücksichtigt werden müssen, um ein Projekt gezielt zum Erfolg zu führen. Die Inhalte waren die Folgenden:

- Von der Idee zum Projekt – 10 Schritte zur erfolgreichen Projektabwicklung
- Projektbeispiele aus der Praxis aus den Reihen der Teilnehmenden
- Das Projekt „Internationale Gärten", Göttingen, stellt sich vor
- Erfolgsfaktoren generationenübergreifender Projekte
- Die Kunst, lebendige Veranstaltungen durchzuführen – Exkurs in die Praxis der Umweltbildung
- Wenn der Nachwuchs zu Wort kommt – Jugendliche berichten aus der Praxis der Jugendarbeit

Die Veranstaltung richtete sich an interessierte Menschen, an Personen aus dem Natur- und Umweltschutz sowie an Personen aus den Gesprächskreisen „Umweltbildung". Die Anwesenden begrüßten insbesondere die Mischung aus Grundsatzbeiträgen und Beispielpräsentationen. Die Vorstellung des ehrenamtlichen Engagements von jungen Menschen durch die Jugendlichen selbst erwies sich als ein wichtiger Baustein dieser Veranstaltung, der Anerkennung und Respekt der Älteren für die fachliche Kompetenz und das Engagement der Jungen zu Tage gefördert hat. Ein hervorragendes Beispiel für die Zusammenarbeit von Jung und Alt veranschaulichte das Projekt „Internationale Gärten", da es über den generationenübergreifenden Ansatz die Integration ausländischer Menschen ermöglicht.

Arbeitskreis Ehrenamt

Die Treffen des „Arbeitskreises Ehrenamt – Engagement für Natur und Umwelt" bieten Menschen von 20 bis 99 die Möglichkeit, sich anhand vorbereiteter Themen miteinander auszutauschen, neue Methoden kennen zu lernen, von guten Beispielen zu lernen oder eigene Erfahrungen zu transportieren. „Von und mit Anderen lernen!" ist das Motto dieser kostenlosen, halbtägigen Fortbildungsveranstaltung. Jedes Treffen befasst sich mit einem in sich abgeschlossenen Thema, so dass der Einstieg in den Arbeitskreis und das Vorbringen eigener Fragestellungen jederzeit möglich ist. Folgende Themen wurden bisher behandelt:

- Grundlagen der Kommunikation am Beispiel des Kommunikationsquadrates von Friedemann Schulz von Thun
- Marketingstrategien für Projekte im Natur- und Umweltschutz entwickeln
- Nachwuchs für den Natur- und Umweltschutz gewinnen
- Veranstaltungen erfolgreich planen und durchführen
- Die Methode der „Kollegialen Beratung"
- Presse- und Öffentlichkeitsarbeit
- Fundraising
- Was tun, wenn eine Gruppe „müde" wird?

> „Von und mit Anderen lernen!" Impulse für Naturschutz und Umweltbildung können aus vielen Projektbereichen und Fachdisziplinen gewonnen werden.

Über den Projektzeitraum hinaus wird an der Reihe „Arbeitskreis Ehrenamt" festgehalten, da der Bedarf von Seiten der Ehrenamtlichen klar und deutlich formuliert wurde und die Umweltakademie deren Unterstützung für wichtig erachtet. Die neue Reihe heißt nun „Fit für´s Ehrenamt?!" (siehe unten).

Infoblatt

Auf der Basis der gewonnenen Erkenntnisse, der guten Beispiele und der hergestellten Kontakte wurde ein achtseitiges Informationsblatt in der Reihe „Akademie aktuell" erstellt. Dieses ist sowohl in gedruckter als auch in digitaler Form erhältlich. Es wurde an Personen und Organisationen verschickt, die im Modellprojekt mitgewirkt haben.

Auch für andere Interessierte kann es nützliche Hinweise und Tipps geben.

Die behandelten Themen sind:

- Förderung von freiwilligem Engagement
- Gute Rahmenbedingungen
- Möglichkeiten der Engagementförderung
- Grundprinzipien der Zusammenarbeit
- Kommunikation (die vier Botschaften einer Nachricht)
- Der erste Kontakt mit Freiwilligen
- Der Umgang mit Konflikten
- Zusammenarbeit in Gruppen
- Marketingstrategien im Natur- und Umweltschutz
- Projektmanagement
- Links, Adressen, Literatur

Das Infoblatt mit Ergebnissen des Modellprojekts ist kostenlos zu bestellen oder steht im Internet zum Download bereit (www.umweltakademie-sh.de unter der Rubrik „Weitere Angebote" > „Expertenpool").

Expertenpool

Gemeinsam mit einem Softwareprogrammierer wurde auf Basis von Expertensteckbriefen eine Internetdatenbank als Expertenpool erstellt. Eintragen lassen können sich diejenigen, die ihr Fachwissen oder ihre besonderen Fähigkeiten ehrenamtlich anderen Organisationen im Natur- und Umweltschutz zur Verfügung stellen möchten.

Nähere Informationen dazu sind auf unserer Homepage www.umweltakademie-sh.de unter der Rubrik „Weitere Angebote" > „Expertenpool" zu finden. Der Expertenpool wurde bisher nur von einer geringen Personenzahl genutzt. Es wird überlegt, diesen an einer präsenteren Stelle zu platzieren.

Teilnehmerinnen und Teilnehmer

Für die Teilnahme an den Angeboten der Umweltakademie interessierten sich v.a. sehr aktive Ehrenamtliche und Hauptamtliche, die nach Wegen für die Gewinnung von neuen engagierten Personen (jeden Alters) suchen. Die Sorge um die Zukunft des Umwelt- und Naturschutzes, der nur funktionieren kann, wenn sich ausreichend viele Menschen ehrenamtlich engagieren, war unter den Teilnehmenden deutlich spürbar. Eine besondere Herausforderung sehen sie darin, dass gerade jene Aufgaben, die eine hohe fachliche Kompetenz verlangen (z.B. Verfassen von gutachterlichen Stellungnahmen), zunehmend von den bereits Engagierten nicht bewältigt werden können. Enttäuschung macht sich zuweilen breit, weil keine Motivation für das ehrenamtliche Engagement im Umwelt- und Naturschutz vorhanden ist. Vor diesem Hintergrund war es für die Beteiligten wichtig, zu erkennen, wie und wodurch sich das heutige ehrenamtliche Engagement von früheren Formen unterscheidet.

Die Angebote der Akademie fanden bei den Teilnehmenden große Zustimmung, wie Statements im Anschluss an die jeweiligen Einheiten sowie eine schriftliche Befragung belegen. Die „an der Praxis orientierte Themenwahl" und die Vorstellung von Projekten, die Anregungen für die eigene Arbeit geben, wurden sehr positiv bewertet. Besonders gut gefiel der persönliche Austausch zwischen den Teilnehmerinnen und Teilnehmern sowie die Möglichkeit, „von den eigenen Erfahrungen zu berichten". Als ein besonderes „Highlight" wurde der generationenübergreifende Austausch erlebt: Die älteren, langjährig Aktiven betonten, dass sie besonders große Freude an der Präsentation des ganz jungen Nachwuchs im verbandlichen Umwelt- und Naturschutz hatten. Ihre Projektvorstellungen vermittelten ihnen Einblicke in neue Engagementformen und begeisterten aufgrund der „spürbaren" Kraft und Energie.

Im generationenübergreifenden Austausch erfahren die Jüngeren Anerkennung und Respekt; die Älteren profitieren vom Innovationspotenzial.

Insbesondere im Arbeitskreis Naturschutztag wurde deutlich, wie gut die Zusammenarbeit von Jung und Alt funktioniert. Die Jüngeren fühlten sich ernst genommen, ihre Ideen und Anregungen wurden aufgegriffen und in die Gestaltung der Tagung einbezogen.

Zitate aus den Bewertungen sind u.a. „die Veranstaltungen sind ein Ort für konstruktiven Austausch", „in der Gruppe habe ich genügend Raum, mich einzubringen", „es wäre schön, wenn solche Seminare weiter bestehen würden", „regelmäßige Treffen könnten positiv ausstrahlen, als Ort des Lernens, Vertrauens und der Kompetenz", „bitte die Aktion fortführen", „die Veranstaltungsangebote leisten einen wichtigen Beitrag zur Vereins- und Verbandsarbeit, sie sind zielgerichtet und bieten Erfahrungsaustausch" oder „gelungene Veranstaltungen, ich habe davon enorm profitiert/Herzlichen Dank!"

Veränderungen in der Einrichtung

> Bewährt hat sich der „themenbezogene Arbeitskreis", eine zielgerichtete Veranstaltungsform, die Information, Austausch und praktische Übungen integriert.

Es hat sich gezeigt, dass durch die Mitarbeit der Umweltakademie im Modellprogramm eine Sensibilisierung für die Zielgruppe der „Älteren" stattgefunden hat. Es wurden neue Kooperationspartner gewonnen und der Kreis der Zielgruppen erweitert. Dabei hat sich die Veranstaltungsform des „themenbezogenen Arbeitskreises" als sinnvoll erwiesen. Es kommt sowohl den jüngeren als auch den älteren Teilnehmenden entgegen, sich über „Nicht-Umweltthemen" zu informieren und sich mit anderen darüber auszutauschen. Dabei standen Themen der Kommunikationstheorie, des Konfliktmanagements, der Veranstaltungsplanung oder gute Bedingungen für ehrenamtliches Engagement im Vordergrund. Es ist wichtig, dass Informationen durch z.B. Vorträge oder Übungen vermittelt werden und darüber hinaus die Erfahrungen der Teilnehmenden in die Veranstaltung einfließen können. So haben sich Menschen aus unterschiedlichen ehrenamtlichen Tätigkeitsfeldern kennen lernen können, sie haben von verschiedensten Projekten erfahren und Anregungen für ihre eigene Arbeit erhalten – ganz dem Motto folgend „Von und mit Anderen lernen".

Wichtig war, Kenntnisse darüber zu vermitteln, wie gute Kommunikation funktioniert. Dass eine offene Haltung und ein guter Umgang miteinander zentrale Voraussetzungen dafür sind, dass sich auch zukünftig Menschen im Natur- und Umweltschutz engagieren, setzt sich als Erkenntnis erst nach und nach durch, denn im Natur- und Umweltschutz steht häufig das rein Fachliche sehr im Vordergrund.

> Zentrale Voraussetzungen der Engagementförderung auch im Natur- und Umweltschutz sind eine offene Haltung und ein respektvoller Umgang miteinander.

Die Formen der Fortbildung über ganztägige Workshops und halbtägige Veranstaltungen im Rahmen des Arbeitskreises Ehrenamt sprachen aufgrund der Themenauswahl und des interessanten Methodenangebots auch die jüngere Generation an.

Es wurde darüber hinaus bei der Kontaktaufnahme zu anderen Organisationen der „Ehrenamtsarbeit" deutlich, dass nach wie vor Aktionen und Tätigkeitsfelder im Umweltbereich viel weniger bekannt und zugänglich sind als Angebote aus sozialen, kulturellen oder sportlichen Bereichen. Dem möchte die Umweltakademie entgegen wirken, indem sie Inhalte der Umweltbildung, der Umweltaktivitäten in das Bundesprogramm „Erfahrungswissen für Initiativen – EFI" einbringt. In diesem Programm werden Seniorinnen und Senioren stark gemacht, um eigene Projekte ehrenamtlich zu initiieren. Bisher zeigt sich bei diesem Modellprogramm jedoch, dass Themen aus dem Natur- und Umweltbereich kaum aufgegriffen wurden.

Eine intensive Beschäftigung mit dem Thema „ehrenamtliches Engagement" hätte es ohne das Modellprogramm in der Umweltakademie nicht gegeben. Es hat neue Zielgruppen erschlossen und für das Thema „Ehrenamt" sensibilisiert. Auch zukünftig wird es kostengünstige Veranstaltungsangebote für Ehrenamtliche geben, die neben interessanten Themen insbesondere bei der Planung der Veranstaltungszeiten (nachmittags und an den Wochenenden) berücksichtigen, dass auch Ehrenamtliche teilnehmen können. Darüber hinaus werden zukünftig die Kontakte zu „Nicht-Umweltorganisationen" verstärkt, die im Bereich Bürgerschaftliches Engagement/Ehrenamt aktiv sind, um mehr gegenseitiges Verständnis und Transparenz zu bewirken.

Öffentlichkeitsarbeit und Medienresonanz

Hinweise und Ankündigungen wurden regelmäßig in der Publikationsreihe „Akademie aktuell – Infobrief" veröffentlicht. Damit werden insbesondere Personen aus dem Bereich der Umweltbildung erreicht.

Das Infoblatt „WIR in Schleswig-Holstein", das vom Ministerium für Soziales, Gesundheit und Verbraucherschutz des Landes Schleswig-Holstein und der Landesinitiative Bürgergesellschaft herausgegeben wird, hat in zwei von inzwischen vier Ausgaben Hinweise und Veranstaltungsankündigungen zum *Generationennetzwerk Umwelt* geliefert. Es richtet sich besonders an Menschen, die in ihrer nachberuflichen Phase aktiv bleiben wollen.

Weitere Presse- und Öffentlichkeitsarbeit bestand in der Bewerbung der Veranstaltungen durch einen E-Mail-Verteiler und den Versand von Einladungsfaltblättern an unsere Kooperationspartner und Gesprächskreis-Mitglieder.

Die Zusammenfassung der Seminarergebnisse erfolgte in einem achtseitigen Infoblatt in der Reihe „Akademie aktuell – Infoblatt". Es behandelt die Themen Förderung von freiwilligem Engagement, Grundprinzipien der Zusammenarbeit, Planung und Vorbereitung von Projekten sowie interessante Internetadressen und Literaturtipps.

Nachhaltigkeit der Angebote

Die Umweltakademie zieht aus den bisherigen Erfahrungen und der positiven Resonanz der Teilnehmenden die Konsequenz, auch über das Modellprogramm hinaus im Jahre 2006 kostenlose halbtägige Seminare zum Thema „Fit für´s Ehrenamt?!" anzubieten. Die Themen lauten

- Gesprächsleitung in Diskussionen und Sitzungen
- Kreativitätstechniken
- Präsentationen von Projekten (Vorträge, Internet)

- Rechte und Pflichten von Ehrenamtlichen (bzw. Non-Profit-Organisationen)

Auch sollen die Ergebnisse dieser Seminare erneut in einem Infoblatt zusammengefasst und interessierten Menschen zur Verfügung gestellt werden. Dieses Vorhaben ist von den zeitlichen und finanziellen Rahmenbedingungen der Umweltakademie abhängig.

Die Angebote werden weiterhin nachmittags durchgeführt, damit auch Berufstätige die Möglichkeit zur Teilnahme haben. In zusätzlichen Angeboten wird auch auf das Wochenende ausgewichen.

Darüber hinaus wird die Kooperation mit anderen Organisationen der Seniorenarbeit intensiviert. Gedacht wird dabei an die Seniorenbüros, an das Programm „EFI – Erfahrungswissen für Initiativen" sowie die Anbindung an eine Qualifizierungsmaßnahme für Seniorinnen und Senioren des Landesverbandes der Volkshochschulen zusammen mit dem Sozialministerium des Landes Schleswig-Holstein und der Landeszentrale für Politische Bildung.

Auch der Expertenpool bleibt erhalten und wird ggf. durch eine „öffentlichere" Anbindung bekannter gemacht.

Praxistipps

Fortbildungsbedarfe ermitteln

Wenn eine Einrichtung sich intensiv mit einer bestimmten Zielgruppe befassen möchte – in diesem Falle den Ehrenamtlichen – sollte bei dieser Personengruppe der Fortbildungsbedarf ermittelt und die zur Verfügung stehenden Fortbildungsthemen angeboten werden. Für Ergänzungen sollte Freiraum eingeplant werden. Erst im Anschluss an diese Bedarfsermittlung sollten die konkreten Angebote gestaltet werden. Bedenken Sie dabei, welche Zeitfenster (tagsüber, nachmittags, abends, Wochenende) für diese Gruppe sinnvoll sind.

1 Praxistipp

2

Praxistipp

Erfahrungsaustausch von Ehrenamtlichen ermöglichen

Es hat sich gezeigt, dass der von der Umweltakademie angebotene Arbeitskreis Ehrenamt eine gute Möglichkeit ist, Menschen unterschiedlichen Alters miteinander zu vernetzen. Sie lernen sich über ein vorgegebenes Thema, das für alle in der ehrenamtlichen Arbeit nützlich ist, und über abwechslungsreiche Methoden kennen, tauschen Erfahrungen aus und erfahren dabei gleichzeitig etwas über neue Projekte. Die Vielfalt der Vermittlungsmethoden ist sowohl bei jungen als auch bei älteren Menschen erfolgreich und macht konstruktives Arbeiten möglich. Der Arbeitskreis ist jederzeit für neue Interessierte offen. Eine „Grüppchenbildung" findet dadurch nicht statt.

Eine solche Veranstaltung besteht aus drei bis vier Teilen: Zu Beginn wird eine themenbezogene „Kennenlern-Methode" genutzt. Sie dient dazu, die Anwesenden zunächst miteinander bekannt zu machen und auf das Tagesthema einzustimmen. Als nächstes folgt ein Impulsvortrag zum Thema. Dieser kann auch interaktiv, also unter Einbeziehung der Anwesenden, erfolgen. So wird das Thema gleichsam fachlich fundiert und von allen gemeinsam erarbeitet. Im nächsten Schritt sollte es um die Übertragung auf die Praxis gehen. Dies kann über Übungen, in Kleingruppen- oder Einzelarbeit oder auch im Plenum erfolgen. Wichtig ist es, das Gelernte direkt – im Sinne von „Learning by doing" – auf die Praxis zu übertragen.

Zu jeder guten Veranstaltung gehört neben dem Anfang auch der runde Abschluss. Hier kann eine klassische Feedbackrunde hilfreich sein, aber auch andere Methoden sind am Ende willkommen:

- **Aufstellen der Teilnehmenden** entlang eines Seils, das die Zufriedenheit mit der Veranstaltung misst, indem ein Ende für „Veranstaltung war sehr gut" und das andere Ende für „Veranstaltung sehr schlecht" steht – u.a. werden dann Statements eingeholt, warum die Person da steht, wo sie steht.

- **Stimmungsprofil:** An einer Pinnwand wird eine Bewertungsskala in einem Koordinatenkreuz oder als „Thermometer" angebracht, anhand derer die Teilnehmenden Punkte kleben können.
- **Blitzlicht:** eine Ein-Satz-ist-erlaubt-Rückmeldung
- **Bewertungsbogen**

Es sollte zumindest eine Tageszusammenfassung geben und ein Ausblick auf die nächsten Termine oder Veranstaltungen erfolgen.

Zur Gestaltung derlei Veranstaltungen bietet die Umweltakademie allgemeine oder eine spezielle Methodenberatung an.

Es hat sich bei der Arbeit mit generationenübergreifenden Gruppen bewährt, die Diskussionen im Plenum auf ein Minimum zu reduzieren, um langatmigen „Vielrednern" möglichst wenig Spielraum zu lassen. Der angemessene Wechsel von Methoden bietet die Chance, eine größere Ausgewogenheit zwischen aktiven und passiven Phasen zu schaffen.

Einblicke in andere Bereiche geben

Anregungen „von außen" haben noch nie geschadet. Bieten Sie Einblicke in die Arbeitsweise des Marketings, der Wirtschaft oder der Seniorenarbeit oder in Projekte, die nicht aus dem Natur- und Umweltschutz kommen. Auch aus diesen Projekten lassen sich gute Erfahrungen auf die eigene Arbeit übertragen.

3 Praxistipp

Vernetzung mit anderen Einrichtungen forcieren

Fragen Sie in Freiwilligenagenturen oder in Seniorenbüros nach, ob dort Kenntnisse über „Umweltprojekte" bestehen. Wenn nicht, klären Sie, welche Informationen diese für evtl. Vermittlungen von Ihnen benötigen. Kommunizieren Sie diesen Bedarf mit Organisationen des Natur- und Umweltschutzes.

4 Praxistipp

Kontakt

Dörte Paustian

zuständig für die inhaltliche und organisatorische Koordination der Behördenveranstaltungen, die Naturschutztage Schleswig-Holstein und das *Generationennetzwerk Umwelt.*

Akademie für Natur und Umwelt
des Landes Schleswig-Holstein
Carlstraße 169
24537 Neumünster
Telefon: 04321/9071-42
Fax: 04321/9071-32
E-Mail: doerte.paustian@umweltakademie-sh.de
Internet: www.umweltakademie-sh.de

NABU-Naturschutzzentrum Rheinauen

Bingen-Gaulsheim

Robert Egeling

Beim NABU-Naturschutzzentrum Rheinauen in Bingen sind eine Reihe von Mitmachmöglichkeiten für Seniorinnen und Senioren entstanden, die von der Lehrpfad-Betreuung, dem Vorleseprojekt „Naturgeschichten" an zwei Kindertagesstätten der Region, einem Internet-Kurs für Ältere, einem Sensen-Workshop, bei dem ein Älterer diese alte Handwerkstechnik vermittelt, bis zur Beobachtung und Betreuung von Storchennestern reichen. Ein neu eingerichtetes Infocafé wird an einigen Sonntagen im Jahr speziell von Älteren angeboten und bietet seinerseits die Möglichkeit, über die Mitwirkungsmöglichkeiten des Zentrums zu berichten und potenzielle neue Freiwillige zu gewinnen. Die Angebote sprechen sowohl Ältere an, die eine konkrete Aufgabe im praktischen Naturschutz übernehmen möchten als auch solche, die anstreben zusammen mit anderen Menschen aktiv zu werden. Die interessierten Älteren unterscheiden sich in Bezug auf ihre Vorerfahrungen und Kenntnisse in der Umwelt- und Naturschutzarbeit. In intensiven Gesprächen wird aus diesem Grund ausgelotet, welche Aufgabe zu den Voraussetzungen, Interessen und zeitlichen Rahmenbedingungen passt.

Profil der Einrichtung

Das NABU-Naturschutzzentrum Rheinauen besteht seit 1982 und wurde von der Gruppe des Naturschutzbunds Deutschland (NABU) Bingen und Umgebung als Tagungs- und Umweltbildungszentrum aufgebaut. Zu den Schwerpunkten in der Arbeit des Zentrums gehören folgende Arbeitsfelder:

- Konzepte für „Mensch und Natur",
- Arten- und Biotopschutz,
- Umweltbezogene Öffentlichkeitsarbeit,
- Umweltbildung,
- Integrative Landschaftsentwicklung insbesondere bezogen auf den Rhein und die Auen.

Das Projekt wurde unterstützt durch die Landeszentrale für Umweltaufklärung Rheinland-Pfalz

Das NABU-Naturschutzzentrum Rheinauen besteht aus einem Infozentrum und einem Büro. Im Infozentrum befinden sich eine kleine Dauerausstellung, zwei Seminarräume, Küche, WC und Werkstatt. Ein Naturerlebnisgelände umgibt das Infozentrum. Die unmittelbare Lage am Naturschutzgebiet „Fulder Aue – Ilmen Aue" – einem Schutzgebiet von internationaler Bedeutung – macht das Zentrum zu einem Ausgangspunkt für Naturexkursionen. Jährlich besuchen ca. 5.000 Menschen das Zentrum.

Das NABU-Naturschutzzentrum Rheinauen ist eine Einrichtung des NABU-Landesverbandes Rheinland-Pfalz und wird von Diplom-Geograph Robert Egeling als Geschäftsführer geleitet. Hierbei wird er von einer Assistentin, einem Zivildienstleistenden sowie Praktikantinnen und Praktikanten im Freiwilligen Ökologischen Jahr unterstützt. Weiterhin arbeiten drei Honorarkräfte im Bereich Umweltbildung mit. Die Leitung des Zentrums übernimmt ein Team von ca. zehn Ehrenamtlichen.

Ausgangspunkt

Die Gründe für das Interesse an der Mitwirkung des NABU-Naturschutzzentrums Rheinauen als Lernwerkstatt im *Generationennetzwerk Umwelt* lassen sich in drei Punkten zusammenfassen:

- Das NABU-Naturschutzzentrum Rheinauen wird getragen von der NABU-Gruppe Bingen und Umgebung. Wie bei allen Natur- und Umweltverbänden sind ehrenamtliche Aktivitäten rückläufig. Ein wichtiger Grund liegt in der Änderung der Rahmenbedingungen im Berufsleben und in der Freizeitgestaltung.
Durch die Mitwirkung im *Generationennetzwerk Umwelt* wollte das NABU-Naturschutzzentrum neue Ansätze für eine verstärkte Ansprache neuer Freiwilliger erproben. Insbesondere Seniorinnen und Senioren sind hierbei die wichtigste Zielgruppe, da sie über zahlreiche Kompetenzen und die größten Zeitressourcen verfügen.

- Das Miteinander der Generationen ist ein wichtiger Weg um Kompetenzen im Bereich des Natur- und Umweltschutzes zu vermitteln. Die Erfahrung und das Wissen der Älteren ist für Jüngere eine Bereicherung. Ältere wiederum können durch die Sicht- und Herangehensweise der Jüngeren einen neuen Bezug zu Themen des Natur- und Umweltschutzes erlangen. Durch die Mitwirkung im *Generationennetzwerk Umwelt* wollte das NABU-Naturschutzzentrum Rheinauen eine neue Plattform für ein Miteinander der Generationen bieten.
- Durch die Mitarbeit in einem Netzwerk von verschiedenen Lernwerkstätten wollte das NABU-Naturschutzzentrum Rheinauen seine Arbeit reflektieren und durch neue Arbeitsmethoden ergänzen. Durch den Austausch im *Generationennetzwerk Umwelt* konnte das Erfahrungswissen anderer für die eigene Arbeit genutzt werden. Andererseits konnten auch Erkenntnisse aus den eigenen Projekten weiter vermittelt werden.

Neben der Deutschen Bundesstiftung Umwelt (DBU) förderte auch die Landeszentrale für Umweltaufklärung Rheinland-Pfalz die Mitwirkung im *Generationennetzwerk Umwelt*. Für die finanzielle und inhaltliche Unterstützung bedankt sich das NABU-Naturschutzzentrum Rheinauen bei den beiden Institutionen sehr herzlich.

> Das NABU-Naturschutzzentrum begibt sich auf neue Wege, um ältere Freiwillige mit ihren vielfältigen Kompetenzen und Zeitressourcen zu gewinnen.

Startphase

Der Entwicklung von Projekten und Programmen im Rahmen der Arbeit als Lernwerkstatt im *Generationennetzwerk Umwelt* legte das NABU-Zentrum in der Startphase seiner Mitwirkung eine Reihe von Kriterien zugrunde:

Vielfalt
Durch eine breite Palette von Angeboten für Jung und Alt sollte eine großes Erprobungsfeld für verschiedene Ansätze geschaffen werden.

> Kriterien wie Vielfalt, Nachhaltigkeit und Breitenwirkung bilden eine gute Grundlage für die Neuausrichtung einer Einrichtung und ihrer Projekte.

Verknüpfung mit der bisherigen Arbeit
Die Angebote im Rahmen des *Generationennetzwerks Umwelt* sollten nicht losgelöst von den bisherigen Aktivitäten stattfinden. Vielmehr wurde eine enge inhaltliche und organisatorische Verknüpfung angestrebt.

Nachhaltigkeit
Die initiierten Projekte sollten nach der Modelllaufzeit selbstständig und ohne großen Betreuungsaufwand weiter laufen.

Breitenwirkung
Durch die Vielfalt von Angeboten sollten sich verschiedene Interessentinnen und Interessenten mit unterschiedlichen Motivationen und Voraussetzungen angesprochen fühlen.

Modellcharakter
Die Teilprojekte sollten so konzipiert sein, dass sie für ähnliche Institutionen und Naturschutzverbände die Möglichkeit zur Nachahmung bieten.

Auf der Basis dieser Kriterien wurden dann Maßnahmenbereiche mit verschiedenen Projektideen entwickelt:

Maßnahmenbereich: Gewinnung neuer Ehrenamtlicher
Insbesondere die Ansprache Ehrenamtlicher für eine neue Mitarbeit sollte ausgebaut werden. Hierzu wurde die „Jobbörse Natur" ins Leben gerufen. Aufgaben und Mitarbeitsmöglichkeiten auf verschiedenen Ebenen wurden

ausgeschrieben und über die verbandseigenen Organe, Plakate, einen Schaukasten usw. verbreitet.

Maßnahmenbereich: Veränderung der Verbandsstrukturen

Mit der Einführung von Arbeitskreisen und der stärkeren Ausrichtung der Arbeit auf Projekte galt es, die Attraktivität des NABU-Naturschutzzentrums Rheinauen für eine ehrenamtliche Mitarbeit zu steigern. Insbesondere Ältere sollten sich durch die Angebote angesprochen fühlen.

Maßnahmenbereich: Entwicklung generationenübergreifender Projekte

Durch die Entwicklung von generationenübergreifenden Projekten sollte der Austausch zwischen den Generationen gefördert werden. Hierzu wurden verschiedene Angebote in Form von Workshops unterbreitet. Außerdem wurden mit „Naturgeschichten" und „Infocafé" zwei Projekte geschaffen, die einen generationenübergreifenden Ansatz haben.

Maßnahmenbereich: Öffnung der Einrichtung und Kooperationen

Vorträge und eine stärkere Ansprache von interessierten Älteren sollten insgesamt die Öffnung des NABU-Naturschutzzentrums Rheinauen voran bringen. Diese wurde durch die Kooperation mit anderen Bildungsträgern sowie Unternehmen und anderen Institutionen (Freiwilligenagenturen, Seniorenbeiräte etc.) verstärkt.

In der Startphase vereinbarten das NABU-Naturschutzzentrum und die Netzwerk-Agentur im *Generationennetzwerk Umwelt*, dass die Agentur die verbandlichen und strukturellen Veränderungen im Blick behält und auf Wunsch für reflektierende Gespräche mit dem Geschäftsführer und dem Vorstand zur Verfügung steht. Diese Vorgehensweise sollte gewährleisten, mögliche Fehlentwicklungen im Projektverlauf frühzeitig zu erkennen bzw. positive Entwicklungen als solche zu identifizieren und in ihrer Bedeutung für die Einrichtung wahrzunehmen.

Maßnahmenbereiche und Projekte

Jobbörse Natur

Mit der „Jobbörse Natur" wurde ein neuer Weg zur Gewinnung Ehrenamtlicher beschritten. Die Verbreitung fand über Aushänge im Schaukasten und im Vereinsheft „Der Pirol", die Mainzer Freiwilligenagentur sowie über Plakate statt. Ebenso wurde die eigene Homepage bzw. die vorhandenen Plattformen im Internet (z.B. www.wir-tun-was.de) als Medium genutzt.

> Durch Stellengesuche und im Rahmen der „Jobbörse Natur" konnten zahlreiche Freiwillige gewonnen werden.

Die angebotenen „Jobs" orientierten sich an dem tatsächlichen Bedarf im NABU-Naturschutzzentrum Rheinauen und richteten sich an unterschiedliche Zielgruppen mit verschiedenen Motivationen und Voraussetzungen.

Aufgabe	Zielgruppe
Horstbetreuer Weißstorch	Wissenschaftlich interessierter Naturfreund
Mitarbeiter Biotoppflege	Praktiker für unregelmäßigen Einsatz
Betreuer für Lehrpfad	Praktiker für regelmäßigen Einsatz
Mitarbeiter für Infocafé	Kommunikative Naturfreunde
Manager für Streuobstwiesenschutz	Manager-Typ

Die Auswahl der Jobs erfolgte auch unter der Annahme, dass es Naturfreunde gibt, die lieber allein aktiv sein möchten und solche, die ein Engagement in einer Gemeinschaft von anderen Aktiven bevorzugen.

Im weiteren Projektverlauf wurde ein Faltblatt unter dem Motto „Alt und Jung für die Natur" entwickelt. Es liegt in Arztpraxen und öffentlichen Gebäuden zur Mitnahme aus.

Vier Seniorinnen und Senioren standen Pate, um durch ihr beispielhaftes Engagement anderen ein Vorbild zu sein.

Ergebnisse
Insgesamt konnten rund zwei Dutzend neue Ehrenamtliche gewonnen werden. Die meisten interessierten sich für die Mitarbeit in einem der neu gegründeten Arbeitskreise Biotoppflege, Ornithologie sowie Mykologie. Einige Interessentinnen und Interessenten haben sich für die Tätigkeitsfelder „Lehrpfadbetreuung" und „Horstbetreuung Weißstorch" gefunden.

Die Erfahrung zeigt, dass das Engagement von neuen Mitarbeiterinnen und Mitarbeitern im Arbeitskreis Biotoppflege, der nur unregelmäßig aktiv wird, weniger verbindlich und kontinuierlich ist als in Projektteams, die selbstständig die Aufgaben angehen und durch Absprachen und Vereinbarungen verbindlicher arbeiten.

Zwei Ehrenamtliche haben ihre Tätigkeit in der Büroarbeit nach kurzer Zeit aufgegeben. Ausschlaggebend dafür waren die Schwierigkeiten, im Verwaltungsbereich eigene Projekte zu finden bzw. eine Integration in den „normalen Bürobetrieb" zu gewährleisten.

Als sehr erfolgreich kann die Gewinnung von vier „Horstbetreuerinnen und -betreuern Weißstorch" angesehen werden. Sie gründeten zusammen mit anderen Horstbetreuerinnen und -betreuern einen Arbeitskreis „Rheinauen-Storch". Gemeinsam haben sie ein Faltblatt entwickelt.

Als wichtige *Erfolgsfaktoren* für die Mitarbeit von Älteren erwiesen sich folgende Punkte:

- Beschreibung einer konkreten Tätigkeit,
- Begleitung bei der Ausübung der Tätigkeit,
- Fortbildung und Erfahrungsaustausch,
- Engagement innerhalb eines Projektteams oder Arbeitskreises,
- ständig erreichbare Ansprechperson (hier: Projektkoordinator),
- Arbeit in Projekten.

Stolpersteine

Projekte, bei denen eine aufwändige Begleitung durch Hauptamtliche unverzichtbar ist, haben sich als eher ungeeignet für ein Engagement von Freiwilligen erwiesen (siehe Beispiel Bürotätigkeit). Als problematisch hat sich in der Zwischenzeit auch gezeigt, dass sich die vielen neuen und alten Engagierten in den einzelnen Projektteams und Arbeitskreisen untereinander nicht kennen. Gemeinsame Veranstaltungen wie eine Jahresabschlussfeier sowie ein Ausflug zur Landesgartenschau haben teilweise Abhilfe geschaffen.

Die Vermittlung über die Mainzer Freiwilligenagentur erwies sich als nicht erfolgreich. Durch die Einschaltung von vermittelnden Personen hat sich – so die Erfahrung des NABU-Zentrums – die Ansprache von engagementbereiten Menschen verkompliziert.

Naturgeschichten

> „Vorlesen kann ja jeder!": Viele Ältere interessieren sich für Tätigkeiten mit geringen Voraussetzungen. Perspektivisch werden dann der Austausch untereinander und Fortbildungen wichtig.

Das Projekt „Naturgeschichten" stellt Kinderbücher zum Thema Natur, heimische Tiere und Pflanzen in den Mittelpunkt. Unterstützt von Büchern – viele von Verlagen gespendet – gehen Seniorinnen und Senioren in Kindertagesstätten, um mit den Kindern Aktionen rund um das Thema Natur zu machen. Etwa zehn Seniorinnen und Senioren wurden für dieses Projekt gewonnen und arbeiten eng mit Kindertagesstätten in der Region zusammen. Der NABU versteht sich im Projekt als Vermittler und als Anlaufstelle für den Austausch und die Fortbildung. Ferner stellt das Zentrum Materialien für die Aktionen zur Verfügung.

Ergebnisse

Das Projekt kann als voller Erfolg gewertet werden. Wichtig für den Erfolg ist die sehr niedrige Schwelle für einen Einstieg von Älteren. Getreu dem Motto „Vorlesen kann ja jeder" haben sich auf die Zeitungsbeiträge viele Seniorinnen und ein Senior gemeldet. Sobald sich die Älteren auf die Kinder einließen, merkten sie, dass das Projekt nur gelingt, wenn sie neben den Büchern weitere Methoden wie Spiele, Basteleien, Experimente etc. zum Einsatz bringen. Aus diesem Grund spielt der Austausch untereinander sowie die gemeinsame Fortbildung eine große Rolle für die Weiterentwicklung der engagierten Freiwilligen. Die beteiligten Kinder sind von den Vorlesepatinnen und -paten begeistert und auch die Erzieherinnen sowie die Aktiven ziehen eine positive Bilanz.

Frosch und Storch zu Besuch

Die Bildergeschichte „Der einsame Laubfrosch" von der Seniorin Gisela Spahlinger ist die Basis für das Projekt *Frosch und Storch zu Besuch*. Zusammen mit engagierten Seniorinnen und Senioren geht die Umweltpädagogin Nicole Stockhusen in Kindertagesstätten und -einrichtungen (vor allem in „sozialen Brennpunkten"), um dort ein einstündiges Programm durchzuführen. Im Mittelpunkt stehen die Bildergeschichte, Spiele und der Kontakt mit einem echten Laubfrosch im Terrarium. Die Resonanz auf diese Veranstaltung ist äußerst positiv.

Ergebnisse

Das Projekt stieß auf eine gute Resonanz bei Einrichtungen im Kinderbereich. Nach der Startphase im Rahmen des *Generationennetzwerks Umwelt* konnte das Projekt durch die Förderung im Rahmen der Kampagne *5000 x Zukunft* für weitere Kinder in sozialen Brennpunkten angeboten werden. Das Bilderbuch „Der einsame Laubfrosch" wurde mit Mitteln aus dem *Generationennetzwerk Umwelt* entworfen und mit Mitteln der Kampagne *5000 x Zukunft* gedruckt. Das Projekt wird im Rahmen der Angebote für Kindergruppen und Schulklassen weitergeführt.

Frühlingsbotschafter

Jedes Jahr werden von der Naturschutzjugend im NABU vier Tier- und Pflanzenarten als „Frühlingsbotschafter" ausgewählt. Schulkinder sollen in die Natur gehen und diese Arten entdecken. Anschließend können sie an einem Wettbewerb teilnehmen und Geschichten, Bastelarbeiten und weitere Projektarbeiten zu den jeweiligen Frühlingsboten auswählen. Das NABU-Naturschutzzentrum wollte Seniorinnen und Senioren gewinnen, zusammen mit Schulklassen Exkursionen zu den Frühlingsboten 2004 anzubieten. Für das Frühjahr 2004 hatte das Zentrum zwei Schulen in der Region Bingen ausgewählt, die uns für das Projekt geeignet erschienen. Über die Presse hat das Zentrum Seniorinnen und Senioren gesucht.

Ergebnisse

Es hat sich nur eine Seniorin für dieses Projekt gemeldet. Weiterhin kam erschwerend hinzu, dass die Naturschutzjugend die Begleitmaterialien für die Aktion erst im März fertig stellte. So wäre für die Vorbereitung gemeinsam mit den Freiwilligen nur sehr wenig Zeit geblieben. Aus diesem Grund hat das Zentrum dieses Projekt nicht weiter verfolgt.

Stolpersteine

Für die schlechte Resonanz von Seniorinnen und Senioren auf unsere zahlreichen Presseartikel sowie das Projekt insgesamt wurden verschiedene Faktoren ermittelt:

- Die Aufgabe war nicht klar genug beschrieben (Was kommt auf mich zu?).
- Die Arbeit mit Schulkindern scheint vielen zu schwierig zu sein.
- Die hohe Anforderung an die Seniorinnen und Senioren, das konkrete Programm für die Exkursionen mit den Schulkindern selbst zu entwickeln, bedeutete eine weitere Hemmschwelle.

Workshops

Durch das Angebot verschiedener Workshops konnte das Umweltengagement und der Austausch von Jung und Alt gefördert werden.

Alt lernt von Jung

„Mit 70 noch surfen?" war der Titel unseres Workshops zum Thema Internet und E-Mail. Kommunikation im Natur- und Umweltschutz läuft heute hauptsächlich über E-Mail oder per Internet. Ob es nun die Beobachtung von Vögeln oder die Information über Pestizide in der Landwirtschaft sind, Umweltthemen müssen immer häufiger per Internet

---

Durch die Angebote „Alt lernt von Jung" und „Jung lernt von Alt" wird das Miteinander der Generationen gefördert.

recherchiert werden. Ein junger Student der Informatik hat an bisher vier Terminen einer kleinen Gruppe von max. fünf Seniorinnen und Senioren gezeigt, wie man mit Hilfe des Internets und per E-Mail über Natur- und Umweltschutzthemen auf dem Laufenden bleiben kann.

Die Resonanz auf das Angebot war äußerst positiv. Durch die kleine Gruppengröße und den intensiven Dialog konnte die Konzeption ständig überarbeitet werden. Der Student hat eine Demo-CD-Rom und ein Manuskript entwickelt, das die Seniorinnen und Senioren beim Lernen unterstützt. Das Programm soll in Zukunft in Zusammenarbeit mit der Kreisvolkshochschule Mainz-Bingen durchgeführt werden.

Jung lernt von Alt

Die Seniorin Gisela Spahlinger hat zwei Workshops im Themenbereich „Kunst und Natur" angeboten. Das Angebot „Pflanzen der Rheinauen entdecken und zeichnen" musste wegen geringer Nachfrage ausfallen. Dafür konnte der Workshop „Heimische Tiere kennen lernen und modellieren" stattfinden. Die Künstlerin zeigt Kindern beim Modellieren mit Ton, wie der Körper von Tieren aufgebaut ist. Ihnen werden dabei auch Detailsicht und Geschicklichkeit vermittelt.

Als sehr positiv wurde hier die direkte Naturbegegnung von Jung und Alt über das Medium Kunst beschrieben. Leider war die Resonanz nicht so groß wie erhofft.

Alte Handwerkstechniken

„Sensen und Sicheln" stand im Mittelpunkt einiger Workshops. Die alte Handwerkstechnik sollte als Beitrag für den Natur- und Biotopschutz (Pflege von Wiesen und Brachland) neu vermittelt werden. Die angebotenen Workshops in den Jahren 2003 und 2004 wurden sehr gut angenommen. Viele – junge Teilnehmerinnen und Teilnehmer – bekamen die Technik des Dengelns und Schärfens vermittelt, während ältere Teilnehmerinnen und Teilnehmer die Workshops für den Austausch von Kindheitserfahrungen nutzten. Die Angebote haben sich somit zu einer Plattform für den Erfahrungsaustausch entwickelt. Sie werden im laufenden Programm weiter angeboten.

Einführung in den Naturschutz für Jung und Alt

„Einführung in den Naturschutz für Jung und Alt" war der Titel eines eintägigen Workshops an dem neu gewonnene Seniorinnen und Senioren, aber auch junge Leute im Naturschutz teilnahmen. Die Information über Grundlagen des Naturschutzes, die Entwicklung des NABU sowie der Austausch über den Wandel der Landschaft standen im Mittelpunkt der Veranstaltung.

72-Stunden-Projekt

Zusammen mit dem Arbeitskreis „Biotoppflege", in dem viele Seniorinnen und Senioren aktiv sind, hat eine Pfadfindergruppe aus Ingelheim das Außengelände des NABU-Naturschutzzentrums Rheinauen neu gestaltet. Die Kreativität bei der Umsetzung und Beschaffung von Materialien (alles bis auf die Teichfolie wurde über Sponsoren besorgt) und die Tatkraft der Jugendlichen waren Motivation für die Mitglieder des Biotoppflegearbeitskreises. Gleichzeitig profitierten die Jugendlichen von der Erfahrung und Fachkompetenz der Älteren.

Öffnung der Einrichtung und Kooperationen

Obwohl das NABU-Naturschutzzentrum Rheinauen schon in ein Netzwerk von Kooperationen eingebunden war, konnte durch die Mitarbeit als Lernwerkstatt das Netz weiter gespannt werden.

Vorträge für Altengruppen

Bisher hat das NABU-Naturschutzzentrum Rheinauen Veranstaltungen hauptsächlich in seinem Infozentrum oder in der Natur angeboten. Mit der Vortragsreihe „Die Rheinauen erleben" wurde ein allgemeinverständlicher Vortrag über die Natur vor der Haustür entwickelt. Dieser konnte in Altengruppen und Seniorengemeinschaften gezeigt werden. Durch diese Vorträge wurden die Arbeit des Zentrums in Seniorenkreisen bekannter gemacht und die Mitarbeitsmöglichkeiten dargestellt.

Veranstaltungen in Zusammenarbeit mit Multiplikatoren

Zusammen mit dem Landesverband der Volkshochschulen in Rheinland-Pfalz, dem Seniorenbeirat Mainz-Bingen sowie weiteren Einrichtungen werden gemeinsame Veranstaltungen durchgeführt. Sie dienen dazu Sachthemen, aber auch das gemeinsame Engagement vorzustellen.

Vortragsreihe für Kleingartenvereine

„Naturgarten" ist der Titel eines Multi-Media-Vortrags, der speziell für Kleingartenvereine entwickelt wurde. Grundlage für diese Idee war die Beobachtung, dass in Kleingartenvereinen viele Seniorinnen und Senioren aktiv sind, bei denen eine Beziehung zur Natur vorauszusetzen ist. Sie sollten durch das Angebot über Möglichkeiten des Arten- und Biotopschutzes im eigenen Garten informiert werden. Von insgesamt zehn intensiv angefragten Kleingartenvereinen wurde das Angebot allerdings nur von einem Verein wahrgenommen.

> Vorträge bieten sich als „Türöffner" zu Seniorenorganisationen an. Im Weiteren können Möglichkeiten des freiwilligen Engagements ausgelotet werden.

Dennoch kann es als Erfolg gewertet werden, da zum einen von Seiten des NABU auf mögliche Interessentinnen und Interessenten aktiv zugegangen wurde und zum anderen eine Zielgruppe bedacht wurde, die bisher gegenüber dem Naturschutz eher Vorbehalte hegt. Weiterhin ist der Vortrag von weiteren Gruppen – oft mit älteren Mitgliedern – angefragt worden.

Angestrebte Kooperation mit Unternehmen

Die Zusammenarbeit mit Unternehmen, die zahlreiche hochqualifizierte Arbeitskräfte beschäftigen, sollte intensiviert werden. Ziel sollte es sein, Personen vor dem Ruhestand für ein freiwilliges Engagement zu gewinnen und gleichzeitig die Zusammenarbeit mit Unternehmen zu verstärken. Hierzu wurden Kontakte zu der Mainzer Firma Erdal-Rex vertieft und Kontakte zum Ingelheimer Pharmakonzern Boehringer aufgenommen. Mit der Mitarbeiterzeitung von Erdal-Rex wurde das Faltblatt „Alt und Jung für die Natur" verbreitet.

Zusammenarbeit im Storchenschutz

Durch das *Generationennetzwerk Umwelt* konnten allein vier neue Horstbetreuerinnen und -betreuer für Weißstörche im Bereich Bingen-Ingelheim gewonnen werden. Gemeinsam mit anderen Interessierten aus der Region wurde ein Arbeitskreis „Rheinauen-Storch" gegründet. Er vernetzt die Aktivitäten in der Storchenbetreuung und im Lebensraumschutz. Ein gemeinsames Faltblatt unter dem Motto „Die Störche – Botschafter der Generationen" wurde hergestellt und soll in der breiten Bevölkerung für den Storchenschutz werben.

Engagierte Seniorinnen und Senioren

Am NABU-Naturschutzzentrum engagieren sich Seniorinnen und Senioren mit sehr unterschiedlichen Motivationen und Voraussetzungen für die Mitarbeit. Einzelne Aktive betonen beispielsweise, wie wichtig es für sie ist, den ehrenamtlichen Natur- und Umweltschutz zu unterstützen, auch wenn sie über keine Fachkenntnisse in Umwelt- und Naturschutzfragen verfügen. Die Projekte am NABU-Naturschutzzentrum bieten auch solchen Älteren, die aus Liebe zur Natur aktiv werden möchten, Möglichkeiten, sich zu engagieren (z.B. für die Horstbetreuung, im Infocafé, im Projekt Naturgeschichten, in der Jugendarbeit). Speziell im Infocafé engagieren sich viele Frauen, die nach einer Tätigkeit gesucht haben, mit der sie das Zentrum auch ohne spezifische fachliche Kenntnisse unterstützen können.

Auch bestätigen die neu hinzu gekommenen Seniorinnen und Senioren, dass eine große Engagementbereitschaft vorhanden ist. Diese bezieht sich auf konkrete praktische Tätigkeiten und nicht auf eine Mitarbeit bei den Verbandsaufgaben. Als positiv erleben die engagementbereiten Älteren, dass sie in intensiven Gesprächen mit dem Geschäftsführer des NABU-Naturschutzzentrums das für sie geeignete Betätigungsfeld finden können. So spielt am NABU-Zentrum das gute und für neue Freiwillige offene Klima eine entscheidende Rolle dabei, dass sich „die Neuen" hier wohl fühlen.

Fortbildungen wie z.B. im Rahmen des Projekts „Naturgeschichten" durch die Stiftung Lesen werden als Unterstützung für die eigene Arbeit gerne angenommen. In der Bewertung heben die Teilnehmerinnen und Teilnehmer hervor, dass durch ein solch konkretes Angebot, die Sicherheit in der eigenen Arbeit steigt: „Ich kenne nun meine Stärken besser und weiß, woran ich noch arbeiten muss!". Auch die Motivation für das ehrenamtliche Engagement kann durch ein Fortbildungsangebot noch weiter wachsen.

Zum Erfolg der am NABU-Zentrum durchgeführten Veranstaltungen trägt die gute und offene Atmosphäre maßgeblich bei, wie Gespräche mit den teilnehmenden Seniorinnen und Senioren und eine schriftliche Befragung belegen. Aus dem Feedback der Teilnehmenden geht hervor, dass neben guten Vorträgen die Gelegenheit zum persönlichen Austausch mit anderen und das Einbringen eigener Erfahrungen (auch z.B. in der Arbeit in kleineren Gruppen) für besonders wichtig gehalten wird. Wichtig ist vielen Beteiligten auch der Erfahrungsaustausch und die Möglichkeit einen Einblick in Arbeitsfelder zu erlangen, zu denen sie im vorhergehenden Berufsleben keinen Bezug hatten.

> In intensiven Gesprächen werden für die interessierten Seniorinnen und Senioren mit unterschiedlichem fachlichen Hintergrund geeignete Betätigungsfelder erarbeitet.

Veränderungen der Einrichtung und Verbandsstrukturen

Die Mitarbeit im *Generationennetzwerk Umwelt* hat durch die Öffnung des NABU-Naturschutzzentrums Rheinauen nach außen hin die Arbeit verändert.

Gründung von Arbeitskreisen

Durch die Gründung von Arbeitskreisen wurde das freiwillige Engagement eher projektbezogen und interessenbezogen ausgerichtet. Arbeitskreise zu den Themen „Biotoppflege", „Ornithologie" sowie „Mykologie" wurden gegründet. Sie stützen sich auf einen Stamm von ca. 10 bis 20 Aktiven, die regelmäßig oder schwerpunktbezogen an der Arbeit teilnehmen.

Durch die Initiierung neuer Projekte wurde der Verband für neue Gesichter und Mitarbeiterinnen und Mitarbeiter mit neuen Interessenshintergründen und -erfahrungen geöffnet. Das klassische Bild vom vogelinteressierten Naturkundler als Engagiertem wandelt sich zum aufgabenbezogenen Engagierten.

Bewährt hat sich zudem die Begleitung der Entwicklung am NABU-Naturschutzzentrum durch die Netzwerk-Agentur des *Generationennetzwerks Umwelt* sowie der Erfahrungsaustausch mit den anderen Lernwerkstätten. Die Entwicklung des Zentrums wurde in Beratungsgesprächen, Vorstandssitzungen sowie bei den Treffen der Lernwerkstätten regelmäßig reflektiert. Gerade aufgrund der ausdrücklichen Offenheit und des experimentellen Charakters des Programms erwiesen sich „Fehlschläge" als unvermeidbar. Beratung und Reflexion haben im Projektverlauf geholfen, die jeweiligen Ursachen zu erforschen und einrichtungsbezogene von anderen Gründen zu unterscheiden.

Durch die Mitwirkung im *Generationennetzwerk Umwelt* ist das NABU-Zentrum in der „Zukunftsinitiative Rheinland-Pfalz" (ZIRP) an Diskussionen zum demographischen Wandel eingebunden. Bei zahlreichen Expertenworkshops ist der NABU als Ideengeber für das Miteinander der Generationen gefragt.

Die Projekte „Naturgeschichten" und „Frosch und Storch zu Besuch" haben zudem den Preis „Zukunftsradar" der ZIRP erhalten; einen weiteren Preis gab es für das insgesamt durch das NABU-Naturschutzzentrum initiierte generationenübergreifende Engagement.

Öffentlichkeitsarbeit und Medienresonanz

Insgesamt wurde sehr breit über die Aktivitäten des NABU-Naturschutzzentrums Rheinauen im Rahmen des *Generationennetzwerks Umwelt* berichtet. Neben Pressemitteilungen wurden auch bestehende Plattformen im Internet sowie vereinseigene Mitteilungen regelmäßig genutzt. Die Verbreitung des Faltblatts „Alt und Jung für die Natur" über Arztpraxen etc. hat sich sehr bewährt. Auch auf der Homepage des NABU-Naturschutzzentrums Rheinauen werden die Veranstaltungen sowie die „Jobbörse Natur" angekündigt.

Am 22. Februar 2005 zeigte der SWR in der Sendereihe „Im Grünen" einen engagierten Fernsehbeitrag über Seniorinnen und Senioren, die sich im Rahmen des *Generationennetzwerks Umwelt* engagieren. Ein wesentlicher Erfolg und eine gute Öffentlichkeitsarbeit hat auch die Verleihung des Generationenpreises des rheinland-pfälzischen Ministerpräsidenten mit sich gebracht. Einige Aktive konnten an den Feierlichkeiten in der Staatskanzlei teilnehmen. Zahlreiche Glückwünsche von regionalen sowie Landespolitikerinnen und -politikern haben dem Projekt Auftrieb gegeben. Das Preisgeld von 1.000,- Euro floss in die Weiterführung der generationenübergreifenden Arbeit ein.

Nachhaltigkeit der Projekte

Bei der Entwicklung der Projekte und Aktivitäten im Rahmen des *Generationennetzwerks Umwelt* hat das NABU-Naturschutzzentrum Rheinauen besonderen Wert auf eine Anbindung an bestehende Aktivitäten und die Möglichkeit der Weiterführung über den Projektzeitraum hinaus gelegt. Die meisten Projekte und Aktivitäten werden weitergeführt.

- Die „Jobbörse Natur" soll in Zukunft verstärkt weitergeführt werden.

> Die Nachhaltigkeit vieler Projekte kann gewährleistet werden, wenn von vornherein auf die Anbindung an bestehende Aktivitäten und auf den Aspekt der Weiterführung geachtet wird.

- Das „Infocafé" ist zu einem festen Bestandteil im Veranstaltungsprogramm des NABU-Zentrums geworden.
- Die Workshops mit generationenübergreifendem Bezug sollen in Kooperation mit der Kreisvolkshochschule Mainz-Bingen angeboten werden.
- Die Horstbetreuer arbeiten intensiv in einem neu gegründeten Arbeitskreis mit, während weitere Freiwillige in neu eingerichteten Arbeitskreisen des NABU-Naturschutzzentrums Rheinauen mitwirken.
- Die Projekte „Naturgeschichten" und „Frosch und Storch zu Besuch" stellen ebenfalls eine bedeutsame Erweiterung der Umweltbildungsarbeit des Zentrums dar und sollen auf jeden Fall weiter geführt werden.
- Neue Wege der Ansprache wie Plakate und Aushänge in Unternehmen sollen zunehmend Ehrenamtliche ansprechen. Auch die Verbreitung der Faltblätter soll in Zukunft fortgeführt werden.

Praxistipps

Praxistipp 1

Neue Projekte im Schnittfeld gesellschaftliches Engagement und Naturschutz

Das ehrenamtliche Engagement im sozialen Bereich ist bedeutend höher als im Natur- und Umweltschutz. Projekte, die sowohl den Umgang mit Menschen als auch den Natur- und Umweltschutz beinhalten, haben gute Chancen Freiwillige zu finden. Das Projekt „Naturgeschichten" des NABU-Naturschutzzentrums Rheinauen ist ein solches. Seniorinnen und Senioren gehen in Kindertagesstätten und lesen dort aus Büchern über die heimische Natur vor. Gemeinsam mit den Kindern basteln, spielen und experimentieren sie zu dem jeweiligen Thema. Dieses Projekt stößt auf ein so großes Interesse, dass das Zentrum bereits Anfragen von weiteren Kindertagesstätten hat, die ebenfalls Seniorinnen und Senioren für ein solches Angebot suchen.

Kinder, Seniorinnen und Senioren sowie Erzieherinnen profitieren gleichermaßen von diesem Projekt. Außerdem wird ein wichtiger Beitrag zur Umweltbildung geleistet. Gerade Ältere, die viele Tier- und Pflanzenarten von früher kennen, können so zu wichtigen Botschaftern werden.

Am Austausch zwischen den Generationen arbeiten – Workshops

2 Praxistipp

Viele Naturschutzverbände leiden an einer „Überalterung". Inhalt und Arbeitsweise entsprechen häufig nicht der von jungen Leuten. Andererseits könnten junge Menschen von dem reichhaltigen Erfahrungsschatz der Älteren profitieren. Ein Austausch kommt leider viel zu selten zu Stande. Mit thematischen Workshops möchte das NABU-Naturschutzzentrum Rheinauen den Austausch zwischen Jung und Alt fördern. Die durchgeführten Workshops „Mit 70 noch Surfen", „Heimische Tiere modellieren", „Sensen und Sicheln" zeigen beispielhaft, wie ein solcher Dialog auf den Weg gebracht werden kann.

Sympathieträger nutzen

3 Praxistipp

Der Laubfrosch ist zweifelsohne ein Sympathieträger, besonders wenn er als einsames Exemplar seiner Art in den Rheinauen sein Dasein fristet. Doch das bleibt nicht lange so, jedenfalls wenn es nach der Geschichte „Der einsame Laubfrosch" geht. Eindrucksvoll schildert die Seniorin Gisela Spahlinger in ihrer Bildergeschichte, wie Laubfrosch und Storch miteinander auskommen und die Rheinauen ein kleines Stück naturnäher werden können. Eine Geschichte, die Kindern zeigen soll, wie die Rheinauen aussehen könnten und gleichzeitig die Älteren, die sie vorlesen, daran erinnert, was uns in den letzten Jahrzehnten in der Landschaft verloren gegangen ist. Attraktive Arten können so zu Botschaftern der Generationen werden.

Kontakt

Diplom-Geograph Robert Egeling
Geschäftsführer des NABU-Naturschutzzentrums Rheinauen

NABU-Naturschutzzentrum Rheinauen
An den Rheinwiesen 5
55411 Bingen-Gaulsheim
Telefon: 06721/14367
Fax: 06721/10004
E-Mail: kontakt@nabu-rheinauen.de
Internet: www.nabu-rheinauen.de

Nationalparkhaus Sächsische Schweiz

Bad Schandau

Jana Spitzer

Im Nationalparkhaus Sächsische Schweiz in Bad Schandau haben Angebote für Seniorinnen und Senioren sowie generationenübergreifende Angebote durch die Mitwirkung im Generationennetzwerk Umwelt an Bedeutung gewonnen. Unterschiedliche Veranstaltungsformen bieten eine Plattform für Jung und Alt, in einen generationenübergreifenden Austausch zu treten. Insbesondere praktische Mitmachangebote wie Lehmbau- und Modellierkurse, kreative Familientage und -feste, geologische Exkursionen sowie Brotbackseminare mit Kindern und Erwachsenen stoßen auf Zuspruch. Andere Veranstaltungen richten sich vor allem an Seniorinnen und Senioren als Zielgruppe, da in der Region ein Bedarf an entsprechenden Bildungsangeboten besteht. Die Erfahrungen des Nationalparkhauses Sächsische Schweiz belegen einen Bedarf an aktivierenden Angeboten. Vorträge und Seminare ohne praktische Betätigungsmöglichkeiten würden daher kaum Nachfrage finden. Regelmäßige Angebote wie z.B. die Kunstwerkstatt Natur haben darüber hinaus den positiven Nebeneffekt, die Anbindung der einheimischen Bevölkerung an die Einrichtung zu verstärken.

Profil der Einrichtung

Das Nationalparkhaus Sächsische Schweiz in Bad Schandau wurde der Öffentlichkeit am 24. Oktober 2001 nach mehr als dreijähriger Bauzeit als Informations- und Besucherzentrum des Nationalparks Sächsische Schweiz sowie als Begegnungs- und Bildungsstätte übergeben. Der Aufbau der Begegnungs- und Bildungsstätte des Nationalparkhauses ist abgeschlossen, jedoch sollte durch die Mitwirkung im *Generationennetzwerk Umwelt* ein wichtiger Beitrag zur künftigen Weiterentwicklung der Bildungsarbeit im Nationalparkhaus geleistet werden.

Das Nationalparkhaus versteht sich als eine ergänzende Einrichtung zum Nationalparkamt Sächsische Schweiz mit den Funktionen Besucherzentrum und Begegnungs- und Bildungsstätte. Es wird durch die Sächsische Landesstiftung Natur und Umwelt auf der Grundlage ihrer satzungsgemäßen Ziele betrieben. Die Landesstiftung nimmt nach § 44, Abs. 2 des Sächsischen Gesetzes über Naturschutz und Landschaftspflege Aufgaben der Aus- und Weiterbildung im Umwelt- und Naturschutz wahr.

Das Haus gliedert sich in zwei große Arbeitsbereiche, dem Besucherzentrum und der Begegnungs- und Bildungsstätte. Zu den Aufgaben und Angeboten des Nationalparkhauses gehören im Besucherzentrum:

- Vermittlung von Grundwissen zum Nationalpark und der angrenzenden Region Sächsische Schweiz,
- Ausstellungsbereiche mit inhaltlichen Schwerpunkten Flora, Fauna und Kultur der Sächsischen Schweiz,
- Multivisionsshows als Standardaufführungen zum Thema Nationalpark Sächsische Schweiz.

> Das Nationalparkhaus arbeitet sowohl als Besucherzentrum für Touristen als auch als Begegnungs- und Bildungsstätte für die Einwohner der Region.

Veranstaltungen in Form von Vorträgen, Diskussionen, Gesprächsrunden, Seminaren, Kursen und Tagungen finden in der Begegnungs- und Bildungsstätte statt. Arbeitskreise sowie unterschiedliche thematische Exkursionen runden das Profil der Begegnungs- und Bildungsstätte ab. In loser Folge werden zudem Sonder- und Wechselausstellungen im Nationalparkhaus präsentiert.

Das Nationalparkhaus hat eine Ausstellungsfläche von 1.050 m² inklusive Restaurant, Vortragssaal, Seminarraum und Foyer mit Shopbereich. Es ist damit eines der größten Nationalparkhäuser in Deutschland.

Das Personal des Nationalparkhauses besteht aus festen Mitarbeiterinnen und Mitarbeitern sowie Projektmitarbeitern, Praktikanten, FöJ-lern und Zivildienstleistenden.

Ehrenamtlich tätig sind zwei Mitarbeiterinnen, die über das Projekt TAURIS eine Aufwandsentschädigung für ihre ehrenamtliche Arbeit erhalten und eine Mitarbeiterin, die das Projekt Bauerngarten ehrenamtlich und fachlich in den Jahren 2004 und 2005 betreute.

Die finanzielle Grundsicherung des Hauses erfolgt durch die Sächsische Landesstiftung Natur und Umwelt. Neben der institutionellen Förderung erwirtschaftet das Haus Eigenmittel durch Eintritt und Erlöse aus Veranstaltungen sowie dem angeschlossenen Shopbereich. Große Bedeutung hat auch die Einwerbung und Verwendung von Drittmitteln. Dabei geht es ausschließlich um Projektförderung für das Veranstaltungsprogramm und für Initiativen der Begegnungs- und Bildungsstätte, die die Naturschutz- und Nationalparkidee sowie die Idee einer nachhaltigen Entwicklung in der Region unterstützen. Die Projekte werden in Förderprogrammen des Bundes und der EU beantragt.

Die Besonderheit des Nationalparkhauses liegt – aufgrund der nahen tschechischen Grenze und der benachbarten Nationalparkregion Böhmische Schweiz – in der grenzüberschreitenden Arbeit, wie z.B. in der geführten Zweisprachigkeit des Hauses oder in grenzüberschreitenden Veranstaltungen. Ziel des Nationalparkhauses ist es, die Entwicklung des Nationalparks Sächsische Schweiz zu fördern und die Einwohnerinnen und Einwohner sowie die Gäste für die Belange des Naturschutzes zu sensibilisieren.

Ausgangslage

Derzeit sind reine Umweltbildungsangebote für Seniorinnen und Senioren nur unzureichend in den Veranstaltungskalendern der Bildungsstätten im Umkreis des Nationalparkhauses in Bad Schandau und der Region Sächsische Schweiz zu finden. Lediglich die ansässigen Vereine und Verbände machen Begegnungsangebote für die ältere Bevölkerung. Aus diesem Grund verfolgte das Nationalparkhaus das Ziel, seine Bildungsangebote stärker auf die Zielgruppe der Seniorinnen und Senioren auszurichten, zumal gerade in der Region Sächsische Schweiz ein im bundesdeutschen Vergleich überdurchschnittlich hoher Anteil an Älteren lebt.

Das Nationalparkhaus hat bereits seit dem Jahr 2001 eine Reihe von Aktivitäten und Projekten für Seniorinnen und Senioren in der Region entwickelt und erfolgreich umge-

Im Blickpunkt der Einrichtung stehen Ältere sowie Kinder und Jugendliche, die durch Umweltbildungsangebote gemeinsam für den Naturschutz sensibilisiert und aktiviert werden sollen.

setzt. Diese Aktivitäten sollten ausgebaut und in Richtung auf die Zielgruppe Kinder und Jugendliche erweitert werden. Entwickelt werden sollten Angebots- und Veranstaltungsformen, die für Jung und Alt gleichermaßen attraktiv sind. Mit der Netzwerk-Agentur im *Generationennetzwerk Umwelt* wurde vereinbart, dass diese den Prozess der Angebotsentwicklung durch regelmäßige Feedback-Gespräche mit der Projektleitung vor Ort begleiten und beraten sollte.

Bisher ist das bürgerschaftliche Engagement in der Sächsischen Schweiz noch nicht sehr weit verbreitet und entwickelt. Durch die neuen Bildungsangebote erhoffte sich das Nationalparkhaus auch, den Älteren Betätigungsfelder aufzeigen zu können, in denen sie ihr Wissen und ihre Erfahrungen zum Einsatz bringen können. Die Älteren sollten motiviert werden, selbst etwas zu tun und aktiv zu werden. Dies erscheint gerade in einer Region mit einem hohen Anteil älterer Menschen, die teilweise vorzeitig und ungewollt ihr Berufsleben beendet haben, als eine wichtige Zielsetzung. Die Weitergabe von Erfahrungen und Wissen der Älteren an die nachfolgenden Generationen sollen ermöglicht werden. Da im Alltag nur wenig Gelegenheit für dieses Anliegen besteht, sollten über die Angebote des Nationalparkhauses entsprechende Prozesse in Gang gesetzt werden. Besonders wichtig erschien es dem Nationalparkhaus durch geeignete Methoden das Bildungsinteresse der verschiedenen Generationen zu wecken und sie im Rahmen eines speziellen Veranstaltungsangebotes zu gewinnen.

Als förderlich für die Entwicklung von attraktiven Angeboten erweist sich selbstverständlich der in unmittelbarer Nähe befindliche Nationalpark Sächsische Schweiz. Er ist einer der in Deutschland ausgewiesenen wertvollen und schützenswerten Landschaftsbestandteile, die den Schutzstatus Nationalpark erhalten haben.

Das Einzugsgebiet der potenziellen Teilnehmerinnen und Teilnehmer erstreckt sich auf Bad Schandau und die angrenzenden Gemeinden. Dabei wird von einem Aktionsradius von 25 km ausgegangen.

Startphase

Die Strategie sah vor, Seniorinnen und Senioren sowie ältere Erwachsene der Gemeinde Bad Schandau und Anliegergemeinden ebenso wie Schulklassen und Jugendliche für Veranstaltungen zu gewinnen. Gemeinsam sollten Jung und Alt lernen, verstehen, vergleichen, sich annähern, arbeiten und zueinander finden.

In der Startphase wurden zunächst verschiedene Umweltbildungsveranstaltungen konzipiert. Dabei wurden die aus den zurückliegenden Jahren gemachten Erfahrungen weiterentwickelt und Wünsche und Ideen der Teilnehmerinnen und Teilnehmer berücksichtigt. Darüber hinaus lag ein Schwerpunkt auf der Entwicklung einer Strategie für die Zielgruppenansprache. Ausgehend von dem bestehenden Verteiler mit Adressen von Seniorinnen und Senioren wurden die Veranstaltungen systematisch über persönliche und telefonische Kontakte, Einladungsbriefe, Zeitungsartikel und Aushänge beworben. Außerdem wurden Kontakte zu wichtigen Personen und Institutionen aufgebaut, die in die Umsetzung der Veranstaltungen einbezogen werden sollten.

Die Gewinnung von Teilnehmenden für Umweltbildungsangebote profitiert von einer umfassenden Berücksichtigung der jeweiligen Gewohnheiten.

Bei den Ansprachefomen wurden die folgenden ausgewählt und angewandt:

Mündliche/telefonische Ansprache
Nach Erstellen des Verteilers, der Name, Anschrift und Telefonnummer enthält, wurden ausgewählte Personen und Institutionen telefonisch über die geplanten Veranstaltungen informiert. Wichtig dabei war, sofort Interesse für die Veranstaltungen zu wecken.

Persönliche Ansprache
Menschen mit nicht ganz alltäglichen Berufen oder Hobbys, wie ehrenamtliche Betreiber einer Heimatstube, Maler und andere Künstler wurden vor Ort besucht. Das bot die Chance, sich gleich einen Einblick in die Einrichtung bzw. in die Arbeiten zu verschaffen.

Schriftliche Ansprache

Zur Werbung für die Veranstaltungen wurden Faltblätter ausgelegt, Plakate an Aushängen der Stadt Bad Schandau und anliegender Gemeinden verteilt und Pressemitteilungen veröffentlicht.

Die direkte persönliche Ansprache war nur in Ausnahmefällen möglich. Hauptsächlich erfolgte für jede Veranstaltung einzeln eine schriftliche oder telefonische Einladung an die Personen aus dem vorhanden Adressverteiler.

Veranstaltungen und Projekte

Nach einer zweimonatigen Phase der Konzeption und Teilnehmerwerbung von Januar bis Februar 2003 wurden im Folgenden vielfältige umweltpädagogische und regional ausgerichtete Veranstaltungen angeboten. Thematisch befassten sich die Veranstaltungen mit traditionellen regionalen Handwerkstechniken (Lehm- und Fachwerkbau sowie Obstbaumschnitt), luden zur Naturerfahrung ein (naturkundliche und geologische Exkursionen) und gaben Anregungen zu einer ökologisch-nachhaltigen und gesunden Lebensweise (Backkurse für Kinder und Erwachsene mit regionalen Rohstoffen im traditionellen Lehmbackofen).

In Tages- und Einzelveranstaltungen nahmen die Beteiligten ein umfangreiches und abwechslungsreiches Veranstaltungsangebot wahr. Dabei wurde einerseits Wissen vermittelt (Seniorenveranstaltungen), andererseits aber auch zum Austausch von Wissen und Erfahrungen zwischen den Generationen angeregt (Aktiv- und Mitmachangebote). Neben Einzelveranstaltungen fanden regelmäßig wiederkehrende Veranstaltungen in Form von Arbeitskreisen statt.

Im Einzelnen haben folgende Veranstaltungen das Angebot des Nationalparkhauses positiv bereichert und ergänzt:

- Obstbaumschnittseminare,
- Geologische Fachexkursionen,
- Kräuter- und Wurzelwanderungen,
- Arbeitskreis Bauerngarten (Ältere und Schulkinder),

- Arbeitskreis Kunstwerkstatt Natur für Jung und Alt,
- Lehmbau-Modellierkurs,
- Lehmbauvortrag,
- Lehmbau- / Lehmputz-Seminar,
- Lesung zum Buch „Der Lehmbackofen – Bauanleitung und Backideen",
- Kreativ-Angebote (Buch binden, Papier schöpfen),
- Kurse zum Kerzen gießen und Kerzen ziehen,
- Backkurse für Jung und Alt,
- Saisonale Familienfeste,
- Familienbacktage.

Insgesamt wurden 123 Veranstaltungen im Rahmen des *Generationennetzwerks Umwelt* durchgeführt. Es handelte sich um 35 Bildungsveranstaltungen und 88 Arbeitskreistreffen. In den Jahren der Modelllaufzeit von 2003 bis 2005 haben an diesen Veranstaltungen 934 Erwachsene und 452 Kinder teilgenommen. Die Veranstaltungsangebote reichten methodisch von Vorträgen über Exkursionen bis zu praktischen Mitmachkursen.

Die Veranstaltungen wurden von der Projektmitarbeiterin des Nationalparkhauses und von externen Referentinnen und Referenten durchgeführt und geleitet. Sofern Externe beteiligt wurden, war die Leitung des Projekts immer anwesend und stand jederzeit als Ansprechperson in organisatorischen Fragen zur Verfügung.

Die Veranstaltungen waren so angelegt, dass sie jederzeit wiederholbar sind. Besonderer Wert wurde darauf gelegt, Themen und Methoden möglichst den Wünschen der Teilnehmenden entsprechend anzubieten. Spezielle Teilnehmerwünsche bezüglich Zeitpunkt und Dauer sowie einer Wiederholung von Veranstaltungen wurden ebenfalls berücksichtigt. So konnten z.B. zwei Veranstaltungen aufgrund der großen Nachfrage erneut angeboten werden.

Insgesamt war die Gewinnung von Teilnehmerinnen und Teilnehmern mit einem hohen zeitlichen Aufwand verbunden. Besonders die Ansprache der Seniorinnen und Senioren stellte sich als Herausforderung dar. Dies wird auf Schwellenängste der Älteren gegenüber Bildungsveran-

> Um den generationenübergreifenden Austausch in der Umweltbildung zu fördern, bieten sich vor allem Veranstaltungen mit „praktischen" Anteilen an.

staltungen zurückgeführt. Von den Projektmitarbeiterinnen des Nationalparkhauses werden Ältere ferner als in ihrer Welt „eingeschlossen" wahrgenommen. Es wird daher als große Herausforderung für die Bildungsarbeit erlebt, diese „Geschlossenheit" aufzubrechen. Je nach Veranstaltungsform und Jahreszeit änderten sich die Teilnehmerzahlen. Die Exkursionen und die Mitmachkurse hatten den größten Zuspruch bei den Menschen in der Region. Insbesondere Mitmachangebote wurden unter dem generationenübergreifenden Aspekt wesentlich besser angenommen als wissenschaftliche und allgemein bildende Vorträge.

Anders als bei den Älteren sah es bei der Ansprache der Kinder und Jugendlichen aus. Diese Zielgruppe war über Schulen, Horte, Jugendclubs etc. wesentlich leichter zu erreichen. Die Schülerinnen und Schüler nahmen meist im Klassenverbund teil. Seniorinnen und Senioren nahmen teils mit zwei Personen, teils aber auch mit zehn bis zwölf Personen an den Veranstaltungen teil.

Es ist gelungen, ein Bauerngartenprojekt mit der Grundschule Bad Schandau auf den Weg zu bringen. Im Außengelände des Nationalparkhauses ist ein Bauerngarten entstanden, der von Kindern im Alter von 10 bis 11 Jahren gepflegt wird. Die Kinder lernen dabei den Umgang mit Pflanzen, Tieren und der Natur. Im Arbeitskreis Bauerngarten hat sich eine Seniorin ehrenamtlich engagiert. Allerdings ist es darüber hinaus bisher nicht gelungen, Ältere für ein bürgerschaftliches Engagement zu gewinnen. In einer Region mit strukturell hoher Arbeitslosigkeit wird bürgerschaftliches Engagement eher als potenzielle Konkurrenz für bestehende Arbeitsplätze angesehen.

Als zweites Angebot, das speziell von Seniorinnen und Senioren wahrgenommen wird, hat sich durch die Initiative des Nationalparkhauses im Rahmen des *Generationennetzwerks Umwelt* die Kunstwerkstatt Natur etabliert. Diese wird durch einen Künstler geleitet und hat mittlerweile einen eigenen Raum mitten in Bad Schandau beziehen können. In der Kunstwerkstatt Natur treffen sich regelmäßig jeden zweiten Mittwoch zehn bis zwölf Ältere, die gemeinsam durch das Zeichnen Kunst und Natur verbinden. Der leitende Künstler steht dabei die gesamte Zeit über zur Verfügung, gibt Hinweise zur künstlerischen Gestaltung und Anleitungen zum Gebrauch der Materialien.

Teilnehmerinnen und Teilnehmer

Die aktivierenden Angebote am Nationalparkhaus stoßen auf eine große Zustimmung seitens der Älteren. Ihnen gefallen speziell die kreativen Angebote. Mit diesen Veranstaltungen ist es dem Nationalparkhaus gelungen, bei Seniorinnen und Senioren aus Bad Schandau und Umgebung an Bekanntheit zu gewinnen.

Hinzu kommt die Erkenntnis, dass durch regelmäßig stattfindende Veranstaltungen, die Älteren motiviert wurden, dabei zu sein. Sie kannten die Projektmitarbeiterin, die Arbeitsweise des Nationalparkhauses bezüglich Werbung und Durchführung der Veranstaltungen sowie die potenziellen Teilnehmerinnen und Teilnehmer. Die vielen Folgeteilnehmerinnen und -teilnehmer der Veranstaltungen veranschaulichen den großen Zuspruch, den das Nationalparkhaus erreichen konnte.

> Über die strategische Neuausrichtung und einen entsprechenden Veranstaltungskanon kann die Bekanntheit und der Zuspruch einer Einrichtung in der Bevölkerung gesteigert werden.

Die am Bauerngarten beteiligte Freiwillige betont, dass sie nach der Familienarbeit gerne die Gelegenheit wahrnimmt, sich gesellschaftlich zu engagieren und dass sie sich über die Anerkennung ihrer lebenslang erworbenen Erfahrungen in Sachen Umwelt und Natur sehr freut.

Mehrere Familien, Mütter und Väter unterstreichen, dass z.B. die regelmäßigen Backkurse und Familienbacktage ein wunderbarer Begegnungspunkt in der Freizeitgestaltung geworden sind und die Kinder spielend und aktiv lernen, traditionelles Wissen erwerben und Erfahrungen im Umgang mit regionalen Rohstoffen machen. Die soziale Komponente der Begegnungsangebote soll hierbei besonders hervorgehoben werden. Was in der Vergangenheit alltäglich war, wurde bei den Veranstaltungen im *Generationennetzwerk Umwelt* neu erlebt und für wichtig erklärt.

Dem Trend der „alterslastigen" Bevölkerung muss begegnet werden. Immerhin sind in der Sächsischen Schweiz fast 45 % der Bevölkerung über 50 Jahre. In einer ländlichen Region wie der Sächsischen Schweiz sind vor allem berufliche Werdegänge bei der Programmplanung zu berücksichtigen. D.h. in der ländlichen Region hat man es meist mit Menschen ohne akademischen Abschluss zu tun. Hier liegt der Schwerpunkt eher auf beruflichen Abschlüssen des Handwerks, der Industrie und der Gastronomie. Zu berücksichtigen ist auch ein hoher Anteil an älteren Arbeitslosen.

Bei den teilnehmenden Personen handelte es sich ausschließlich um einheimische Bevölkerungsgruppen. Touristen und Gäste aus der Region konnten selten erreicht werden. Ihre Teilnahme an Veranstaltungen gelang noch am ehesten spontan über ihren Besuch der Ausstellungen im Nationalparkhaus.

Veränderungen in der Einrichtung

> Neue Angebotsformen entwickeln und erproben und auf der Basis von Erfahrungen modifizieren – so lässt sich das Profil einer Einrichtung schärfen.

Das *Generationennetzwerk Umwelt* blickt am Standort Bad Schandau auf eine erfolgreiche Pionierarbeit im Bereich der generationenübergreifenden Bildungs- und Begegnungsarbeit zurück. Es wurden Erfahrungen bei der Entwicklung von generationenübergreifenden Angeboten gesammelt und verschiedene Veranstaltungsformen im Hinblick auf ihre Nachfrage erprobt. Über die Kontakte zu einzelnen Personen, Vereinen und Institutionen hat sich das Kooperationspartnernetzwerk des Nationalparkhauses zudem erweitert und verfestigt. Insbesondere die engen Kontakte zum Verein Schutzgemeinschaft Sächsische Schweiz, zum Förderverein der Grundschule Bad Schandau, zum Regionalschulamt Dresden und einzelnen Fachberaterinnen und -beratern haben maßgeblich zum Erfolg der Veranstaltungen beigetragen. Besonders herausgeragt hat die Kooperation mit dem Verein Schutzgemeinschaft Sächsische Schweiz, mit dem qualitativ hochwertige Angebote konzipiert und durchgeführt werden konnten. Diese regionale Verankerung ist für eine noch recht junge Einrichtung von großer Bedeutung.

Mit dem Arbeitskreis Bauerngarten sowie der Kunstwerkstatt Natur sind regelmäßige Angebote der Umweltbildungsarbeit und -kommunikation entstanden, die weiterhin vom Nationalparkhaus begleitet werden.

> Neue Kooperationen wirken sich positiv auf das eigene Angebot aus und verbessern die regionale Verankerung.

Öffentlichkeitsarbeit und Medienresonanz

Mit Hilfe einer kontinuierlichen Pressearbeit wurden Einwohnerinnen und Einwohner sowie Gäste der Region regelmäßig auf die Veranstaltungen des Nationalparkhauses im Rahmen des *Generationennetzwerks Umwelt* aufmerksam gemacht. Ein besonderes Augenmerk lag zu Beginn des Programms auf der öffentlichen Bekanntmachung des *Generationennetzwerks Umwelt* in der Presse. Über die Zeitungsartikel konnten zahlreiche Menschen für die Teilnahme an den Veranstaltungen gewonnen werden.

Die Kunstwerkstatt Natur erlebte ihren öffentlichen Höhepunkt in einer kleinen Ausstellungseröffnung in ihren neu errichteten Räumen.

Nachhaltigkeit des Projekts

Dem Nationalparkhaus Sächsische Schweiz ist es gelungen im Rahmen des *Generationennetzwerks Umwelt* Jung und Alt für seine Veranstaltungen zu mobilisieren und damit insgesamt die Ansprache dieser Zielgruppen zu verbessern. Die beiden Arbeitskreise Kunstwerkstatt Natur und Bauerngarten finden jeden Monat regelmäßig statt. Im Arbeitskreis Kunstwerkstatt Natur treffen sich zur Zeit Seniorinnen und Senioren zwei Mal im Monat. Im Arbeitskreis Bauerngarten treffen sich vorwiegend Kinder je nach Wetter und Schulferien viermal im Monat. In der Entstehung ist eine Gruppe von z.Z. sechs Familien/Backinteressierten, die sich regelmäßig jeden ersten und dritten Freitag im Monat treffen, um gemeinsam am Lehmbackofen Brot zu backen.

Darüber hinaus verfügt das Nationalparkhaus über eine nach Themen und Interessen geordnete Adressdatei von potenziellen Teilnehmerinnen und Teilnehmern, die die Einladung zu speziellen Veranstaltungen erleichtert. Neben der Adressdatei sind zahlreiche Teilnehmerlisten von den durchgeführten Veranstaltungen vorhanden.

Praxistipps

Praxistipp 1

Ansprache und Bildungsstand der Zielgruppen

Die Zielgruppe der Seniorinnen und Senioren ist sehr schwer zu erreichen. Als sinnvoll hat sich erwiesen, sie dort aufzusuchen, wo sie sich treffen. Es sollten alle ansässigen Vereine, Verbände und Institutionen angesprochen werden, die mit Seniorinnen und Senioren arbeiten.

Unter zu Hilfenahme von Amtsblättern, Telefonbüchern, Verzeichnissen der Stadtverwaltung, örtlichen Aushängen, Gesprächen mit Menschen vor Ort und mit Kirchengemeinden gelingt es, innerhalb kürzester Zeit einen Verteiler zu erstellen, der Vereine, Verbände und Institutionen enthält. Es sind alle diejenigen mit einzubeziehen, die sich mit Älteren und Seniorenarbeit beschäftigen, um nicht als Konkurrenz aufzutreten.

In der ländlichen Bevölkerung ist der Bildungsstand niedriger ausgeprägt als in der städtischen Bevölkerung. Die Schulabschlüsse liegen in der Sächsischen Schweiz größtenteils bei Klasse 8 und 10. Die meisten der Älteren besitzen einen Lehrabschluss. Ein Hochschul- oder Fachschulabschluss ist selten anzutreffen. Darauf muss sich die Einrichtung bei der Ansprache und der Veranstaltungsdurchführung einstellen.

Öffentliche Vorstellung des Projekts und Pressearbeit

Bei der Pressearbeit ist zu beachten, was in der Region vorrangig gelesen wird. In Bad Schandau zeigte sich, dass sich nur wenige Einwohnerinnen und Einwohner über die herkömmlichen Tageszeitungen informieren. Die wöchentlich erscheinenden kostenlosen Anzeigen- und Werbeblätter hingegen werden mit großem Interesse gelesen. Diese Blätter sind für die Ankündigung von Veranstaltungen hervorragend geeignet. Das Amtsblatt der jeweiligen Gemeinde ist in der Region, in der das Nationalparkhaus tätig ist, das wichtigste Medium. Es wird kostenlos an jeden Haushalt versandt und nahezu jede Einwohnerin und jeder Einwohner liest es.

Die Tageszeitungen werden meist nur in den Kreisstädten und Städten gelesen. Gleichwohl sind sie in die Pressearbeit einzubeziehen, da sie Entwicklungslinien in der Senioren-Umwelt-Bildungsarbeit aufzeigen, für die Bildungsstätte „werben" und sich die Einrichtung so „einen Namen machen kann". Die Aktivitäten einer Umweltbildungseinrichtung in neuen Handlungsfeldern wie der generationenübergreifenden Umweltkommunikation erhalten so einen verbindlichen Charakter.

Für eine kurze Projektvorstellung sollte zu Beginn jedes Projekts Zeit und Geduld aufgebracht werden. Die Einwohnerinnen und Einwohner und die Region sollten über das Projekt und den Projektinhalt informiert werden.

Um das Projekt ausführlich vorzustellen, die Seniorinnen und Senioren mit dem Nationalparkhaus vertraut zu machen und schon erste Interessen zu wecken, ist es von Vorteil, eine „Auftaktveranstaltung" zu organisieren.

Praxistipp

3 Praxistipp

Bewerbung der laufenden Veranstaltungen

Es ist notwendig, die Anzeigen bzw. Programmankündigungen in den Tageszeitungen eine Woche vor der Veranstaltung, wenn möglich am Wochenende zuvor und zwei Tage vor der eigentlichen Veranstaltung zu schalten. Bei den Wochenzeitungen muss man sich an die Redaktionsschlüsse halten und abstimmen, ob die Anzeige wirklich noch vor der Veranstaltung erscheint. Den Erscheinungstermin des Amtsblattes der Gemeinde sollte die Einrichtung immer im Blick haben. In Bad Schandau wurden geplante Veranstaltungen auch schon verlegt, damit der Termin auf jeden Fall noch rechtzeitig im Amtsblatt erscheinen kann.

Nach der Veranstaltung sollte zeitnah ein Presseartikel zu der Veranstaltung verfasst werden. Ein Zeitungsartikel wertet die Veranstaltung auf und zeugt vom „Dranbleiben". Zudem werden so evtl. weitere Menschen neugierig und kommen zur Folgeveranstaltung, die natürlich auch schon angekündigt werden sollte.

4 Praxistipp

Wahl des Veranstaltungszeitpunktes

Im Vorfeld eigener Veranstaltungen sollte man recherchieren, wer welche Veranstaltung im Ort wann und zu welcher Uhrzeit durchführt. Dieser Veranstaltungsplan der Stadt bzw. Gemeinde ist Voraussetzung für die eigene Planung, weil so ein geeigneter Zeitpunkt gefunden werden kann.

In ländlichen Regionen ist weiterhin zu berücksichtigen, dass Anfahrtswege aus den benachbarten Orten ggf. auch mit dem ÖPNV bewältigt werden müssen. Das heißt, dass der Veranstaltungszeitpunkt auf die Ankunftszeiten von Bus und Bahn abzustimmen ist. Man kann natürlich nicht alle Orte mit einbeziehen. Den Endzeitpunkt der Veranstaltung sollte man ebenso nach dem Busfahrplan ansetzen.

Beachtenswert ist außerdem, wie viele Seniorinnen und Senioren den Erfahrungen nach ihren Tag strukturieren. So ist der Morgen in der Regel für die Hausarbeit, Einkäufe und Arztbesuche reserviert. Die Mittagspause umfasst häufig auch einen Mittagsschlaf. Erfahrungsgemäß ist 15.00 Uhr ein sehr guter Zeitpunkt für den Veranstaltungsbeginn.

Veranstaltungsambiente

Die Teilnehmerinnen und Teilnehmer sollten mit Betreten des Veranstaltungsraumes eine einladende Lernatmosphäre vorfinden. Im Laufe der Jahreszeiten kann mit unterschiedlichem Tisch- und Raumschmuck ein schönes Ambiente geschaffen werden. Positiv für das Veranstaltungsklima ist auch klassische Musik beim Eintreffen der Teilnehmerinnen und Teilnehmer. Das Schaffen einer gemütlichen und lockeren Atmosphäre ist eine wesentliche Voraussetzung für einen gelungenen (generationenübergreifenden) Austausch.

Praxistipp

Kontakt

Peter Bouska

Sächsische Landesstiftung Natur und Umwelt
Nationalparkhaus Sächsische Schweiz
Hohnsteiner Straße 3
01814 Bad Schandau
Telefon: 035022/50252
Fax: 035022/50235
E-Mail: poststelle@lanu.smul.sachsen.de
Internet: www.saechsische-landesstiftung.de

Ökologisches Schullandheim Licherode

Klaus Adamaschek

Das Ökologische Schullandheim Licherode – Zentrum für praxisnahe Umweltbildung hat einen halbjährigen Kurs konzipiert und erprobt, in dem Seniorinnen und Senioren zu Umwelttrainerinnen und -trainern qualifiziert werden. Er vermittelt theoretische und methodisch-didaktische Kenntnisse einer ganzheitlichen Umweltbildung. Die Teilnehmerinnen und Teilnehmer erwerben Kompetenzen zur eigenständigen Vermittlung von umweltbezogenen Lehreinheiten an Schulkinder. Zum Gelingen trägt bei, dass die drei Pädagogen des Schullandheims die Älteren dabei unterstützten, ein eigenes Praxisprojekt zu entwickeln. Das Interesse der Schulen in der Region Hersfeld-Rotenburg am Einsatz der Umwelttrainerinnen und -trainer ist groß. Das Ökologische Schullandheim hat bei der Vermittlung und Koordination eine Knotenfunktion eingenommen und begleitet zurzeit den Prozess der Einbindung.

Profil der Einrichtung

Rund um Alheim-Licherode im nordhessischen Landkreis Hersfeld-Rotenburg hat sich in den letzten zwölf Jahren ein ganz besonderes Netzwerk für eine praxisnahe Umweltbildung von Kindern und Jugendlichen entwickelt. Initiator und Kristallisationspunkt dieser Entwicklung ist ein mittlerweile bundesweit anerkanntes Zentrum für praxisnahe Umweltbildung, das Ökologische Schullandheim Licherode.

In Licherode haben seit 1995 über 30.000 hessische Schulkinder umweltpädagogische Projektwochen verbracht und dabei spielerisch vieles über Natur, ökologische Zusammenhänge und eigene Lebensgrundlagen gelernt. Hinzu kommen praxisnahe Angebote in der Aus- und Fortbildung von

Pädagoginnen und Pädagogen in enger Kooperation mit dem Amt für Lehrerbildung.

Unterstützt wird das Ökologische Schullandheim bei seiner Bildungsarbeit von einem umfassenden Netzwerk regionaler Kooperationspartnerschaften. Über 50 Partner und Betriebe, darunter Biolandwirte, Handwerker, Künstler, Naturschützer, Förster etc. geben Kindern, Lehrerinnen und Lehrern authentischen Einblick in die tägliche Praxis und die Hintergründe ihrer Arbeit.

Zusätzlich zur alltäglichen Bildungsarbeit mit Schulkindern führt das Ökologische Schullandheim bundesweit bedeutsame Pilotprojekte und Forschungsvorhaben durch und beteiligt sich so intensiv an der Diskussion über „Bildung für eine nachhaltige Entwicklung". Hier die wichtigsten Beispiele:

- „Regional-biologische Schulverpflegung" gemeinsam mit der Universität Kassel (Bundesprogramm Ökologischer Landbau/Bundesministerium für Verbraucherschutz, Ernährung und Landwirtschaft),
- „Regionales Netzwerk Umweltbildung" gemeinsam mit dem Staatlichen Schulamt Bebra (Bundesprojekt „Lernende Regionen"/Bundesministerium für Bildung und Forschung),
- Forschungsvorhaben „Worldrangers" gemeinsam mit der Pädagogischen Hochschule Ludwigsburg.

Aufgrund dieser vielfältigen Aktivitäten wurde das Ökologische Schullandheim Licherode am 01. März 2005 im Rahmen der didacta in Stuttgart von der Unesco als offizielles Projekt der UN-Dekade „Bildung für eine nachhaltige Entwicklung" ausgezeichnet. Fünf Jahre nach der Präsentation als Projekt der Weltausstellung EXPO 2000 ist dies eine weitere bedeutsame Auszeichnung für die Licheröder Umweltbildungsarbeit.

> Das Ökologische Schullandheim: „ausgezeichnete" Einrichtung der Umweltbildungsarbeit für Kinder sowie der Ausbildung von Pädagoginnen und Pädagogen.

Ausgezeichnet als offizielles Projekt der Weltdekade 2005 / 2006

Ausgangspunkt

Das Dorf Licherode und die umliegende Region haben sich in den letzten Jahren zu einem bundesweit einmaligen umweltpädagogischen Lernort insbesondere für Kinder und Jugendliche entwickelt. Hierzu tragen ganz maßgeblich die zahlreichen älteren Kooperationspartner bei, die Woche für Woche ihre Ställe, Werkstätten, Betriebe etc. öffnen und Kindern Einblick in ihr Leben und ihren Arbeitsalltag geben. Die in diesem Zusammenhang gesammelten Erfahrungen sollten in das bundesweite *Generationennetzwerk Umwelt* eingebracht werden.

Bisher wurde dieser generationenübergreifende Wissens- und Erfahrungstransfer in Licherode vor allem aus Sicht und zum Nutzen der Kinder bewertet. Über die Mitwirkung im *Generationennetzwerk Umwelt* sollte versucht werden, die Zielgruppe der Älteren ganz bewusst und auch konzeptionell in die Bildungsarbeit einzubinden.

Über die Teilnahme an einem bundesweit bedeutsamen Forschungsprojekt sollte die Beratungs- und Sachkompetenz der Bildungseinrichtung weiter erhöht werden. Die in diesem Zusammenhang entwickelten neuen Seminar- und Fortbildungsangebote sollten die Attraktivität, die Auslastung und somit auch die wirtschaftliche Tragfähigkeit der Einrichtung steigern und absichern.

Die Konzipierung und Durchführung dieses Angebots sowie die Begleitung der Teilnehmenden erfolgte durch ein dreiköpfiges Bearbeitungsteam, das die Aufgaben der organisatorischen und inhaltlichen Planung und Durchführung des Seminarangebots untereinander aufteilt:

Klaus Adamaschek, Leiter des Ökologischen Schullandheims: Organisatorischer Ablauf; jeweils inhaltliche Einführung in die Kurstage; inhaltliche Impulse; Begleitung der Teilnehmenden

Wolfgang Ellenberger, Lehrer an der Jakob-Grimm-Schule in Rotenburg an der Fulda, Mitglied im Vorstand des Fördervereins des Ökologischen Schullandheims: Konzipierung der methodisch-didaktischen Lehreinheiten; Vermittlung des theoretischen Wissens über ganzheitliche Umweltbildung, Lerntypen usw.; Übungsanleitungen

Johannes Lutz, Pädagogischer Mitarbeiter des Ökologischen Schullandheims: Vermittlung von praktischen Kenntnissen über die Arbeit mit Kindern an verschiedenen Stationen der Umweltbildung; Übungsanleitungen

Die Kurstage wurden fotografisch dokumentiert von **Angelika Adamaschek,** einer weiteren Mitarbeiterin am Ökologischen Schullandheim Licherode.

Startphase

In der ersten Phase der Mitarbeit im *Generationennetzwerk Umwelt* hat das Umweltzentrum Licherode in verschiedenen Richtungen experimentiert, um sich so dem passenden „eigenen Projekt" anzunähern. So wurden im Licheröder Seminarprogramm eine ganze Reihe von seniorenbezogenen Angeboten wie z.B. Großeltern-Enkelkind-Workshops angeboten. Die geringe Resonanz zeigte, dass derartige Angebote am Bedarf in einer ländlich strukturierten Region mit noch weitgehend intakten Familienstrukturen vorbeigehen.

Im Zusammenhang mit einem weiteren Licheröder Modellvorhaben entstand die Idee eines umfassenden Qualifizierungskonzepts für engagementbereite Seniorinnen und Senioren. Im Rahmen des bundesweiten Förderprogramms „Lernende Regionen" des Bundesministeriums für Bildung und Forschung arbeitet das Ökologische Schullandheim Licherode bereits seit längerem an „Zertifikaten für schulische und außerschulische Umweltbildung".

Die langjährigen Erfahrungen in der alltäglichen Licheröder Bildungsarbeit haben gezeigt, dass Seniorinnen und Senioren gerade im Umweltbereich über Erfahrungen und Kompetenzen verfügen, die eine wichtige Bereicherung z.B. für die Nachmittagsangebote an Ganztagsschulen darstellen könnten. Auf der anderen Seite fehlt Älteren jedoch oft das pädagogische Rüstzeug und der Zugang zur jungen Generation.

Vor diesem Hintergrund ist der Zertifikatslehrgang „Senioren als Umwelttrainer für Kinder und Jugendliche" entstanden. In einem 60 Unterrichtsstunden umfassenden Fortbildungslehrgang sollen engagementbereite Seniorinnen und Senioren in die Lage versetzt werden, authentische Erfahrungen und erworbenes Wissen in Bereichen wie z.B. Gesundheit, Ernährung, Umwelt- und Naturschutz kindgerecht und pädagogisch sinnvoll an Schulkinder weiterzugeben.

> Mit dem Ziel, Ältere konzeptionell in die umweltpädagogische Arbeit mit Schulklassen einzubeziehen, entstand ein umfassendes Qualifizierungskonzept.

Nachdem die Idee stand, begann das Umweltzentrum Licherode in der örtlichen Presse für das Seminarangebot zu werben. Zur Vorstellung des Angebots und zur Teilnehmerwerbung wurde in der Einrichtung eine Informationsveranstaltung durchgeführt, bei der Zielsetzung, Projektzusammenhang und Kursaufbau vorgestellt wurden. Ein Faltblatt informierte die Teilnehmenden zusätzlich im Überblick.

Über einen umfassenden Adressverteiler hat das Umweltzentrum Licherode außerdem viele Menschen aus der Region persönlich zu der Veranstaltung eingeladen. Es bestand für die Teilnehmenden die Gelegenheit, sich direkt im Anschluss für den Kurs anzumelden. Die Kursgröße wurde auf maximal 14 Teilnehmende beschränkt, was sich als eine sinnvolle Größenordnung erwiesen hat. Acht Teilnehmende haben sich direkt nach der Auftaktveranstaltung angemeldet, weitere Anmeldungen erfolgten in den Tagen danach, wobei sich jeweils eine intensive Beratung der Interessierten als zeitlich erforderlich erwies. Insgesamt hat die Nachfrage das Platzangebot überschritten, und es mussten einige Teilnehmerinnen und Teilnehmer auf den zweiten Kursdurchlauf „vertröstet" werden.

In der Startphase signalisierte das Umweltzentrum Licherode sein Interesse, dass die Netzwerkagentur des *Generationennetzwerks Umwelt* den ersten Kursdurchlauf kontinuierlich begleiten und prozessbegleitend evaluieren sollte. Diese Unterstützung konnte sicher gestellt werden.

Die Begleitung umfasste ein regelmäßiges Feedback der Programmleiterin Claudia Olejniczak nach den einzelnen Kurstagen sowie die Auswertung des Gesamtdurchlaufs in Form eines Berichts, in den auch eine schriftliche Befragung der Teilnehmerinnen und Teilnehmer sowie Erkenntnisse aus persönlichen Gesprächen eingeflossen sind.

Das Angebot „Umwelttrainerschein für Senioren"

Im Verlauf des Lehrgangs wechseln sich Theorieblöcke im Licheröder Tagungspavillon und praktische Übungen am Teich, im Wald und in der Werkstatt ab. Hinzu kommen Hospitationen an Schulen und im Umweltzentrum Licherode. Zum Abschluss erarbeitet jede Teilnehmerin bzw. jeder Teilnehmer ihr bzw. sein eigenes Praxisprojekt, das sie bzw. er zukünftig als Senioren-Umwelttrainer an Kinder und Jugendliche weitergeben kann.

Hervorzuheben ist die Bereitschaft der Seniorinnen und Senioren, sich auf für sie ungewohnte Lernformen und -methoden einzulassen. So werden bereits bei der Vorstellungsrunde am ersten Seminartag drei unterschiedliche Formen des Kennenlernens durchgespielt, die den Teilnehmenden verdeutlichen, dass sie im Verlauf des Seminars mit sehr unterschiedlichen Lernerfahrungen konfrontiert sein werden:

Kopflastiger Einstieg: Klassische Vorstellungsrunde mit drei Fragestellungen, Moderationskärtchen und Zeitlimit;

Sinnlicher Einstieg: Steinmeditation (Mit zwei Steinen in der Hand und geschlossenen Augen findet jede/jeder nach und nach – beginnend nach der Berührung durch den Moderator – ihren/seinen Rhythmus);

Spielerischer Einstieg: Namensrunde „Tiere"; entspricht der im Schullandheim praktizierten Vorstellung der Kinder (Jeder nennt seinen Namen und ordnet sich dem Anfangsbuchstaben entsprechend einem Tier zu: „Ich heiße Frau Müller wie Maus.").

Auch bei der ersten praktischen Übung nachmittags am Teich werden mit den Seniorinnen und Senioren Spiele und Aufgaben durchgeführt, die üblicherweise die Schulkinder in der Projektwoche im Schullandheim durchlaufen. Auch hier wird eine sehr große Beteiligung erreicht (nur vereinzelte Rückzüge), die letztlich die Gesamtbereitschaft der Teilnehmenden für den gesamten Kursdurchlauf maßgeblich prägt.

Die Seminarreihe umfasst vier Kurstage bzw. Seminarblöcke à 5,5 Unterrichtsstunden plus Mittagspause sowie Angebote zu Hospitationen. Das Kursangebot im Einzelnen besteht aus folgenden Einheiten:

Seminarblock 1:
Ziele von Umweltbildung

Bei dieser ersten Seminareinheit werden zunächst grundlegende Erkenntnisse zur Lebenswirklichkeit der heutigen Kinder vermittelt (z.B. viele Medien- und wenige Naturerfahrungen). Aus dieser Situation heraus ergibt sich die Notwendigkeit einer ganzheitlichen Umwelterziehung, die Erziehung zum Umweltschutz sowie Naturerlebnispädagogik umfassen muss.

Im praktischen Teil wird den Seniorinnen und Senioren vermittelt, welche Aufgaben und Spiele zu einer Teicherkundung gehören. Die Teilnehmerinnen und Teilnehmer des Kurses lernen an diesem ersten Tag den Arbeitsansatz des Schullandheims in seinen Grundzügen kennen.

Wie auch die weiteren Kurstage findet am Ende der Veranstaltung bei Kaffee und Kuchen eine kleine Auswertungsrunde mit den Anwesenden statt.

Seminarblock 2:
Ganzheitliches und vernetztes Denken

Im zweiten Seminarblock lernen die Teilnehmerinnen und Teilnehmer – im Sinne einer ganzheitlichen Umweltbildung – zunächst anhand einer Stationsarbeit vier verschiedene Wege kennen, sich mit dem Thema „Wald" zu befassen (beobachten und zeichnen; fühlen und benennen; Text erfassen und wiedergeben; empfinden durch Meditation).

Im Anschluss an diese Gruppenarbeit werden die einzelnen Stationen den im ersten Seminarblock vermittelten Aspekten einer auf Ganzheitlichkeit ausgerichteten Umweltbildung zugeordnet. Dann wird die ganzheitliche Erarbeitung eines Themas mit der Mind-Map-Methode beispielhaft an der Moderationswand vorgestellt (Thema „Teich"). Diese Methode ist besonders gut geeignet, Gedanken und Ideen in der Planungsphase für ein Praxisprojekt oder eine Unterrichtseinheit entlang von frei wählbaren Dimensionen zu strukturieren. Die Teilnehmenden erhalten eine schriftliche Anleitung zur Erstellung einer eigenen Mind-Map für die eigenständige Anwendung. In Kleingruppen erarbeiten die Kursteilnehmerinnen/-teilnehmer im weiteren Verlauf eine Mind-Map zum Thema „Wald".

Nach der Mittagspause lernen die Teilnehmenden einzelne Stationen der Licheröder Lernwerkstätten zu den Themen Ernährung, Wolle und Steine kennen. Sie erproben selbst, wie sich die Schülerinnen und Schüler im Ökologischen Schullandheim z.B. mit Geschmackstests und Experimenten Wissen und Erfahrungen zu den ausgewählten Themen aneignen. Außerdem werden mit den Seniorinnen und Senioren an diesem Tag Gespräche geführt, in denen es um ihre Kompetenzen und Ideen für ein eigenes Praxisprojekt geht.

Hospitation I:
Realitäten im Schulunterricht
Die Seniorinnen und Senioren erhalten in Kleingruppen die Gelegenheit, am Unterricht teilzunehmen. Sie erhalten „Beobachtungsfragen" und im Anschluss findet jeweils eine gemeinsame Reflexion statt.

Seminarblock 3:
Gehirn und Lernen – Kindgerechte Vermittlungsformen
Der Kurstag beginnt mit einer Einführung in das Tagesthema „Lernen", wobei noch einmal der Bezug zum bisherigen Kursverlauf hergestellt wird. Im Mittelpunkt stehen die Fragen, wie Kinder lernen und was „Handlungsorientierung des Lernens" bedeutet. Die Teilnehmenden erhalten

das Arbeitsblatt „Lerntypentest", mit dessen Hilfe sie erkennen können, wie die einzelnen „Lernkanäle" bei ihnen ausgeprägt sind. Test und Auswertung erfolgt in Einzelarbeit durch die Teilnehmerinnen und Teilnehmer, ausführliche Erläuterungen zu den Themen „Lerntypen", „Lernen" und „Handelndes Lernen" schließen sich an. Zu diesen Themen erhalten die Anwesenden Arbeitspapiere zur Vertiefung. Ein besonderer Akzent der Ausführungen zum Thema „Lernen und Gehirn" liegt auf dem Aspekt, dass den entsprechenden neurologischen und biologischen Forschungsergebnissen folgend Lernprozesse so organisiert sein sollten, dass an die individuellen Kenntnisse und Erfahrungen angeknüpft werden kann. Beispielhaft stellen die Pädagogen in zwei Vorträgen Unterschiede in den Vermittlungsformen dar: In dem ersten Vortrag wird lediglich vorgetragen und somit nur ein „Lernkanal" (Hören), in dem zweiten Beispiel werden mehrere „Lernkanäle" (Hören, Sehen, individuelle Anknüpfungen ermöglichend) angesprochen. Es werden Kriterien mit den Teilnehmenden erarbeitet, die bei der Vorbereitung von Vorträgen für Kinder berücksichtigt werden sollten (z.B. Fragestellung verdeutlichen, Zuhörerinnen/ Zuhörer einbeziehen, Anschauung/Visualisierung, klare Sprache möglichst ohne Fremdworte usw.). In Kleingruppen erarbeiten die Kursteilnehmerinnen/-teilnehmer nachfolgend in etwa 30 Minuten einen eigenen Vortrag, den ein Mitglied der Gruppe dann präsentiert.

Am Nachmittag folgen kreative Übungen, die in den Werkstatträumen des Schullandheims in Kleingruppen durchgeführt werden. Mit Naturmaterialen gestalten die Teilnehmerinnen und Teilnehmer ihre eigenen „Naturkunstwerke" (z.B. „Wald in der Kiste", „Rindenboote", „Naturwebrahmen"), die in einem abschließenden Rundgang von allen besichtigt werden.

Hospitation II:
Praxisnahe Umwelterziehung am Ökologischen Schullandheim

Die Teilnehmenden haben die Arbeitsweise des Schullandheims an den ersten drei Kurstagen bereits kennen lernen können. Bei einem halbtägigen Hospitationstag erleben sie nun die Arbeit der Einrichtung mit Kindern.

Individuelle Beratung und praktische Begleitung bei der Erarbeitung eines Praxisprojekts

Ausgehend von den beim zweiten Kurstag besprochenen Ideen für ein eigenes Thema, das die Seniorinnen und Senioren in einer Lerneinheit für Kinder gerne aufbereiten würden, unterstützen die Pädagogen die Teilnehmenden dabei, diese Idee zu konkretisieren und eine Lehreinheit zu entwickeln. Mit der Einladung zum Hospitationstermin erhalten sie eine ausführliche Darstellung, wie das Praxisprojekt konzipiert und am letzten Kurstag präsentiert werden soll. Ihnen wird angeboten, dass an den Hospitationstagen auch Zeit besteht, die Ideen und die Fragen zum Praxisprojekt zu besprechen.

Seminarblock 4:
Präsentation des Praxisprojekts

Bei dem abschließenden vierten Seminarblock stehen die erarbeiteten „Lehreinheiten" der Kursteilnehmenden im Zentrum. Die Präsentation und die Beratung darüber findet in einer Workshopatmosphäre statt, so dass kein „Prüfungsstress" aufkommen kann. Eine Präsentation soll maximal 15 Minuten dauern. Vorgestellt wird eine Umweltbildungseinheit, die zwischen einer und drei Stunden (aber nicht mehr) umfassen soll. Die Präsentation soll einen Ablaufplan enthalten, der den Verlauf der Umweltbildungseinheit mit Zeitangaben einschließt. Es sollen auch Informationen gegeben werden über bei der Vorbereitung verwendete Materialien und Methoden. Die meisten Teilnehmenden haben im Vorfeld ihr Praxisprojekt gut vorbereitet und teilweise bereits Plakate oder Handzettel mit dem Aufbau ihres Konzepts erstellt, Material für die Kursteilnehmerinnen/-teilnehmer (wie es später auch die Kinder erhalten sollten) bzw.

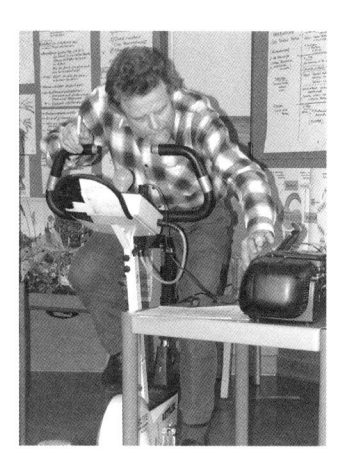

anschauliche Werkstücke mitgebracht (Schädel eines Tiers, Werkzeug, Material für Solarkocher usw.).

Abschlussveranstaltung zum 1. Lehrgang

Der Lehrgang endet mit einem vom Staatlichen Schulamt und dem *Generationennetzwerk Umwelt* anerkannten offiziellen Zertifikat. Zum Abschluss veranstaltet das Ökologische Schullandheim eine Feierstunde, bei der den Kursteilnehmerinnen und -teilnehmern die Zertifikate überreicht werden. Sie sollen quasi als „Eintrittskarte" in die Referententätigkeit an Ganztagsschulen dienen.

Der Kurs wurde in der Modelllaufzeit des *Generationennetzwerks Umwelt* zweimal erfolgreich durchgeführt, bisher wurden 25 Senioren-Referenten ausgebildet. Beigetragen zum Erfolg hat u.a. die Schlüssigkeit des Konzepts, das sich am Profil des Ökologischen Schullandheims – Zentrum für praxisnahe Umweltbildung Licherode orientiert. Als wesentlich erwies sich zudem, dass sich theoretische und praktische Einheiten an den einzelnen Kurstagen die Waage hielten. Nicht zuletzt sind außerdem die Atmosphäre der Einrichtung und die gute Verpflegung von den Teilnehmerinnen und Teilnehmern als besonders positiv wahrgenommen worden.

> Seminare, Hospitationen und individuelle Beratung: Die Seniorinnen und Senioren werden in Theorie und Praxis auf „ihren Einsatz" vorbereitet.

Engagierte Seniorinnen und Senioren

In Licherode ist sehr schnell deutlich geworden, dass das Angebot eine Lücke im Fortbildungsbedarf von Älteren schließt. Bereits bei der Informationsveranstaltung für den ersten Kursdurchlauf wurde aus den Äußerungen der Anwesenden ersichtlich, dass viele auf ein solches Angebot „gewartet" hatten. Viel Zustimmung fand zum einen die bereits im Konzept ersichtliche Anerkennung vorhandener Kompetenz. Zum anderen wurde aber auch offensichtlich, dass sich eine Reihe von interessierten Personen in einer Phase der Neuorientierung oder sogar „Aufbruchstimmung" befanden und aus diesem Grund das Qualifizierungsangebot gerne annahmen. Sie hatten das Gefühl, durch einen solchen Kurs eine neue persönliche Perspektive entwickeln oder konkretisieren zu können.

In den Kursen selbst zeigte sich eine sehr hohe Motivation der Beteiligten. An den Kurstagen waren fast immer alle anwesend; es gab keine Abbrüche, die in nachlassender Motivation begründet waren (eine krankheitsbedingte Aufgabe und eine aus beruflichen Gründen). Insgesamt ist hervorzuheben, dass die Teilnehmerinnen und Teilnehmer die verschiedenen Übungen, Aufgaben und auch Spiele mit Begeisterung aufgenommen haben und sie sehr offen für ihnen bisher unbekannte Methoden waren.

Der Kurs umfasste Teilnehmende in einer Altersspanne zwischen 49 und 70 Jahren und damit auch eine Gruppe von interessierten Personen, die ursprünglich nicht intendiert war. So äußerten einzelne Personen, dass sie sich für den Kurs auch wegen einer möglichen neuen beruflichen Tätigkeit (oder auch Nebentätigkeit) interessieren. Neben der Altersspanne zeigte sich unter den Teilnehmenden ein großes berufliches Spektrum, wobei Berufe mit akademischen Abschlüssen nur wenig vertreten waren.

Die Teilnehmerinnen und Teilnehmer waren mit dem Kursangebot sehr zufrieden. Sowohl in den Gesprächen während der Kurstage als auch in der abschließenden schriftlichen Bewertung heben die Teilnehmerinnen und Teilnehmer immer wieder hervor, dass sie viel lernen konnten, z.B. wie Kindern ein Thema vermittelt werden kann. Typisch ist die Aussage eines Teilnehmers, der bereits vor dem Kurs Führungen und ähnliches veranstaltet hatte. Er betont am Ende des Kurses: „Eigentlich dachte ich, dass ich meine Sache schon sehr gut mache. Dem entsprechend hatte ich eigentlich keine so großen Erwartungen an diesen Kurs. Aber nun werde ich vieles von dem hier Gelernten nutzen, um Kindern und Jugendlichen noch besser etwas über mein Steckenpferd – die Ornithologie – vermitteln zu können." Bemerkenswert erscheint zudem die Aussage einer Teilnehmerin, der besonders gut die „Erfahrung und Bestätigung selbst noch Lernen zu wollen und zu können" gefallen hat.

> Die Schlüssel zum Erfolg: ein ausgereiftes Konzept, das an den Kompetenzen der Älteren anknüpft, eine angenehme Lernatmosphäre und begeisterungsfähige Seniorinnen und Senioren.

Aus der Sicht der Teilnehmerinnen und Teilnehmer hat auch die ansprechende und gute Atmosphäre des Umweltzentrums eine sehr große Bedeutung. So werden z.B. mit Aussagen zur „freundlichen Art des pädagogischen Teams" sowie zur „wohltuenden Umgebung und Atmosphäre" zwei weitere Aspekte einer erfolgreichen Veranstaltungsgestaltung betont.

In der schriftlichen Befragung konnten die Teilnehmerinnen und Teilnehmer die Kursgestaltung auf einer Skala von 1 (= stimme voll und ganz zu) bis 5 (= stimme gar nicht zu) beurteilen. Die höchste Zustimmung (Durchschnitt zwischen 1,1 bis 1,6) erhielten die Aussagen „die Vermittlung war anschaulich", „Informationen waren interessant", „Verhältnis von Theorie und Praxis war angemessen" und „das Einbringen von Anregungen und Kritik war möglich". Allein die Möglichkeit, eigene Erfahrungen in den Kurs einzubringen, wird von den Teilnehmenden ein wenig schlechter beurteilt.

Ziel des Ökologischen Schullandheims ist es nicht nur, Menschen für ein freiwilliges Engagement an Schulen zu interessieren und zu qualifizieren, sondern die sogenannten „Senior-Experten" sollen auch erfolgreich als außerschulische Experten in den schulischen Bildungsbetrieb eingegliedert werden. Von daher ist es als großer Erfolg zu werten, dass sich 23 der 25 Teilnehmerinnen und Teilnehmer letztlich zur Aufnahme in die Senioren-Referentendatei bereit erklärt haben. Entsprechende Listen mit den Kompetenzen und Angeboten der Referentinnen und Referenten finden sich im Bildungsportal der Lernenden Regionen Hersfeld-Rotenburg/Werra-Meißner und auf der Homepage des Licheröder Umweltzentrums (www.oekologische-bildung.de).

Veränderungen in der Einrichtung und Zukunftsperspektiven

Das Ökologische Schullandheim hat sich durch die dreijährige Mitwirkung im bundesweiten *Generationennetzwerk Umwelt* in vielen Bereichen verändert und weiterentwickelt. Hier die wichtigsten Aspekte:

- Die bisher ausgebildeten „Senior-Referenten" weisen ein erstaunlich hohes Maß an persönlicher Bindung an das Ökologische Schullandheim auf. Hieraus werden sich für Licherode eine ganze Reihe neuer und hilfreicher Partnerschaften entwickeln.
- Das Licheröder Projektteam hat die im *Generationennetzwerk Umwelt* entwickelte Projektidee zielgerichtet, engagiert und professionell umgesetzt. Dies hat das Selbstvertrauen der Einrichtung gestärkt und gibt zudem Rückenwind für die angestrebte Beteiligung an weiteren Modellvorhaben.
- Das Konzept für den Umwelttrainerschein hat gerade in der näheren Region ein hohes Maß an Aufmerksamkeit und Zustimmung gefunden. Die regionale Akzeptanz des Ökologischen Schullandheims Licherode konnte so noch einmal erheblich verbessert werden.
- Die erfolgreiche Arbeit an generationenübergreifenden Bildungskonzepten war einer der wesentlichen Gründe für die Auszeichnung des Ökologischen Schullandheims als offizielles Modellprojekt für die UN-Weltdekade „Bildung für nachhaltige Entwicklung".
- Die Einrichtung hat sich als Anbieter für generationenübergreifende Bildungsangebote bewährt und profiliert. Dies bedeutet einen weiteren wichtigen Schritt auf dem Weg vom Schullandheim zum Umweltbildungszentrum.
- Die Qualifizierungsmaßnahmen für „Senioren als Umwelttrainer an Ganztagsschulen" sind Bestandteil eines neuen Kooperationsvertrages, den Licherode mit dem Hessischen Kultusministerium abgeschlossen hat.

Das Konzept „Umweltrainer-Zertifikat für Senioren" wurde 2006 in Stuttgart mit dem Otto-Mühlschlegel-Preis „Zukunft Alter" der Robert-Bosch-Stiftung ausgezeichnet. Der renommierte Preis wird an Projekte vergeben, die „ältere Menschen einladen und ihnen Raum geben, ihr Wissen, ihr Können und ihre Fertigkeiten in gesellschaftlich verantwortungsvollem Handeln für das Gemeinwesen einzubringen."

Das Ökologische Schullandheim wird auf dem im *Generationennetzwerk Umwelt* eingeschlagenen Weg weitergehen. So sollen die Qualifizierungslehrgänge für „Senior-Umwelttrainer" zum dauerhaften Angebot im Licheröder Seminarprogramm werden. Über Beratungen und Multiplikatoren-Seminare soll das Konzept des Zertifikatslehrgangs zudem an andere Einrichtungen weiter gegeben werden. Die erfolgreiche Einbindung der Senior-Referenten an Schulen wird in neuen Modellvorhaben erfolgen und begleitet untersucht (siehe „Sicherung der Nachhaltigkeit").

Öffentlichkeitsarbeit und Medienresonanz

Die Einladung der Seniorinnen und Senioren zur Teilnahme am Kurs erfolgte hauptsächlich über die örtlichen Medien sowie über den eigenen Verteiler der Einrichtung. Beide Wege haben sich als sinnvoll erwiesen, wie eine Befragung der Teilnehmerinnen und Teilnehmer zeigte. Einen wesentlichen Beitrag für den großen Zuspruch seitens der Teilnehmenden hat auch die Durchführung der Informationsveranstaltung geleistet. Sie ermöglichte den am Kurs interessierten Personen sich einen unverbindlichen Eindruck von der angebotenen Maßnahme zu machen.

Das Licheröder Projekt „Umwelttrainerschein für Senioren" hat große bundesweite Resonanz hervorgerufen, so wurde u. a. in der Frankfurter Rundschau und im Hessischen Fernsehen ausführlich über den Lehrgang berichtet. Mittlerweile haben Bildungsträger aus verschiedenen Bundesländern Interesse am Konzept angemeldet.

Sicherung der Nachhaltigkeit

Das Ökologische Schullandheim Licherode ist zunächst davon ausgegangen, dass die zentrale Aufgabe darin besteht, Seniorinnen und Senioren mit besonderen Qualitäten zu identifizieren und zu qualifizieren. Im Projektverlauf wurde jedoch immer deutlicher, dass ein ganz entscheidender Schritt dann erst noch kommt. Denn bei im weiteren Sinne vergleichbaren Projekten ergaben sich große Probleme bei der praktischen Einbindung der externen Expertinnen und Experten in die Bildungsarbeit. Die Nachfrage der Schulen oder auch die Beteiligung der Referentinnen und Referenten bröckelte nach einiger Zeit ab. Viele gut gemeinte Konzepte zur Integration Ehrenamtlicher an Schulen sind in der konkreten Umsetzung z.B. an mangelnder Koordination oder unzureichenden Kooperationsstrukturen gescheitert.

Welche Faktoren lassen die Einbindung von qualifizierten und engagementwilligen Seniorinnen und Senioren in die Umweltbildungsarbeit zu einem dauerhaften Erfolg werden? Dieser zentralen Frage will das Licheröder Umweltbildungszentrum in einem weiteren auf zwei Jahre angelegten Modellversuch nachgehen, der voraussichtlich ebenfalls vom Institut für Entwicklungsplanung und Strukturforschung wissenschaftlich untersucht und beraten wird.

Dabei soll der Einsatz der ausgebildeten Senioren-Referenten an regionalen Schulen konzeptionell und professionell begleitet werden. Die Referentinnen und Referenten dürfen in ihrem neuen Tätigkeitsbereich nicht allein gelassen werden. Es bedarf eines ganzen Bündels flankierender und absichernder Begleitmaßnahmen. Licherode hat erste Hypothesen für sinnvolle Maßnahmen entwickelt, hier einige konkrete Beispiele:

- Enge Bindung an regionale Partnerschulen und Kindergärten;
- Verantwortliche und feste Partner an den Schulen und Kindergärten;

> Zertifikat und dann?
> Zu prüfen ist, welche Bedingungen eine Einbindung von älteren Freiwilligen an Schulen langfristig gewährleisten.

- „Supervision" der Referentinnen und Referenten unter Einbeziehung der Schulrealität;
- Organisation von „Einführungsterminen" an den Schulen und Kindergärten;
- Fachliche Begleitung der Referentinnen und Referenten bei ersten Unterrichtseinsätzen;
- Praktische Beratung bei aktuellen Problemen („Telefon-Service");
- Hospitation in den Schulen/Kindergärten und in Licherode;
- Veranstaltungen zur Auffrischung und weiteren Fortbildung.

Die in Licherode geplante Entwicklung, Erprobung und Evaluierung solcher Stützungsmaßnahmen ist für den langfristigen Erfolg von generationenübergreifenden Bildungsprojekten von nicht zu unterschätzender Bedeutung.

Praxistipps

1 Praxistipp

Auf den richtigen „Mix" kommt es an

Die Verknüpfung von theoretischen Grundlagen mit praktischen Übungen hat sich bei der Qualifizierung von Seniorinnen und Senioren bewährt. Es zeigt sich, dass Ältere offen sind für neue Lernformen und -erfahrungen. Durch die Einbeziehung von praktischen Übungen werden u.a. auch wichtige Grundlagen für die Entwicklung eigener Projekte gelegt (siehe z.B. Vermittlung von Mind-Maping als unterstützende Methode bei der Konzeptentwicklung).

2 Praxistipp

Hospitationen geben Einblick in die Praxis

Über Hospitationen gewinnen Seniorinnen und Senioren einen praktischen Einblick in die Arbeit mit Kindern. Zudem bahnen Hospitationen den Weg für eine langfristige Kooperation mit Schulen.

Eine gute Atmosphäre schaffen

3

Zum Gelingen einer erfolgreichen Qualifizierungsmaßnahme trägt auch eine gute Atmosphäre in der Einrichtung maßgeblich bei.

Praxistipp

Einbindung von Ehrenamtlichen in Schulen braucht Begleitung

4

Der Prozess der Einbindung von ausgebildeten Seniorinnen und Senioren in Schulen erfordert Begleitung und Beratung für die neuen Ehrenamtlichen ebenso wie für die Schulen (siehe Sicherung der Nachhaltigkeit).

Praxistipp

Kontakt

Klaus Adamaschek
Leiter des Umweltbildungszentrums Licherode und
Mitarbeiter des Hessischen Amts für Lehrerbildung

Ökologisches Schullandheim Licherode –
Zentrum für praxisnahe Umweltbildung
Lindenstr. 14
36211 Alheim-Licherode
Telefon: 05664/9486-0
Fax: 05664/9486-40
E-Mail: oekonetz.licherode@t-online.de
Internet: www.oekonetz-licherode.de

Praxisberichte der Lernwerkstätten

Einrichtungen der Erwachsenenbildung und Seniorenarbeit

Katholische Erwachsenenbildung Niedersachsen – Bildungswerk Lingen

Projektebüro „Dialog der Generationen", Berlin

Zentrum Aktiver Bürger, Nürnberg

Zentrum für Allgemeine Wissenschaftliche Weiterbildung der Universität Ulm

Katholische Erwachsenenbildung Niedersachsen – Bildungswerk Lingen

Gisela Bolmer

Katholische Erwachsenen*bildung*

Das Bildungswerk der Katholischen Erwachsenenbildung (KEB) Lingen hat Ältere mit Kompetenzen zu umwelt- und naturbezogenen Themen eingeladen, neue Angebote der Umweltbildung zu entwickeln. Entstanden ist eine sehr aktive Arbeitsgruppe von Männern, die mit professioneller Begleitung und Unterstützung das Projekt „Was Großvater noch weiß" entwickelt hat. Kindertagesstätten in der Region bekommen umweltpädagogische Ausflüge „ohne großen Aufwand" angeboten. Aus dem intensiven Austausch untereinander und mit den Jüngeren sind außerdem Erzählnachmittage und -abende für an Natur- und Heimatgeschichten interessierte Menschen in der Region entstanden.

Profil der Einrichtung

Als vor fast 30 Jahren die Katholische Erwachsenenbildung Lingen e.V. (kurz KEB) gegründet wurde, war ihr Ziel, in möglichst vielen Orten im damaligen Landkreis Lingen Bildungsveranstaltungen anzubieten, die den Menschen Antworten auf die damals wichtigen Fragen der Zeit geben sollten. Das Ziel ist im Wesentlichen geblieben, allerdings haben sich die Fragen und die Methoden in der Beantwortung der Fragen deutlich verändert. Im Vordergrund stehen heute für die KEB Lingen die Bedürfnisse der jungen Familien mit ihren Lebens- und Erziehungsfragen, das Miteinander der jungen und alten Generationen (Mehrgenerationenhäuser im klassischen Sinne sind im Landkreis noch weit verbreitet) sowie Angebote in der beruflichen Bildung z.B. Erzieherinnenfortbildung. Gelernt wird nach wie vor überwiegend dort, wo die Menschen leben: in den Kirchengemeinden vor Ort, dem ortsansässigen Kindergarten oder Pfarrheim, im Computerraum oder der Lehrküche der örtlichen Schule. Die KEB will mit ihren Angeboten die Menschen vor Ort in ihren Lebensräumen ansprechen. So können z.B. die Eltern-Kind-Gruppen in ihren Räumen bleiben, und die Referentin kommt zu ihnen.

Die KEB Lingen ist mit nur einer „halben" Pädagogin eine der kleinsten Geschäftsstellen der KEB in Niedersachsen. Das recht ansehnliche Programmangebot entsteht in weiten Teilen durch die Mitarbeit ehrenamtlicher Arbeitskreisleiterinnen und -leiter in den Gemeinden. Vor Ort werden die Bildungsbedürfnisse der Gruppen und Verbände zusammengetragen und dann unter professioneller Leitung zu einem umfassenden Programm entwickelt. Die Zusammenarbeit mit Ehrenamtlichen sowohl in der Leitung (als Vorstand im Verein KEB) wie eben auch als örtliche Planungsbeauftragte sichert auf allen Ebenen den Kontakt zu den „Endverbraucherinnen und -verbrauchern" wie vor allem auch eine lebensweltliche Orientierung in den Konzepten der Bildungsplanung.

Die Katholische Erwachsenenbildung Lingen e.V. ist Mitglied der Kath. Erwachsenenbildung Niedersachsen e.V. und damit eine nach dem Erwachsenenbildungsgesetz anerkannte Landeseinrichtung der Erwachsenenbildung. Dieses Gesetz schafft die Rahmenbedingung für die Arbeit und einen Teil der Finanzierung der KEB Lingen. Weitere Einnahmequellen sind Teilnahmegebühren und Zuschüsse aus den Kommunen. Zunehmende Bedeutung für die Finanzierung auch innovativer Maßnahmen erhalten Drittmittel für spezielle Projekte sowie Sponsoren. Nicht zu vergessen sind Mittel des Bistums Osnabrück, das die Arbeit der KEB noch einmal in besonderer Weise fördert.

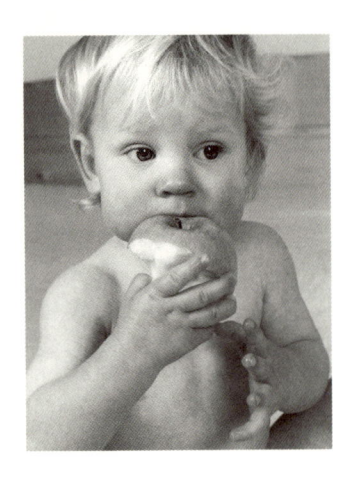

Ausgangslage

In der dialogischen Entwicklung von Bildungsangebot und -nachfrage gab es in der Vergangenheit bereits verschiedene Ansätze, Umweltfragen im Rahmen der Arbeit des Bildungswerks Lingen zu thematisieren. So wurden z.B. in Kooperation mit dem Landkreis Umweltberaterinnen qualifiziert, die seinerzeit die „gelben Müllsäcke" bekannt machten. Bereits seit längerem besteht Kontakt zum örtlichen NABU. Die dort tätige Biologin ist Expertin für Kräuterkunde und Naturführungen. Auf ihre Angebote lassen sich ausgewählte Zielgruppen des Bildungswerks wie z.B. Frauengruppen der über 50-Jährigen oder Eltern-Kind-Gruppen gerne ein. Ein sehr erfolgreiches Projekt des Bildungswerks firmierte unter dem Titel „ökologischer Kindergarten", in dem gezeigt werden konnte, wie sich u.a. durch die Einbeziehung der Beteiligten (Eltern, Erzieherinnen und Erzieher) mit verhältnismäßig geringem Materialaufwand naturnahe Außenspielbereiche in Kindergärten gestalten lassen.

Einen weiteren Anknüpfungspunkt zu ökologischen Fragestellungen bieten zudem hauswirtschaftliche Projekte, die schon immer einen festen Bestandteil im Programm der KEB darstellen. So hat beispielsweise die Aktion „7 Wochen regional" in Kooperation mit anderen diözesanen Bildungsträgern zu nachhaltigen Veränderungen in den Speisekarten einiger Bildungshäuser und Kindergärten geführt.

Insgesamt ist die globale Diskussion um die Zukunft der Schöpfung ein wichtiges Thema für das Bildungswerk Lingen. Allerdings zeigen die Entwicklungen der letzten Jahre bei den Umweltthemen ein abnehmendes Interesse bei den Nutzerinnen und Nutzern der Angebote. Mit Besorgnis nimmt das Bildungswerk zur Kenntnis, dass zu Umweltthemen und zur Umsetzung der Agenda 21 zwar in hochkompetenten Zirkeln wichtige Diskussionen geführt werden, diese aber kaum einen Dialog mit der allgemeinen Bevölkerung zulassen.

Eine Mitarbeit im *Generationennetzwerk Umwelt* ließ somit hoffen, das Thema Ökologie und Naturschutz – anknüpfend an die geschilderten positiven Projekterfahrungen – auf eine praktische Art und Weise wieder in die Diskussion zu bringen. Als förderlich für die Entwicklung von entsprechenden neuen Angeboten und Projekten wurden die vielfältigen Erfahrungen in der Zusammenarbeit mit Ehrenamtlichen gesehen: Ehrenamtliche Strukturen sind – wie bereits erwähnt – eine der tragenden Säulen der KEB. Neben der eigenen auf Ehrenamtlichkeit basierenden Vereinsstruktur gibt es vielfältige Kooperationen mit ebenfalls ehrenamtlich geführten Gruppen und Vereinen.

Für das Bildungswerk war von Anfang klar, dass die Gewinnung von Teilnehmenden eine besondere Herausforderung bei der Beteiligung an diesem Modellprogramm mit sich bringen würde. Die klassische Zielgruppe der KEB sind mit über 90 % Frauen (junge Mütter, kfd-Gruppen (Kath. Frauengemeinschaft Deutschlands), Seniorenkreise, Erzieherinnen, Altenpflegerinnen und -helferinnen, Ehrenamtliche in der Kirche). Der Anspruch des Programms, auch Kompetenz abzurufen, die im Beruf erworben wurde, bedeutet in einem ländlichen Raum wie dem Emsland, dass sich vor allem Männer als Zielgruppe angesprochen fühlen würden. Allerdings war den Projektbeteiligten der KEB auch klar, dass neben der Zielgruppe der Ruheständler, die im Beruf Kompetenzen für Umwelt- und Naturschutzthemen erworben haben, nach Möglichkeit auch Frauen mit Kompetenzen aus Familientätigkeit und Lebenswissen angesprochen und einbezogen werden sollten.

> Die KEB – als Anbieter von Bildungsveranstaltungen für die unterschiedlichen Generationen – zielt darauf ab, das Interesse ihrer Nutzerinnen und Nutzer an Umweltthemen wieder zu wecken.

Ein weiteres Novum implizierte die Projektausschreibung: die große Offenheit. Im Bildungswerk sind zwar umfassende Erfahrungen mit einer teilnehmerorientierten Bildungsarbeit vorhanden, eine teilnehmerorientierte Projektentwicklung stellte jedoch eine neue weitergehende Herausforderung dar. Was zunächst einfach nur spannend schien – nämlich aus der Projektgruppe heraus ein konkretes Tätigkeitsfeld zu entwickeln – erforderte im weiteren Verlauf den einen oder anderen didaktischen Kunstgriff, um die unterschiedlichen Erwartungen und Charaktere der offenen Gruppe zu bündeln und zu einem homogenen Projektauftrag zusammen zu führen.

Startphase

Zwei Voraussetzung sollten die Projektteilnehmerinnen und -teilnehmer mitbringen: sie sollten das Rentenalter erreicht haben und Erfahrungen mitbringen, die sich für Umweltthemen nutzen ließen. Also schien es sinnvoll, einige größere ortsansässige Firmen anzuschreiben, die potenzielle oder tatsächlich in Frage kommende Pensionäre/Rentner vermitteln konnten. Das Anschreiben ging an die Kreisverwaltung, an die Erdölraffinerie der Wintershall und einige kleinere Unternehmen. Zusätzlich lancierte das Bildungswerk einen Presseartikel in der Lingener Tagespost und in einer Werbezeitung, die regelmäßig am Sonntag erscheint. Diese beiden Werbeträger erwiesen sich auch als effektiv. Die Personalabteilung des Landkreises Emsland verwies auf einen Pensionär, der sicher interessiert sei. Alle weiteren Teilnehmer meldeten sich auf die Pressemitteilung hin.

Wenig ergiebig waren Kontaktbesuche bei Gruppen oder Verbänden, z.B. Landfrauen, kfd-Gruppen. Gerade die Offenheit des Projekts, das eher unspezifische Themenspektrum schien (besonders Frauen) wenig zu animieren.

Parallel zur Werbephase schien es sinnvoll, in diesem frühen Projektstadium die fachliche Qualität zu sichern. Der bereits bestehende Kontakt zum NABU ließ sich zu einer Kooperation ausbauen. Die Dipl. Biologin Jutta Over war dann im weiteren Verlauf des Projekts vor allem in den naturwissenschaftlichen Fragen ein Garant für Kompetenz und Sicherheit. Die fachliche Beratung durch die Netzwerk-Agentur im *Generationennetzwerk Umwelt* erwies sich als besonders hilfreich. Aufgrund der Offenheit des Programms und der Neuartigkeit der Arbeitsweise, konnten dort Impulse und Anregungen eingeholt und das eigene Vorgehen immer wieder reflektiert werden. Gerade in der Startphase mit ihren kleineren und größeren „Rückschlägen" stellt eine externe Begleitung und Beratung eine wichtige Stärkung dar.

Auf die Presseartikel hin meldeten tatsächlich nur Männer Interesse an der Mitwirkung an. Es handelte sich um sehr

> Die Zusammenarbeit mit einer externen Beratung hilft bei der teilnehmerorientierten Projektentwicklung durch gemeinsame Reflexion und neue Impulse.

qualifizierte Menschen, die vormals in der Landwirtschaft, in der chemischen Industrie und auch in Behörden beschäftigt waren. Bei einer Reflexion des Pressetextes im Kreis der Kolleginnen kam die Runde zu dem Ergebnis, dass sich Begriffe wie „Ruhestand", „Berufserfahrung", „Kompetenz" und „Fachwissen" u.ä. im ländlichen Raum überwiegend auf die männliche Normalbiografie anwenden lassen. Frauen der Altersgruppe Mitte 50 bis Anfang 70 waren im Regelfall mit der Erziehung der Kinder und daran anschließend mit der Pflege der Eltern befasst. Die daraus gewonnenen Erkenntnisse und das tradierte Wissen über Haushaltsführung, Ernährung usw. werden nicht als nennenswerte und abrufbare Kenntnisse gewertet. Demzufolge meldeten sich lediglich zwei Frauen, die nur kurzfristig an der Runde teilnahmen und sich dann wieder abmeldeten.

Das Bemühen, doch noch Teilnehmerinnen zu gewinnen, zog sich durch alle Projektphasen, blieb aber ergebnislos. Wie bereits in der Startphase erwies sich das Thema für Frauen als zu offen und wenig greifbar.

Das erste Treffen zielte darauf, eine arbeitsfähige Gruppe zu bilden. Die Teilnehmer und die Projektbeteiligten des Bildungswerks sollten sich kennen lernen und die in der Gruppe vorhandenen Ressourcen entdeckt werden. Dabei wurden auch unterschiedliche Projektideen entwickelt, die aber weitgehend nicht realisierbar waren. Bei diesem ersten Treffen fand ein wichtiger Klärungsprozess für die Anwesenden statt, dem auch entsprechender Raum gegeben wurde. So hatten die Teilnehmer u.a. das Bedürfnis, sich über ihre früheren beruflichen Rollen und ihr Verständnis von Umwelt- und Naturschutzarbeit auszutauschen. Das besondere Profil dieser Teilnehmenden-Gruppe wurde offensichtlich: Menschen, die im Berufsleben Führungspositionen übernommen haben und sich ihrer Fähigkeiten bewusst sind, hatten auch in dieser Gruppe konkrete Vorstellungen davon, was sie einbringen wollen bzw. nicht möchten.

Beim zweiten Treffen schließlich gelang es, in der Gruppe einen Konsens über ein gemeinsames Vorhaben herbei zu

> Frauen, die ihre Kenntnisse und Erfahrungen hauptsächlich in der Familienarbeit erworben haben, fühlen sich von Begriffen wie „Kompetenzen", „Experten" und „Ruhestand" nicht angesprochen.

führen und in die konkrete Planung einzusteigen. Dazu wurden in einem ersten Schritt im Brainstorming mögliche Interessensgebiete und Handlungsfelder gesammelt. Diese wurden dann zu größeren Einheiten gebündelt und weiter ausgestaltet. Erst danach wurden die Ideen auf ihre Realisierbarkeit hin überprüft. Hilfreich war in diesem Prozess die Kooperation mit dem NABU. Die Kollegin konnte hier bereits konkrete Veranstaltungsangebote vorschlagen und sich als Expertin – sie ist Biologin – anbieten. Bei der abschließenden Gewichtung der Projektideen und der Prioritätensetzung spielte die Begeisterungsfähigkeit der Senioren eine große Rolle, die sich auch von dem Enthusiasmus Einzelner mitreißen ließen.

Projekte und Angebote

„Was Großvater noch weiß" – ein Angebot für Kindergärten und Schulen

In einem zentralen Anliegen waren sich alle einig: ein ausgeprägteres Bewusstsein für die Natur und eine größere Wertschätzung dessen, was uns die Natur an Gaben zur Verfügung stellt, kann nur entstehen, wenn die nachwachsenden Generationen über möglichst umfassende Kenntnisse über ökologische Zusammenhänge verfügen. Damit war die Projektidee geboren. Ein Teilnehmer hatte bereits Erfahrungen damit gesammelt, die Schulklassen seiner Enkel durch den heimischen Naturgarten zu führen. Diese Begegnungen waren für ihn sehr ermutigend. Die Kinder hatten seinen Erzählungen zugehört, viele Fragen gestellt und mitunter auch staunend vor den vielen Käfern und Früchten in seinem Garten gestanden. Für die Teilnehmer war es keine Diskriminierung, sich als Großvater zu präsentieren, sondern eher ein Spiel mit verschiedenen Rollen. Als Großväter hatten sie alle die Erfahrung gemacht, einen anderen, konstruktiven Zugang zu der Enkelgeneration zu finden. Dem Großvater dürfen andere Fragen gestellt werden als Eltern und Lehrern, der Großvater darf auch andere, mitunter phantasievollere Geschichten erzählen. Er darf belehren, ist aber befreit von der Notwendigkeit des erzieherischen Handelns.

Die versammelten Kompetenzen führten zu einer zügigen Umsetzung der Projektidee (Zitat: „Schlafen können wir später im Altersheim"). In kürzester Zeit entstand ein Konzept der Naturführungen mit den „Großvätern", das auf bereits gemachten Erfahrungen basierte. Über die Texte für ein Faltblatt, in dem das Angebot beworben wird, wurde ausgiebig diskutiert. Der ehemalige Prokurist eines Fotolabors erstellte das Layout. Erwachsenenbildnerisches Know-How war nur in Bezug auf die Werbung und die bereits vorhandenen Kontakte mit Schulen und Kindergärten gefragt. So entstand relativ bald der Flyer „Was Großvater noch weiß" – ein Angebot für Kindergärten und Schulen. So eine Führung umfasst ca. einen Vormittag, einschließlich Frühstückspause. Der Ort der Führung spielt keine Rolle. „Die Natur beginnt vor der Haustür und wo ein Grashalm wächst und Käfer krabbeln, kann man schon viel sehen und erzählen". Eine Sonderfahrt in das nächste Naturschutzgebiet soll nicht notwendig sein. Inhalt der Führung ist alles, was sich vorfindet: da werden Pflanzen und Bäume bestimmt, Käfer gesammelt und zugeordnet usw.

Mit der fachlichen Beratung durch den NABU wurde ein Naturerlebniskoffer angeschafft, der vielfältige nützliche Materialien enthält wie z.B. Lupengläser, aber auch Themenhefte mit didaktischen Hinweisen. Die NABU-Biologin Jutta Over zeigte den Großvätern dann den praktischen Einsatz der Materialien aus dem Koffer. Eine Übersicht über Tiere im Waldboden wurde vergrößert und laminiert und gehört seitdem zum festen „Ausrüstungsgegenstand" bei den Exkursionen (Man muss nun nur die Beinchen zählen und kann anhand dieser Tabelle zahlreiche Krabbel- und Kriechtiere identifizieren).

Parallel zur Entwicklung dieses Angebotes entwickelte sich bei den Teilnehmenden eine leichte Unsicherheit: Reicht unser vorhandenes Wissen, um alle Fragen beantworten zu können? Was tun, wenn ich etwas nicht weiß?

Auf zwei Ebenen wurde diesen Fragen begegnet. Die Biologin des NABU lieferte zahlreiche zusätzliche Informationen und übte mit den Senioren auch die praktische Seite einer Exkursion. Hinzu kamen Besuche in der Kräutergartenanlage einer benachbarten Gemeinde. Beides zusammen gab dann die notwendige Sicherheit, sich auf die erste Führung einzulassen, die dann mit großem Erfolg durchgeführt wurde.

Das Grundprinzip der Großväter-Führung ist die These, dass die Natur bereits vor der Haustür beginnt. Lange Busfahrten in Naturschutzgebiete müssen nicht sein. Eine Führung beginnt meist ortsnah der Einrichtung oder in der Nähe einer Wiese oder eines Waldstücks. Die Dauer einer Führung umfasst ca. 2 bis 2,5 Stunden. Es gehen in der Regel zwei Großväter mit einer Gruppe, je nach Gruppengröße können es auch mal mehr sein. Bei einer großen Gruppe von 50 Kindern gehen meistens sogar vier bis fünf Großväter mit, die die Kinder dann unterwegs in Gruppen aufteilen. Mitzubringen sind von den Kindern lediglich ihr Frühstück oder Picknick und ein Marmeladenglas mit Deckel. Die Großväter gehen, meist umringt von den Kindern, in den Wald und machen dabei auf die vielen kleinen Pflanzen und Tiere aufmerksam, die sich dort finden. Besonders ergiebig sind umgefallene Bäume. Unter den vermodernden Rinden sammeln sich zahlreiche Kleintiere, die von den Kindern gesammelt und anhand der bereits erwähnten Übersicht, die die Großväter bei sich tragen, identifiziert werden. Es wird viel erzählt, manches auch mehrfach, viel gefragt und auch gelacht. Zwischendurch gibt es eine Pause auf einem Baumstamm, einer Lichtung oder vielleicht doch einer Bank. Erstaunlicherweise gab es bisher bei allen Führungen noch keine Disziplinprobleme. Die Natur als Klassenraum oder Kindergarten und die Senioren als aufmerksame und kompetente Gesprächspartner bieten neue Lernmöglichkeiten auch für unkonzentrierte und unmotivierte Kinder.

> „Die Natur beginnt vor der Haustür!" Das Wissen und die Offenheit der Senioren erreichen oft auch unmotivierte und unkonzentrierte Kinder.

Erzählabend

Mit der gleichen Dynamik entwickelte sich gegen Ende der Modelllaufzeit des Programms der Wunsch nach einer Veranstaltung, in der die alten Geschichten und Legenden rund um Lingen im Mittelpunkt stehen. Wieder waren die bestehenden Kontakte die Basis für die Realisierung dieses Teilprojekts. Und so fand Ende Januar 2005 ein Erzählabend im Kutscherhaus des Emslandmuseums in Lingen statt. Vier Projektteilnehmer hatten sich auf das Erzählen alter Geschichten und „Dönkes" vorbereitet. Mit über 30 Besucherinnen und Besuchern war die Veranstaltung ausgesprochen gut besucht und nicht nur der Vertreter der Presse war der Meinung, man sollte einen solchen Abend öfter anbieten. Mittlerweile haben bereits zwei Autorenlesungen stattgefunden, da sich einer der Senioren als „Schreiber" (eigene Bezeichnung) entpuppte. Seine letzte Neuveröffentlichung „Die Krokodillederstiefel" wurde sehr erfolgreich bei einer Lesung in der Scheune im Ludwig-Windthorst-Haus der Öffentlichkeit vorgestellt. Weitere Angebote sind in Planung.

Perspektive der engagierten Senioren

Von dem offenen Angebot, gemeinsam mit anderen generationenübergreifende Angebote zu entwickeln, fühlten sich in Lingen in erster Linie Männer angesprochen. In den Treffen und Gesprächen der Anfangsphase standen das gegenseitige Kennenlernen und der Austausch untereinander im Vordergrund. Große Bedeutung kam der Möglichkeit zu, noch einmal über die im Beruf gewonnenen Erfahrungen und Kompetenzen nachzudenken und miteinander ins Gespräch zu kommen. Die Einladung des Bildungswerks diese Kompetenzen zu nutzen, weiter zu entwickeln und in ein neues Betätigungsfeld einzubringen, wurde als Bestätigung und Anerkennung erlebt.

> Die „Großväter" freuen sich über die Kontakte zu Kindern, die sie im familiären Rahmen aufgrund räumlicher Distanz häufig nicht erleben können.

Von Anfang an standen bei den Teilnehmern konkrete Aktivitäten im Vordergrund. So verdeutlichte ein Teilnehmer gleich zu Beginn: „Hier sollten keine Papiere geschrieben werden, denn ich möchte gerne aktiv werden." Die Idee, ein Angebot für Kinder zu entwickeln, um ihr Umweltbewusstsein zu schärfen, stieß in der Gruppe schnell auf Konsens. Für die sehr aktiven Großväter wird damit auch ein „missionarisches" Interesse umgesetzt. „Wenn die Kinder mehr über die Natur und Umwelt wissen, gehen sie auch sorgfältiger damit um", ist die einhellige Meinung der Senioren. Der Umgang mit den Kindern spiegelt zudem ihre private Situation als Großväter wieder. Die eigenen Enkelkinder leben zu einem großen Teil weit entfernt. Damit ist dieses Angebot auch ein Ersatz für die Großvater-Rolle im familiären Bereich. Und: „Wir wollen nicht belehren, sondern entdecken helfen". Diese Entdeckerfreude wird mit jeder Führung auch in den Senioren neu geweckt.

Veränderungen in der Einrichtung

Im Emsland leben nach wie vor viele Familien zusammen im Mehrgenerationenhaushalt. Dass dieses Netzwerk zu funktionieren scheint, lassen manche Statistiken durchblicken. So ist der Bedarf an Tagesmüttern und Tagesbetreuung für Kinder relativ niedrig, weil Großeltern diese Aufgabe häufig übernehmen. Im Gegenzug werden viele alte Menschen zu Hause gepflegt und versorgt. Natürlich verläuft dieses Miteinander nicht immer reibungslos. Es gibt regelmäßige Angebote zum Thema „Jung und alt unter einem Dach". Der Ansatz des *Generationennetzwerks Umwelt* hat in diesem Angebotssegment einen neuen Akzent gesetzt. Das gezielte und strukturierte Miteinander von Senioren und Kindern ist eine neue Angebotsform. Inhaltlich ist der Schwerpunkt durch das Thema Umwelt und Naturschutz zwar festgelegt, eröffnet aber auch neue Gestaltungsmöglichkeiten.

Das Angebot „Was Großvater noch weiß" bot die Chance, mit einem neuen Angebot an bereits bewährte Kooperationspartner oder „Kunden" heran zu treten. Damit konnte sich die KEB Lingen der Gruppe der Kindergärten und Grundschulen mit einem neu geschärften Profil darbieten und gewissermaßen ein neues Marktsegment anbieten.

Die intensivierte Kooperation mit dem NABU führte im Verlauf des Projekts ebenfalls zu einer Bereicherung des KEB-Programms. Die wechselseitig sehr positive Beziehung spiegelte sich auch in gegenseitiger Unterstützung bei der Werbung wie auch bei Veranstaltungen des NABU, die nun punktuell in Zusammenarbeit angeboten werden. Beide Einrichtungen profitieren von dieser Zusammenarbeit, da jeweils wechselseitig neue Zielgruppen erreicht werden können.

> Kooperationen von Bildungs- und Naturschutzeinrichtungen wirken sich insbesondere auf die Ansprache der Zielgruppe positiv aus.

Ansätze einer weiteren Kooperation bietet der Kräutergarten in Emsbüren. Diese Anlage wurde seinerzeit ebenfalls mit Projektmitteln u.a. der DBU angelegt und wird nun überwiegend ehrenamtlich geführt werden. Der Kräutergarten Emsbüren war für die Großväter ein Lernfeld für heimische Wildkräuter und Pflanzen. Vor Ort entwickelten sich fachliche Dispute über die Charakterisierung einzelner Kräuterarten zwischen den Senioren, der Biologin des NABU und der Führung im Kräutergarten. Dieser Kräutergarten wird auch in Zukunft ein Ort sein, an dem sich Pflanzenkunde vertiefen lässt oder weitere Führungen angeboten werden können.

Öffentlichkeitsarbeit und Medienresonanz

Das öffentliche Interesse war sehr unterschiedlich. Die ersten Ankündigungen und Werbung für Projektteilnehmer wurde erstaunlich vollständig gedruckt. Da gab es sogar Rückrufe von Interessierten, die sich auf Annoncen in Zeitungen meldeten, die vom Bildungswerk gar nicht angeschrieben worden waren. Durch den persönlichen Kontakt zur Presse gab es auch eine sehr gelungene Berichterstattung über das erste „Großvater"-Projekt.

Auf weniger Resonanz stieß eine Sendung der Ems-Vechte-Welle (der örtliche Bürgerfunk). Mit Frau Over (NABU), Herrn Schüder (Teilnehmer) sowie mir und der Moderatorin wurde eine knapp einstündige Sendung gestaltet. Der Radioauftritt selber war zwar auch eine interessante Erfahrung, brachte aber kaum Hörerreaktionen.

Berichte über das Projekt in anderen Gruppen und Vereinen führten durchaus zu Ermutigung und Anerkennung, aber kaum zu spürbarem Interesse an einer Zusammenarbeit oder Unterstützung.

Nachhaltigkeit der Projekte

Das *Generationennetzwerk Umwelt* ermöglicht durch seine Struktur gute Chancen zur Weiterführung auch nach Ende der Modelllaufzeit. Die Modelllaufzeit hatte eine „Anschubfunktion", in der die personelle und sachliche Ausstattung aufgebaut werden konnte.

Die KEB Lingen wird mit der Projektgruppe weiterarbeiten und das Angebot „Was Großvater noch weiß" weiterführen. Aufgrund der Ehrenamtlichkeit wird sich diese Maßnahme mit den Mitteln des NEBG (Niedersächsisches Erwachsenenbildungsgesetz) weiter führen lassen. Bereits jetzt liegen weitere Anfragen von Schulen und Kindergärten vor, die eine solche naturkundliche Führung nutzen möchten.

Aufgabe wird es sein, möglichst viele der in der Projektgruppe vorhandenen Ressourcen zu nutzen. So wurde erst gegen Ende der Modelllaufzeit bekannt, dass einer der Senioren bereits Bücher geschrieben und Bildbände verfasst hat. Hier wird also bald eine Autorenlesung stattfinden.

Wie bereits oben beschrieben, ist es Aufgabe und Ziel katholischer Bildungsarbeit, Menschen an den Schnittstellen ihrer Biografien zu begleiten und in der Bewältigung von

Umbruchsituationen zu unterstützen. Dies wird in Zukunft vorrangig eine Aufgabe im größeren Kontext der bisherigen Seniorenbildung sein. Neuere politische und soziologische Konzepte sehen aber bereits die Notwendigkeit der Verzahnung der Generationen (s. z.B. in Niedersachsen, „Mehrgenerationenhaus"). Für die alltägliche Planung der KEB ist das *Generationennetzwerk Umwelt* ein Einstieg in generationenübergreifende Bildungsarbeit. Hier konnten erste Erfahrungen systematisiert und reflektiert werden.

Besondere Bedeutung kommt dabei der bereits erwähnten „Anschubfunktion" zu. Dabei spielt nicht nur die Einstiegsfinanzierung eine Rolle, sondern auch die inhaltliche Auseinandersetzung mit soziologischen und gerontologischen Erkenntnissen. Damit ist eine Basis geschaffen für weitere innovative Bildungsarbeit in diesem Feld.

Praxistipps

Über die Presse für die Angebote werben

Die effektivste Werbung scheint die Presse zu sein und hier die zunehmend erscheinenden kostenlosen Anzeigenblätter (vor allem Sonntags). Plakate, Flyer u.ä. werden nicht so sehr zur Kenntnis genommen, wirken eher als Erinnerung.

Inhaltliche Ziele vorgeben

Zu große Offenheit führt bei den älteren Teilnehmerinnen und Teilnehmern leicht zu einer Verunsicherung oder zu der Einschätzung „die wissen selbst nicht, was sie wollen". Es ist leichter, eine vorgegebene Zielstellung zu modifizieren, als ganz ohne Ideen und Anregungen in der offenen Runde Potenziale zu entdecken und zur Entwicklung zu verhelfen.

Kontinuierliche Begleitung der Gruppe sichern

Die Kompetenzen der Einzelnen treten eher zu Tage, wenn sich durch eine konstante Gruppenleitung/Kursbegleitung Beziehungen aufbauen, die die nötige Sicherheit vermitteln.

4 Praxistipp

Auf die Sprache achten

Bei der Werbung spielen sprachliche Formulierungen eine große Rolle. Wenn z.B. in der Ausschreibung nach „Experten" gefragt wird, melden sich kaum Frauen. Am besten sollte eine völlig unbeteiligte Person den werbenden Text gegenlesen und überprüfen, ob der einladende Charakter wie beabsichtigt „rüber kommt".

5 Praxistipp

Externe Beratung einholen

Zahlreiche praktische Tipps hat das Bildungswerk Lingen im Projektverlauf von den Kooperationspartnern bekommen. Fachliche Kompetenz lässt sich bei Naturschutzverbänden abfragen aber auch bei anderen Bildungsträgern oder – wie bei unserem Projekt – von der Netzwerk-Agentur. Mit Kooperationspartnern wird häufig das kreative Potenzial größer und es schützt vor „Betriebsblindheit".

Kontakt

Dipl. Päd. Gisela Bolmer
Geschäftsführerin und pädagogische Leiterin
der KEB Lingen e.V.
Bürozeiten: 8.30-12.00 Uhr

KEB Niedersachsen
Bildungswerk Lingen
Gerhard-Kues-Straße 16
49808 Lingen
Telefon: 0591/6102-202
Fax: 0591/6102-255
E-Mail: bolmer@keb-emsland.de
Internet: keb-emsland.de

Projektebüro „Dialog der Generationen"

Berlin

Volker Amrhein

Das Projektebüro „Dialog der Generationen" in Berlin hat im Zuge seiner Mitwirkung im Generationennetzwerk Umwelt auf verschiedenen Ebenen gearbeitet. Zum einen wurden entstehende Projekte in Ostdeutschland durch die Vermittlung von Kontakten und die Organisation von Erfahrungsaustausch in ihrer Entwicklung unterstützt. Zum anderen sorgte das Projektebüro über seine Regionalgruppentreffen dafür, die Idee der generationenübergreifenden Projektansätze im Umwelt- und Naturschutzbereich an interessierte Gruppen, Kommunen und sonstige Akteure zu verbreiten. Durch die Präsentation generationenübergreifender Ansätze in der Naturschutzarbeit und der Umweltbildung auf der bundesweiten Ebene konnten Unterschiede und Gemeinsamkeiten zwischen den Ehrenamtsbereichen in den Blick genommen werden. Darüber hinaus hat das Projektebüro im Rahmen seiner europäischen Vernetzungsaktivitäten dem Thema generationenübergreifende Umweltbildung ein Forum verschafft.

Profil der Einrichtung

Vor dem Hintergrund einer dramatischen demographischen Entwicklung (Minderheitenlage der Jugendlichen) startete 1994 die Kampagne zur Verbesserung des Dialogs zwischen den Generationen. Im Zuge dieser Initiative des Bundesministeriums für Familie, Senioren, Frauen und Jugend entstand 1997 in Berlin das Projektebüro.

Als bundesweit operierende Serviceeinrichtung berät, begleitet und vernetzt es generationenübergreifende Projekte in ganz Deutschland. Das geschieht in Form koordinierender Maßnahmen in den einzelnen Bundesländern (Regionalgruppentreffen), durch Fort- und Weiterbildung der Akteure (Workshops, Tagungen, Kongresse) und ein

> Begleitung und Vernetzung generationenübergreifender Projekte und entsprechender Akteure national und international ist das zentrale Anliegen des Projektebüros mit seinem Service-Angebot.

breit gefächertes Service-Angebot (Datenbank, Rundschreiben, Internetauftritt). Um das Thema in die Öffentlichkeit zu tragen, werden Broschüren und Datenträger (CDs) herausgegeben, Radio- und Fernsehauftritte, vor allem aber Gremien und Veranstaltungen genutzt. Präsent ist das Projektebüro auf Jugendhilfe- und Seniorentagen und den Kongressen Soziale Arbeit, aktiv im Bundesnetzwerk Bürgerschaftliches Engagement und für den Wettbewerb „Video der Generationen".

Neben diesen Pflichtaufgaben beteiligt sich das Projektebüro an dem Programm *Generationennetzwerk Umwelt* sowie „Biffy – Big friends for Youngsters" – Große Freunde für kleine Leute (Träger: Deutsche Kinder- und Jugendstiftung, Berlin).

Im Schwerpunkt Europäische Vernetzung koordiniert das Projektebüro das entstehende Netzwerk für intergenerationelles Lernen in Europa (NIGEL), gefördert aus Mitteln der Europäischen Gemeinschaft im Rahmen des Grundtvig-Programms.

Im Bundesnetzwerk Bürgerschaftliches Engagement wirkt das Team in den Arbeitsgruppen „Qualifizierung und Schule", „Freiwilligendienste" und „Europäische Zivilgesellschaft" mit.

Auf internationaler Ebene gibt es einen aktiven Part am International Consortium for Intergenerational Programmes (ICIP), einem Zusammenschluss von Mitgliedseinrichtungen aus 120 Ländern.

Das Team besteht gegenwärtig aus zwei Vollzeit-, zwei Teilzeit-, zwei Honorarkräften und einer Praktikantin. Das Projektebüro wird gefördert durch das Bundesministerium für Familie, Senioren, Frauen und Jugend (BMFSFJ).

Das Projektebüro „Dialog der Generationen" ist Bestandteil der gemeinnützigen Pfefferwerk Stadtkultur gGmbH. Diese ist ein soziales Dienstleistungsunternehmen, deren Tätigkeitsschwerpunkte seit 1991 in den Bereichen Kinder-, Jugend- und Gemeinwesenarbeit liegen. Alleinige Gesellschafterin ist die Stiftung Pfefferwerk. Als freier Träger der

Jugendhilfe entwickelt die Pfefferwerk Stadtkultur gGmbH vielfältige integrative Angebote, die sich am Gemeinwesen orientieren und in ihren Jugendzentren, Kindertagesstätten und Nachbarschaftseinrichtungen umgesetzt werden. Offene Freizeitangebote und Ferienreisen für Kinder sind ebenso Bestandteil der Arbeit von Pfefferwerk wie die Koordinierung des Bundesmodellprojekts „Dialog der Generationen" oder die Realisierung stadtgestaltender ökologischer Projekte.

Ausgangspunkt

Das Motiv am *Generationennetzwerk Umwelt* mitzuwirken, gründet bereits im Vorläuferprogramm des Projektebüros „Begegnung intergenerativer Projekte" (BIP) 1994-97, einem Teilprojekt der Initiative des BMFSFJ zur Verbesserung des Dialogs zwischen den Generationen. Es war und ist das Anliegen, im Umweltbereich ein Betätigungsfeld für Projekte und Initiativgruppen sichtbar zu machen, dessen Attraktivität und exemplarischen Charakter das Projektebüro „Dialog der Generationen" erstmals in der Praxis und politischen Bildung eines ehemaligen Partners der BIP, der Kinder- und Jugendbildungsstätte Bahnhof Göhrde im Wendland, kennen gelernt hatte. Die Bevölkerung setzt sich in dieser Region – quer durch die Generationen – seit Jahrzehnten gegen die Errichtung eines Endlagers radioaktiven Materials zur Wehr. Dieses Engagement hat bei allen im damaligen Netzwerk beteiligten Akteuren einen tiefen Eindruck hinterlassen und zu ihrer Sensibilisierung für die Gefährdungen unserer Welt beigetragen.

Die Konstellation eines gelungenen Zusammenwirkens von Umweltschutz, politischer Bildung und generationenübergreifendem bürgerschaftlichen Engagement war das Vorbild für die Arbeit im *Generationennetzwerk Umwelt*. Es sollten ausgehend von verschiedenen Kontakten z.B. zur ZeitZeugenBörse Berlin und einem engagierten Naturschützer auf der Insel Rügen, Projekte und Initiativen für einen generationenübergreifenden Dialog zu Umweltthemen angeregt und begleitet werden. Anliegen und Ziel der Beteiligung war und ist

- inhaltliche Zugänge zum Thema Umwelt zu gewinnen,
- die Projektelandschaft des Dialogs der Generationen auf „Umweltansätze" aufmerksam zu machen,
- die Regionalgruppenarbeit zu nutzen, um ein beständiges Arbeitsfeld zu etablieren,
- Lernformen und Methoden kennen zu lernen, die die Einbindung generationenübergreifender Ansätze (in Schulen) erleichtern,
- die Förderung bzw. Bildung generationenübergreifender Arrangements im Umweltbereich zur Erprobung zivilgesellschaftlichen bzw. bürgerschaftlichen Engagements,
- Erfahrungstransfer in europäische (NIGEL – Netzwerk intergenerationelles Lernen in Europa) und internationale (ICIP – International Consortium of Intergenerational Programmes) Zusammenhänge,
- ein Austausch mit Gleichgesinnten.

Startphase

Die Startphase war gekennzeichnet durch die Aktivierung des Kontakts zur Berliner ZeitZeugenBörse, die Abstimmung mit dem rüganer Naturschützer Peter Schreiber (auf dessen mehrjährige Berufserfahrung als Bildungsreferent im Berliner Ökowerk sich das Projektebüro stützen wollte) und die Suche nach weiteren potenziellen Projektpartnern im Umfeld des Projektebüro-Netzwerks.

> Der Aufbau und Erhalt eines tragfähigen Kooperationsnetzwerks erfordert personelle und zeitliche Ressourcen.

Schon im Frühjahr 2002, kurz nach der Beteiligung des Projektebüros am Auswahlverfahren zur Mitwirkung im *Generationennetzwerk Umwelt*, wurde der Kontakt zur ZeitZeugenBörse (ZZB) hergestellt. Bei einem Treffen im Juni stellte das Projektebüro das Modellprogramm *Generationennetzwerk Umwelt* vor und fragte bei der ZZB an, ob Interesse an einem Umweltprojekt bestehe, sofern das Projektebüro am *Generationennetzwerk Umwelt* beteiligt sein würde. Die Vorsitzende der ZZB, Ingeburg Seldte, berichtete über Kooperationserfahrungen mit einem Gymnasium, dessen Schulleiter an einer weiteren Zusammenarbeit interessiert sei. Die ZZB konnte sich vorstellen, ein Umweltprojekt zu initiieren.

Auf Rügen, dem Wohnsitz Peter Schreibers, finden regelmäßige Observationen der Vogelzüge statt, für die die Insel jeweils im Frühjahr und Herbst Schauplatz ist. Die Schwärme locken alljährlich zahlreiche Umwelt-Touristen an. Peter Schreiber bietet dort Führungen zu den Rastplätzen der Tiere an und stellte sich für das *Generationennetzwerk Umwelt* einen Projektansatz mit bzw. für Schulen vor. Er hatte außerdem die Idee, mit den Naturparks in Brandenburg und Mecklenburg-Vorpommern in Kontakt zu treten und auch die Internationale Naturschutzakademie auf der Insel Vilm (Außenstelle des Bundesamtes für Naturschutz) als Partner zu gewinnen.

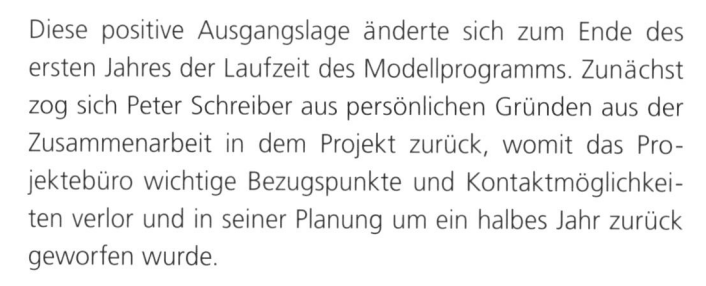

Diese positive Ausgangslage änderte sich zum Ende des ersten Jahres der Laufzeit des Modellprogramms. Zunächst zog sich Peter Schreiber aus persönlichen Gründen aus der Zusammenarbeit in dem Projekt zurück, womit das Projektebüro wichtige Bezugspunkte und Kontaktmöglichkeiten verlor und in seiner Planung um ein halbes Jahr zurück geworfen wurde.

Ein zweiter Grund, den das Projektebüro noch weniger erwartet hatte, waren Schwierigkeiten in der Kommunikation zwischen Zeitzeugen sowie Schülerinnen und Schülern des Berliner Gymnasiums, die ein Projekt zum Thema „Umweltbegriff" auf den Weg hatten bringen wollen. Die ZeitZeugenBörse hatte inzwischen Kontakt zur Schule aufgenommen. Zwei Sitzungen zur Anbahnung der Zusammenarbeit fanden statt. Als das Projektebüro zu einer dritten Begegnung hinzugezogen wurde, um die Anliegen des Netzwerks und seine Förderpotenziale vorzustellen, war jedoch bereits ein Entfremdungsprozess im Gang, dessen Dynamik nicht aufzuhalten war. Dieser resultierte aus unterschiedlichen Vorstellungen über das Thema und die methodische Umsetzung des Projekts. Während die Schülerinnen und Schüler sich einen Film vorstellten und erste Skizzen für ein Drehbuch vorlegten, ging es den Älteren eher um das gemeinsame Gespräch. Zwar gab es hierzu Ansätze in den ersten Begegnungen, aber zwischen den beiden Gruppen „funkte" es nicht. Die Vorstellungen auf beiden Seiten wurden von der jeweils anderen als „nicht realistisch" oder „langweilig" kritisiert. So war die Stimmung auf einem Tiefpunkt, noch bevor man recht begonnen hatte und die Bereitschaft, es miteinander zu versuchen, schwand.

Nach dem Scheitern dieses ersten Projekts der ZZB, hat ihre Vorsitzende Frau Seldte jedoch einen neuen Anlauf genommen. Sie lud Schülerinnen und Schüler der Gabriele-von-Bülow-Schule (einer Europaschule in Tegel) ein, sich im Rahmen der Europawoche 2003 in Berlin mit einer Umfrage zum Thema „Umweltschutz in Schulen und bei Senioren" zu beteiligen. Diese Idee nahmen die Jugendlichen gerne auf und wandten sich nun ihrerseits an ihre polnische Partnerschule. Es entstand ein deutsch-polnischer Vergleich, dessen Auswertung ein Licht u.a. auf die Behandlung der Themen Mülltrennung, Wasser sparen und die Folgen der Reaktorkatastrophe von Tschernobyl für Polen und Deutschland warf. Trotz dieses Erfolgs ist es jedoch nicht gelungen, diese viel versprechende Zusammenarbeit weiter zu führen, denn die GvB-Schule hatte sich nur auf ein kurzfristiges Engagement eingestellt und zog sich danach wieder zurück.

Eine starke Unterstützung in dieser schwierigen Phase verdankt das Projektebüro Rainer Barthel. Es konnte ihn Anfang 2003 für die weitere Entwicklung der Projektarbeit gewinnen. Dank seiner Vermittlung und persönlichen Beziehungen entstand ein tragfähiges Fundament für die Zusammenarbeit mit dem Botanischen Garten Tharandt und dem dort entstandenen Baumschutz-Projekt und zu den „Regensammlern von Stechlin", einem Projekt der Jugendgruppe des NABU im Naturparkhaus Stechlin-Ruppiner Land.

Positiv entwickelte sich von Anfang an die Umsetzung der Idee, das *Generationennetzwerk Umwelt* und die in dem Modellprogramm einbezogenen Einrichtungen auf den Regionalgruppentreffen des Projektebüros vorzustellen. Die generationenübergreifende Naturschutz- und Umweltbildungsarbeit konnte mit Unterstützung der Netzwerk-Agentur im *Generationennetzwerk Umwelt* und den anderen beteiligten Lernwerkstätten erstmals systematisch in die bundesweite Diskussion des Projektebüros zur Förderung des bürgerschaftlichen Engagements eingebunden werden.

Initiativen und Projekte

Der Botanische Garten Tharandt und seine Blüten

Im Frühjahr 2003 fand – nach einer Reihe von telefonischen Vorgesprächen – das erste Treffen mit einem der Studienleiter des Botanischen Gartens Tharandt, Herrn Pietzarka, statt. Ein Baumschutz-Projekt von Schülerinnen und Schülern, das der Botanische Garten maßgeblich mit unterstützt hatte, war zu Ende gegangen. Bei dem betreffenden Baumschutz-Projekt hatten sich zehn Schülerinnen und Schüler der Sekundarstufe II des Kreisgymnasiums Freital-Deuben zwei Jahre lang in einem fachübergreifenden Wahlgrundkurs mit der zerstörungsfreien Diagnose und Begutachtung von Bäumen beschäftigt. In Zusammenarbeit mit dem Institut für Forstbotanik und Forstzoologie der TU Dresden, dem Forstbotanischen Garten in Tharandt und dem Institut für Gehölze und Landschaft Neu-Gersdorf bei Eberswalde wurden die jungen Leute im Rahmen eines von der Alfried Krupp von Bohlen und Halbach Stiftung geförderten Projekts mit den wissenschaftlichen Methoden und Arbeitstechniken für die Begutachtung von Bäumen vertraut gemacht. Gegenüber dem Projektebüro „Dialog der Generationen" verdeutlichte der Studienleiter das Interesse des Botanischen Gartens an einer Fortsetzung der Zusammenarbeit mit der Schule. Konkret wandte er sich mit der Bitte um Anregungen für eine weiterführende Kooperation, die das Projekt inhaltlich und auch finanziell absichern sollte, an das Büro.

Bei der gemeinsamen Beratung im Frühjahr 2003 entstand die Idee, das vorhandene Wissen der Schülerinnen und Schüler einzusetzen, um Seniorinnen und Senioren im Schulbezirk mit einfachen und verblüffenden Dingen der Botanik bzw. der Dendrologie vertraut zu machen. Die beteiligten Akteure gingen davon aus, dass ein solcher Austausch zwischen den Generationen über Themen des Wahlgrundkurses eine gute Möglichkeit bieten würde, einen engen und persönlichen Kontakt zwischen den Schülerinnen und Schülern und Älteren anzubahnen. Sie vermuteten, dass es in Freital und Umgebung durchaus viele Seniorinnen und Senioren gibt, die Interesse an einem solchen naturwissenschaftlichen Thema haben würden. Durch die Durchführung einer Veranstaltung, bei der die Schülerinnen und Schüler den Älteren von ihrem Projekt berichten sollten, erhofften sich die Initiatoren des Botanischen Gartens, der Schule und des Projektebüros, dass sich Interesse an einem Austausch zwischen den Generationen auch zu anderen Themen entwickeln würde. Beide Seiten sollten sich kennen lernen und voneinander lernen.

Mit dem Seniorenclub „Wiener Café" im Mühlenviertel von Freital existiert vor Ort eine optimale Partnereinrichtung. Die Leiterin des „Wiener Café", Frau Zimmermann, zeigte sich von der Idee, einen Austausch zwischen den Jugendlichen und den Besucherinnen und Besuchern des Clubs zu organisieren, spontan begeistert und reservierte drei Termine in ihrem Arbeitsplan.

Der erste Kontakt zwischen den Schülerinnen und Schülern sowie der älteren Generation war durch Berührungsängste auf beiden Seiten gekennzeichnet. So war zunächst daran gedacht, die Treffen in der Schule oder im Botanischen Garten Tharandt durchzuführen. Die Mitglieder des Seniorenclubs wollten aber „die Sicherheit" ihres Treffpunkts nicht aufgeben. Deshalb traf man sich schließlich im Mühlenviertel. Die erstaunlichen Kenntnisse der Jungen, die freundliche Aufnahme im Club und nicht zuletzt der mit Humor gewürzte Vortrag von Reiner Roscher, der als Lehrer den Wahlgrundkurs begleitet hat, trugen jedoch zum Gelingen der ersten Begegnung bei.

Im Projektverlauf haben die Besucherinnen und Besucher des Seniorenclubs nicht nur das Projekt des Wahlgrundkurses kennen gelernt, sondern zusammen mit den Jugendlichen z.B. auch ein unterhaltsames Praktikum zum Thema „Früchte" durchgeführt, denn: Wer weiß schon, dass die Banane eine Beere ist und die Erdnuss keine Nuss, sondern eine Hülsenfrucht. Es hat sich als förderlich erwiesen, diese Begegnungen durch eine Aktivität – wie einen gemeinsam zubereiteten Obstsalat – abzurunden.

> Berührungsängste zwischen den Generationen werden durch Humor, erstaunliches Fachwissen, geschickte Moderation und gemeinsame Aktivitäten abgebaut.

In ihrer Zwischenbewertung kamen die Projektbeteiligten zu dem Ergebnis, dass es gelungen ist, durch die Begegnungen zwischen Jung und Alt im Seniorenclub eine Atmosphäre des Vertrauens und der gegenseitigen Wertschätzung zu stiften. Dies bildete eine gute Grundlage, auf der sich sowohl das „Wiener Café" als auch das Kreisgymnasium auf eine weitere Zusammenarbeit verständigen konnten. Allerdings wurde in der Nachbetrachtung und Auswertung auch für das Projektebüro und den Seniorenclub deutlich, dass sich der Aufwand für die Veranstaltungen weiterhin in den engen Grenzen des Machbaren bewegen muss, da sich die Arbeit des Seniorenclubs nur auf wenige ehrenamtliche Schultern verteilt.

Fortgesetzt wurde die Zusammenarbeit u.a. zwischen der Schularbeitsgruppe „Fächerübergreifendes Arbeiten" und dem Seniorenclub (die Schülerinnen und Schüler des ersten Projekts hatten mittlerweile die Schule abgeschlossen und teilweise Freital zum Studium verlassen). Im Januar 2005 fand das nächste Treffen zur Planung und Koordinierung statt, bei dem gegenseitig „Wunschzettel" ausgetauscht wurden. Unter anderem wurde zum Start dieser neuen Begegnungsreihe auch geklärt, was das Gymnasium leisten und was der Seniorenclub einbringen kann. Im März fand die erste Veranstaltung im Club zum Thema „Chemie und Physik leicht verständlich – ein Experimentalnachmittag" mit überwältigend positiver Resonanz statt. In den folgenden Monaten folgten z.B. ein Kammerkonzert des Musikleistungskurses und eine Lesung von Schülerinnen und Schülern der Klassen 6 und 7 für die Älteren.

Nach Auskunft von Reiner Roscher, der das Projekt schulseitig weiter begleitet, haben sich die Kontakte zunehmend intensiviert und verstetigt. Mittlerweile ist aus dem Projekt ein „Selbstläufer" geworden. Es wird von weiteren Lehrkräften des Gymnasiums mitgetragen und hat die Aufmerksamkeit sowohl der Evangelischen Fachhochschule für Soziales in Dresden wie auch des Sozialministeriums des Landes Sachsen gefunden. Hintergrund war ein Workshop, den die Gruppe während des Sächsischen Seniorentages vom 8. bis 9. September 2005 in Grimma anbot. Unter der Überschrift „Lebens(t)räume: Generationen und Generativität – Neue Wege wagen" stellten Frau Zimmermann, Herr Roscher, Seniorinnen und Senioren sowie Schülerinnen und Schüler ihre gemeinsame Arbeit vor.

Workshop zum Thema „Generationengarten"

Im Herbst 2003 erhielt das Projektebüro eine Anfrage von Frau Bastian und Frau Wohlfahrt, die als Landschaftsarchitektinnen an der Berliner „planwerkstatt" tätig sind. Sie erarbeiteten gerade ein Konzept für einen „Generationengarten". Sie wünschten sich Kontakt zu Fachkräften im sozialen Bereich, denen sie ihre Ideen präsentieren wollten, sowie zu potenziellen Projektpartnern und einen Zugang zu weiteren Zielgruppen (Schülerinnen und Schüler sowie alten Menschen im Kiez). In mehreren Vorbereitungssitzungen verständigten sich Projektebüro und die beiden Planerinnen über den Verlauf einer solchen Veranstaltung und machten sich an die Werbung in den einschlägigen Arbeitsfeldern (Stadtentwicklung, Quartiersmanagement, Waldschulen u.a.).

Am 16. März 2004 fand der Workshop im Rahmen des *Generationennetzwerks Umwelt* mit über 30 Teilnehmerinnen und Teilnehmern statt. Zum Auftakt stellte Frau Najeha Abid aus Göttingen den Internationale Gärten e.V. vor, der 1998 von zwölf Familien aus sechs verschiedenen Ländern gegründet wurde. Er entfaltet ein Fülle von Aktivitäten zum friedlichen Miteinander der Kulturen. Kernstück ist die Pflege und Bepflanzung vieler kleiner Parzellen, die der Selbstversorgung, sozialen Integration und Erholung ihrer Gärtnerinnen und Gärtner dienen. Vor dem Hintergrund dieses erfolgreichen Beispiels präsentierten die beiden Landschaftsarchitektinnen ihre Konzeption für einen „Generationengarten" und sammelten in der Diskussion mit den Anwesenden Anregungen für die Umsetzung eines solches Konzepts sowohl in Bezug auf infrage kommende Grundstücke als auch hinsichtlich zu beachtender Faktoren (z.B. zur Einbeziehung von Freiwilligen). Zwar konnte im Rahmen des Workshops kein konkretes Vorhaben verabredet werden, dennoch werteten die Beteiligten die grundsätzlichen Anregungen zur Planung und Umsetzung eines generationenübergreifenden Projekts als Erfolg.

Die Regensammler von Stechlin

„Die Regensammler von Stechlin" nennt sich eine Gruppe von Schülerinnen und Schülern der 8. Klasse des Granseer Gymnasiums, die sich in ihrer Freizeit bei der Naturschutzjugend (NAJU) engagieren. Ausgehend von der Beobachtung, dass Wasser im Naturschutzgebiet und den umliegenden Badeseen immer knapper wird, begannen die jungen Leute nach den Ursachen für den Rückgang dieser wertvollen Ressource zu forschen. Einem Gutachten konnten sie entnehmen, dass das Wasserwerk den Seen und Mooren das Wasser abpumpt. Da alle Haushalte mit diesem Wasser beliefert werden, besteht ein direkter Zusammenhang zwischen dem Wasserverbrauch und dem schlechten Zustand der Seen. Aus diesem Grund hat sich die Gruppe mit der Frage beschäftigt, wie man sparsamer mit Wasser umgehen kann und ob es Alternativen zu einer Nutzung von Grundwasser gibt. Durch Vermittlung des Projektebüros „Dialog der Generationen" entstanden Kontakte zu Schulen, Gruppen und Expertinnen bzw. Experten, die sich mit dem Thema bereits befasst haben. U.a. besuchte die Gruppe eine Berliner Schule, die über eine moderne Regenwassernutzungsanlage Wege zur Reduzierung des Grundwasserverbrauchs nutzt. Neben der Vermittlung von Kontakten unterstützte das Projektebüro die Gruppe auch dabei eine Projekt-Präsentation in Menz durchzuführen, sich mit Methoden (Umwelt-Mediation) zu befassen und weitere Aktionen zu planen. Dies erwies sich als ein sinnvoller Schritt, weil sich die Ansprache von kommunalen Entscheidungsträgern und Verantwortlichen der regionalen Wasserwirtschaft für die Gruppe schwierig gestaltete.

Die Arbeit der Regensammler ist ein gutes Beispiel für die allmähliche Vernetzung von Projekten auch in einer eher strukturschwachen Region. Zur Aktionswoche mit dem Thema Regenwassernutzung lud das Projektebüro im April 2004 weitere generationenübergreifende Projekte ein. Es nahmen u.a. das Kreisseniorenbüro Oberhavel sowie die Hofgemeinschaft aus Großwoltersdorf, eine Gruppe von 25 jungen und alten Menschen, die ihre Vorstellung eines gesunden und ganzheitlichen Lebens und Arbeitens auf einem alten Bauernhof verwirklichen, teil.

Gewusst wo! Durch die Vermittlung von Kontakten zu anderen Akteuren entsteht eine besondere Dynamik im generationenübergreifenden Projekt.

Der Leiter des Seniorenbüros, Herr Szymenderski, hat mittlerweile einen parteienübergreifenden Runden Tisch ins Leben gerufen, der regelmäßig tagt. Die Ergebnisse der Sitzungen finden unter der Überschrift „Jung und Alt gemeinsam" regelmäßig Eingang in die Lokalpresse. Beim Regionalgruppentreffen Berlin/Brandenburg im März 2005 hat das Projektebüro diese lebendige Projektelandschaft präsentiert und ihnen Förderprogramme vorgestellt, innerhalb derer sie Zugang zur Finanzierung bestimmter Angebote erhalten. Die Landesagentur für Struktur und Arbeit (LASA) betreibt in Brandenburg ein flächendeckendes Netz von Initiativbüros, die hier behilflich sind.

Regionalgruppenarbeit

Im Rahmen der Regionalgruppentreffen hat sich eine feststehende Arbeitsgruppe etabliert. Angefangen von der Einladung an Dörte Paustian, Akademie für Natur und Umwelt des Landes Schleswig-Holstein nach Sankelmark (Regionalgruppe Nord, April 2003), bis zum Treffen der Bundesländer Berlin/Brandenburg am 8. März 2005 in Oranienburg, zu dem Dr. Schrumpf vom Naturpark Stechlin-

Ruppiner Land als Referent gewonnen werden konnte (er sprach u.a. über die „Regensammler von Stechlin"), fanden diese Arbeitskreise ihr Klientel. Das „zarte Pflänzchen" der generationenübergreifenden Umweltarbeit als Thema des Projektebüros konnte sich über die dreijährige Modelllaufzeit im Verhältnis zu stärkeren Themen wie Patenschaften, Mediation/Konfliktkultur oder Lebenslanges Lernen behaupten und wird auch künftig Bestandteil des Projektebüro-Angebots sein.

Neben dem Austausch bei den Regionalgruppentreffen hat das Projektebüro „Dialog der Generationen" im Herbst 2004 eine Tagung in Bad Schandau durchgeführt, die den Projekten aus Freital, Stechlin und Berlin Impulse für ihre weitere Arbeit gaben. Den Verantwortlichen des Projektebüros schien es wichtig, auf die Dimension der „Erlebniszugänge" einzugehen, d.h. zu zeigen, dass umweltbezogenes Engagement sehr unterschiedlichen Motiven entspringt und in unterschiedlichen Formen seinen Ausdruck findet. Anregungen für verschiedene Perspektiven und Engagementformen gaben Dr. Ernst P. Dörfler („Bürger schützen ihren Fluss"), Beate Seitz-Weinzierl („Sehnsucht Wildnis"), Dr. Sven Herzog („Rückkehr zum Wolfsrudel") und die Filmtheoretikerin Claudia Lenssen (mit dem Film „Rivers and Tides" von A. Goldsworthy).

> Unter dem Aspekt der Motivation sind das jeweilige Anliegen bzw. die persönliche Betroffenheit der Beteiligten zu berücksichtigen und entsprechende Zugänge zu ermöglichen.

Europäische Vernetzung

Das Projektebüro zielte von Anfang an darauf, die Aktivitäten des *Generationennetzwerks Umwelt* mit den europäischen und internationalen Diskussionen zu vernetzen. Vor allem von der Lernpartnerschaft NIGEL (Grundtvig Programm der EU), die dem Aufbau eines europäischen Forums generationenübergreifenden Lernens dient, erhoffte sich das Projektebüro Impulse für das *Generationennetzwerk Umwelt*. So nutzte das Projektebüro beispielsweise den 7. Deutschen Seniorentag 2003 in Hannover dazu, eine Schweizer Partnerorganisation einzuladen, die über ein Renaturierungsprojekt in den Schweizer Alpen berichtete, bei der die Mediation zwischen verschiedenen Generationen innerhalb der Gemeinde eine entscheidende Rolle spielte. Dieses Projekt war Ausgangspunkt für inzwischen regelmäßig stattfindende „Mitwirkungstage" zur Förderung der Partizipation Jugendlicher. Es gab und gibt innerhalb der Lernpartnerschaft bisher wenig Gelegenheit, sich mit Umweltprojekten im europäischen Ausland auszutauschen. Das Projektebüro ist jedoch bestrebt, Umweltthemen immer wieder den Eingang in das Forum zu verschaffen. U.a. veranstaltete es im Juli 2005 eine europäische Tagung, zu der (neben den vorhandenen Lernpartnern) neue Akteure aus Umweltprojekten eingeladen waren, wie z.B. das Projekt „Adopta un stejar!" (Adoptiere eine Eiche) der Bürgerinitiative „Sighisoara Durabila" (Nachhaltiges Schäßburg) in Rumänien und die Verantwortlichen des EU-Life Projekts „KlarWasserSehen" des Naturparks Stechlin-Ruppiner Land. Dabei konnten die Ergebnisse des Projektebüros im Rahmen seiner Mitarbeit des *Generationennetzwerks Umwelt* bekannt gemacht und weitere Partner für die zukünftige Zusammenarbeit gewonnen werden.

Perspektive der Teilnehmerinnen und Teilnehmer

Das Projektebüro hat von den an den verschiedenen Vorhaben und Workshops beteiligten Akteuren eine sehr positive Rückmeldung erhalten. Von den Projektbeteiligten in Freital wird die begonnene Zusammenarbeit im Rahmen des *Generationennetzwerks Umwelt* als eine lang ersehnte Bestätigung für die eigene Überzeugung, dass dem Brückenschlag zwischen Jung und Alt eine große Bedeutung zukommt, erlebt. Vor allem die gemeinsamen Foren, in denen über Vorurteile auf beiden Seiten gesprochen werden konnte, und die Diskussion von Methoden generationenübergreifender Arbeit gaben dem Seniorenclub wichtige Impulse.

Für die „planwerkstatt" (Konzept „Generationengarten") stand die gute Resonanz in der Berliner Szene der Stadtentwicklung und Gemeinwesenarbeit im Vordergrund. Es ergaben sich neue Kontakte und ein besseres Verständnis für die bei der Realisierung eines solchen Projekts erforderlichen

> Gemeinsam stark! Durch den projektübergreifenden Austausch fühlen sich die Beteiligten gestärkt für die generationenübergreifende Arbeit an Umweltthemen.

Zusammenhänge und Spielräume. In der Folge wurde das Team der beiden Landschaftsplanerinnen um einen Diplompädagogen und eine Referentin für Fundraising erweitert, deren Mitwirkung dieser „Ergänzungsperspektive" Rechnung trägt.

Für die „Regensammler" war das Netzwerk ein willkommener „Verstärker" des eigenen Engagements. Die Jugendlichen fühlten sich ernst genommen und in ihrer Arbeit unterstützt. Die Kontakte, die sich durch die Einladungen des Projektebüros zu ihrer Veranstaltungswoche in der Region ergaben, relativierten ihre Wahrnehmung der eigenen Isolation. Vor allem aber die zahlreichen Anregungen der Bad Schandauer Tagung vermittelten ihnen neue Ideen und Sichtweisen, für die sie dankbar waren.

Veränderungen in der Einrichtung

Resümee in zehn Thesen

Der dreijährige Prozess im *Generationennetzwerk Umwelt* hat das Projektebüro gefordert und gefördert. Er hat das Team nachdenklicher gemacht. Er gab Anlass zu den folgenden Sentenzen:

- Die Fallstricke des „Dialogs der Generationen" werden unterschätzt. Besonders dann, wenn bereits positive Ergebnisse erzielt wurden (siehe Erfahrungen mit Schülerinnen, Schülern und Zeitzeugen).
- Eine wertschätzende, Vertrauen schaffende Atmosphäre (die viel Zeit benötigt) ist Voraussetzung für alles weitere. Wo sie nicht gelingt, scheitert das Projekt.
- Ohne direkte, persönliche Kontakte oder die Vermittlung von Projektpartnern (durch bekannte, vertrauenswürdige Personen) tritt man auf der Stelle. Das hat das Projektebüro als externer Akteur schmerzhaft erfahren müssen. So hat das Projektebüro nicht mit der großen Vorsicht und Zurückhaltung der Schulen gerechnet. Die Vorlauf-

zeit, die nötig ist, um wirklich sinnvolle und „passgenaue" Ansätze zu entwickeln, wurde unterschätzt.
- In der Fülle interessanter Ansätze im Umwelt- bzw. im Umweltbildungsbereich schlummert die Gefahr, dass sie den Blick auf Essentielles verstellt. So darf nicht übersehen werden, dass nicht brisante oder spektakuläre Inhalte zum Engagement motivieren, sondern das jeweilige persönliche Anliegen der Akteure mit einzubeziehen ist.
- Motivation und wesentlicher Attraktor für bürgerschaftliches Engagement ist die persönliche Betroffenheit und Sinnstiftung bzw. Sinngebung. Nur wo diese vorhanden ist, kann Begeisterung und leidenschaftlicher Einsatz für die Sache entstehen, führen mutige Aktionen zu „Grenzüberschreitungen" (persönlichen, gesellschaftlichen, u.U. juristischen).
- Aus diesem Grund erscheint es dem Projektebüro wichtig, die Dimension der „Erlebniszugänge" – wie bei der Tagung in Bad Schandau geschehen – bei der Konzipierung, Durchführung und Reflexion von Projekten zu berücksichtigen.
- Hochfliegende Erwartungen an die Möglichkeiten generationenübergreifenden Umweltengagements werden durch „die reinigende Kraft der Wirklichkeit" (Witold Gombrowicz) relativiert.

Dialektik des Engagements im Umweltbereich:

- Vom Überzeugen und Handeln gelangt man zum Zuhören und Innehalten.
- Beim Versuch, Prozesse zu beschleunigen, lernt man das (Ab-)Warten.
- Der gesamte Prozess lehrte das Projektebüro ein völlig vernachlässigtes Lernziel: Bescheidenheit.

Resonanz in Medien und Öffentlichkeit

Es gab viele kleine Artikel, Ankündigungen, Hinweise oder Reaktionen auf die Maßnahmen des Projektebüros, die zeigen, dass das Thema „Generationen für die Umwelt" aufmerksam wahrgenommen wird. Weniger aufmerksam allerdings waren die im Projektzeitraum anfragenden Fernsehsender und Radioanstalten, die sich mehr für Patenschaften zwischen Jung und Alt interessierten.

Eine überraschend gute Resonanz hatte der Workshop „Generationengarten" durch eine große Zahl von teilnehmenden Expertinnen und Experten, die den beiden Referentinnen zahlreiche Ratschläge und Tipps mit auf den Weg gaben.

Im Februar 2005 veröffentlichte Volker Amrhein gemeinsam mit dem Soziologen Bernd Schüler einen Beitrag in der Beilage der Wochenschrift „Das Parlament". Die Bundeszentrale für politische Bildung hatte die Autoren aufgefordert, die Potenziale des Dialogs der Generationen zu beschreiben und die entstandene Projektelandschaft im Umriss zu zeigen. In diesem Kontext wird auch das *Generationennetzwerk Umwelt* vorgestellt.

Nachhaltigkeit der Projekte

Das Projektebüro hat mit Freude zur Kenntnis genommen, dass in allen drei Handlungsfeldern die Projektpartner, also die „Regensammler von Stechlin", der Seniorenclub „Wiener Café" Freital mit dem kooperierenden Kreisgymnasium sowie die „planwerkstatt" an einer Fortsetzung der unterstützten Maßnahmen und Projektansätze arbeiten.

- Bei den „Regensammlern von Stechlin" erfolgte eine stärkere Fokussierung auf die Einbeziehung von Entscheidungsträgern (in Kommune und Wasserwirtschaft).
- In Freital begann ein zweites Semester von gemeinsamen Veranstaltungen.

- Die Landschaftsarchitektinnen der „planwerkstatt" beraten und koordinieren mittlerweile ein Projekt zur Realisierung eines „Generationengartens", indem sie soziale Einrichtungen privater und/oder öffentlicher Träger zusammen bringen. Durch einen gemeinsamen Prozess des Planens, Bauens und Betreibens eines „Generationengartens" sollen sich die späteren jungen und älteren Gartennutzerinnen und -nutzer annähern und in einen Austausch miteinander treten können. Bei dem Projekt geht es auch um innovative Ideen, wie trotz immer knapper werdender Gelder, die Bereitstellung und Unterhaltung von Grünanlagen und Spielplätzen sicher gestellt werden kann. Das Projekt wird durch die Stiftung Naturschutz Berlin gefördert.
- Bei den Regionalgruppentreffen hat sich mittlerweile der „Arbeitskreis Umwelt" zu einem stehenden Angebot entwickelt.
- Gespannt ist das Projektebüro, ob es langfristig gelingt, Umweltprojekte in den Kreis des europäischen Forums generationenübergreifenden Lernens einzubeziehen.

Praxistipps

1 Praxistipp

Dialog zwischen den Generationen gestalten

Dem Prozess des Kennenlernens und der Kommunikation zwischen den Generationen ist höchste Aufmerksamkeit zu schenken; Methoden dialogischer Gesprächsgruppen (vgl. http://www.ikib.org) bzw. das Hinzuziehen einer Mediatorin/eines Mediators oder einer Moderatorin/eines Moderators können von Nutzen sein.

2 Praxistipp

Verantwortliche und kontinuierliche Begleitung der Projekte sicher stellen

Eine Mitarbeiterin bzw. ein Mitarbeiter der Einrichtung muss sich hauptverantwortlich für das Projekt fühlen und die kontinuierliche Begleitung der Partner sichern.

An der Motivation der am Engagement Interessierten ansetzen

Die Themenfindung muss bei den Motiven und persönlichen Anliegen der Projektpartner bzw. der Freiwilligen ansetzen. Selbst in kleinen, harmlos scheinenden Anfängen schlummert die Kraft zu erstaunlichen Wirkungen und Entwicklungen.

3 Praxistipp

Kontakt

Volker Amrhein
Leiter des Projektebüros „Dialog der Generationen"

Projektebüro „Dialog der Generationen"
Pfefferwerk Stadtkultur gGmbH
Fehrbelliner Straße 92
10119 Berlin
Telefon: 030/443 83 475
Fax: 030/443 83 452
E-Mail: dialog-der-generationen@pfefferwerk.de
Internet: www.generationendialog.de

Zentrum Aktiver Bürger

Nürnberg

Andrea Konopka
Ute Zimmer

Am Zentrum Aktiver Bürger (ZAB) in Nürnberg haben Seniorinnen und Senioren in Kleingruppen und als Einzelpersonen verschiedene Angebote für Kindertagesstätten und Schulen entwickelt. Das Spektrum reicht von Projekttagen zu den Themen „Wald", „Geologie" und „Pflanzenwelt" über naturwissenschaftliche Experimente mit Kindergartenkindern bis zur Begleitung und Unterstützung eines Schulgartens. Die in der Modelllaufzeit entstandenen Gruppen arbeiten mittlerweile selbstständig. Weitere Mitwirkende konnten zudem gewonnen werden.

Profil der Einrichtung

Die Hauptamtlichen bauen den Rahmen, die Ehrenamtlichen malen die Bilder.

Das Zentrum Aktiver Bürger (ZAB) ist eine Anlaufstelle für Menschen, die v.a. in der nachberuflichen Phase oder nach der Familienphase eine Orientierung und eine sinnvolle Tätigkeit suchen. Gemeinsam mit den Interessentinnen und Interessenten entwickeln die Mitarbeiterinnen und Mitarbeiter des Zentrums Einsatzfelder für das bürgerschaftliche Engagement. Das ZAB geht mit diesem Ansatz von der Beobachtung aus, dass viele Aktivitätsfelder von Ehrenamtlichen selbst (neu) gestaltet werden müssen und können. Das ZAB sieht dem entsprechend seine Aufgabe darin, Rahmenbedingungen zu entwickeln, die den Bedürfnissen der Freiwilligen entgegen kommen und die Entwicklung der Bürgergesellschaft fördern. Das ZAB gestaltet die Einsatzfelder im Verbund mit professionellen Kooperationspartnern, die eine qualifizierte Begleitung der Ehrenamtlichen sicher stellen. Dabei spielt auch eine große Rolle, den Engagementbereiten Fortbildungen anzubieten, da diese ein wichtiges Gratifikationsmoment des Ehrenamtes darstellen.

Derzeit betreuen fünf hauptamtliche Mitarbeiterinnen und Mitarbeiter 17 Projekte im sozialen, kulturellen und ökologischen Bereich. Insgesamt sind ca. 350 ehrenamtliche Mitarbeiterinnen und Mitarbeiter in den Projekten tätig (Stand 2006).

Das ZAB wird als Einrichtung vom Bayerischen Sozialministerium und der Stadt Nürnberg unterstützt. Ein Großteil der Aktivitäten wird über Projektgelder finanziert.

Ausgangspunkt

Das ZAB verfügt durch seine langjährige Arbeit im Bereich des bürgerschaftlichen Engagements über vielfältige Erfahrungen in der Projektentwicklung mit Menschen in der nachberuflichen bzw. nachfamiliären Lebensphase. Erfahrungen der generationenübergreifenden Arbeit aus zwei Projekten flossen unmittelbar in das *Generationennetzwerk Umwelt* ein:

Gärtnern mit Kindern

Ehrenamtlich aktive Seniorinnen und Senioren bearbeiten bereits seit einigen Jahren zusammen mit Kindern und Erzieherinnen der Kindertagesstätte MOMO das Freigelände der Tagesstätte sowie einen ehemals verwilderten Garten im dicht besiedelten Stadtteil Gostenhof. Gemeinsam mit den Kindern werden Hochbeete mit Gemüse bepflanzt, Nistkästen wurden aufgehängt und ein Komposthaufen wurde errichtet. Im Mittelpunkt steht die Naturbeobachtung. Das Projekt verbindet die Erfahrung und das Wissen der älteren Menschen mit der Neugier der Kinder und regt die beteiligten Generationen an, voneinander zu lernen.

Lernende Region

Im Rahmen des EU-Programms „Lernende Region" hat das ZAB Unterstützungsstrukturen durch bürgerschaftliches Engagement im Lernalltag von Kindertageseinrichtungen und in der Grundschule Scharrerschule im Stadtteil Gleißhammer entwickelt. Durch die Hausaufgabenbetreuung und das Vorlesen im Kindergarten werden Kinder verschiedener Herkunft beim Spracherwerb unterstützt.

Aufgrund der positiven Erfahrungen mit diesen Angeboten trugen die Lehrkräfte und Erzieherinnen den Wunsch an das ZAB heran, das Erfahrungswissen älterer Menschen auch im Umweltbereich für den Unterricht bzw. für den Kindergartenalltag zu nutzen. So wurde die Idee geboren, im *Generationennetzwerk Umwelt* als Lernwerkstatt Projekttage zu ökologischen Themen aus dem Grundschullehrplan zu erarbeiten und außerdem den brachliegenden Schulgarten zu reaktivieren. Ältere Menschen sollten ihre Erfahrung lebensnah und handlungsorientiert vermitteln. Mit anderen, dem Entwicklungsstand der Kinder angepassten didaktischen Mitteln sollte dies auch in Kindertageseinrichtungen verwirklicht werden.

Startphase

Klärung der Wünsche und Voraussetzungen

Zunächst wurden Vorgespräche mit der Scharrerschule und einer Kindertagesstätte geführt. Dabei galt es einerseits, die Wünsche und Erwartungen der Einrichtungen zu erfassen und andererseits, mit ihnen die Voraussetzungen für die Mitwirkung von ehrenamtlich aktiven Seniorinnen und Senioren zu klären (z.B. Verfügbarkeit von Ansprechpersonen usw.).

> Grundlegende Voraussetzung für ein erfolgreiches Engagement von Freiwilligen in Institutionen ist Klarheit über Erwartungen und Rahmenbedingungen auf beiden Seiten.

Mobilisierung fachlicher Unterstützung

In der Startphase suchte das ZAB zudem fachliche Unterstützung im Fortbildungsbereich, da davon ausgegangen wurde, dass für die Seniorinnen und Senioren in der Startphase der Entwicklung eigener Projekte fachliche und methodisch-didaktische Anregungen hilfreich sein würden. Den Auftaktworkshop gestalteten aus diesem Grund zwei Einrichtungen aus der Umweltpädagogik mit: Einbezogen wurden das Kindermuseum, das in seiner Abteilung „Schatzkammer Erde" und dem „Museum im Koffer" viele Erfahrungen in der Arbeit mit Schulklassen hat, sowie das Umweltpädagogische Zentrum in Nürnberg (kurz UPZ). Das UPZ ist ein Informationszentrum der Agenda 21 und führt vielseitige umweltpädagogische Aktionen durch, wie z.B. Projekttage mit Schulklassen.

Zielgruppenansprache und Öffentlichkeitsarbeit

Im nächsten Schritt wurde das neue Projekt bekannt gemacht: Zunächst wurden alle bereits ehrenamtlich Aktiven des ZAB angeschrieben und über das *Generationennetzwerk Umwelt* informiert. Außerdem erschien ein Artikel in den Nürnberger Nachrichten, in dem das Projekt vorgestellt und zu einem Info-Abend eingeladen wurde. Bewusst hielt das ZAB die Möglichkeiten der Beteiligung sehr offen, da die Lernwerkstatt nach den Wünschen und Fähigkeiten der ehrenamtlichen Mitarbeiterinnen und Mitarbeiter ausgerichtet werden sollte. So wurde allgemein darum geworben, Erfahrungswissen im Bereich Natur und Umwelt mit Kindern zu teilen.

Zu dem Informationsabend kamen 15 Menschen, die sich für das Projekt interessierten. Etwa die Hälfte von ihnen war bereits in anderen Projekten des ZAB engagiert. Informiert wurde über die Arbeitsweise, die Projektziele, Kooperationspartner und über die Möglichkeiten der Beteiligung. Schließlich wurden alle interessierten Personen eingeladen, an einem Auftaktworkshop teilzunehmen. 12 der 15 Interessentinnen und Interessenten wollten in das Projekt einsteigen. Aus terminlichen Gründen nahmen acht Personen am Workshop teil; die anderen stiegen im weiteren Verlauf in das Projekt ein.

> Um Interessierte für ein Engagement zu gewinnen, hat sich eine Informationsveranstaltung in der Startphase bewährt.

Durchführung eines Auftaktworkshops

Die Inhalte des zweitägigen Workshops, der im März 2003 statt fand, waren

- gegenseitiges Kennen lernen,
- Austausch über die Motivationen der Beteiligten, sich im Umweltbereich zu engagieren,
- Interessen- und Ideensammlung,
- Vorstellung der Kooperationspartner UPZ und Kindermuseum,
- Bündelung der Ideensammlung,
- Bildung von Arbeitsgruppen.

Als Ergebnis des Workshops entstanden vier Arbeitsgruppen „Pflanzenwelt", „Wald", „Geologie" und „Schulgarten". Zwei weitere Arbeitsgruppen zu den Themen „Ernährung" und „Welt der Bienen" kamen nicht zu Stande, da die Initiatoren dieser Themen keine weiteren interessierten Personen fanden.

Entwicklung in den Arbeitsgruppen

Die einzelnen Arbeitsgruppen, die sich bei dem Auftaktworkshop gebildet hatten, trafen sich teilweise regelmäßig (AG Schulgarten) und teilweise nach Bedarf. Die Arbeitsgruppen „Pflanzenwelt", „Wald" und „Geologie" erarbeiteten zunächst die Konzeptionen für die Projekttage.

Daran schloss sich eine Erprobungsphase an, in der die ersten praktischen Erfahrungen mit Schulkindern gemacht wurden. Diese Erfahrungen wurden im Weiteren bei gemeinsamen Treffen aller AGs reflektiert. Im zweiten Jahr des Projekts wurde das Erarbeitete in Fortbildungen vertieft. In der letzten Phase der Projektförderung wurde die Verselbstständigung der Einzelprojekte voran gebracht (siehe Thema „Nachhaltigkeit").

Neben diesen Gruppen, deren Ursprung auf den Auftaktworkshop zurück geht, haben sich im Projektverlauf weitere Aktivitäten und Angebote entfaltet, wie z.B. das Angebot von naturwissenschaftlichen Experimenten für Kinder. Diese Entwicklung zeigt, dass Themenfelder des bürgerschaftlichen Engagements – einmal angestoßen – eine eigene Dynamik bekommen können und weitere Folgeprojekte entstehen.

> Etappen der Projektdurchführung: Konzeption der Angebote, Erprobung in der Praxis, Reflexion, Fortbildung und schließlich Verselbstständigung.

Arbeitskreise und Projekte

AG Pflanzenwelt

In der AG Pflanzenwelt entwickelten drei Ehrenamtliche ein gemeinsames Konzept, um Grundschulkindern die Pflanzenwelt nahe zu bringen. Zwei Mitarbeiter der Gruppe führen gemeinsam Unterrichtseinheiten zu diesem Thema durch. Die dritte Mitarbeiterin ist die Kontaktperson zu einem Biobauern, zu dem die Klasse im Verlauf der Projekttage einen Ausflug macht.

Bei der Konzeptentwicklung und den ersten Schritten in der Umsetzung wurde die Gruppe von einer hauptamtlichen Kraft des ZAB unterstützt. Zur Erprobung des Konzepts wurde bei einem Treffen aller AGs eine Unterrichtseinheit vorgeführt. Nach den ersten Einsätzen in der Schule fand ein Treffen der AG Pflanzenwelt mit den Lehrerinnen zur Reflexion statt. Das Feedback der Lehrkräfte war durchweg sehr positiv.

Konzept der Projekttage „Vom Samenkorn zur Pflanze"

Die drei Einheiten der Projekttage „Vom Samenkorn zur Pflanze" werden an drei Tagen im Abstand von etwa drei Wochen durchgeführt.

1. Einheit „Samen"

In der Gesamteinführung der Klasse in das Thema „Vom Samenkorn zur Pflanze" erzählen die beiden Ehrenamtlichen zunächst eine kleine Geschichte. Sie beschreibt kindgerecht aus der Sicht einer Eichel den Werdegang eines Samens zur Pflanze. Dieser Einleitung folgt eine Kleingruppenarbeit: Die Ehrenamtlichen bringen Anschauungsmaterial wie z.B. Eicheln, Kastanien, Erbsen, gekeimte Samen usw. mit und sprechen mit den Schülerinnen und Schülern über die entsprechenden Pflanzen. Daran anschließend wird gemeinsam essbarer Samen verzehrt (z.B. Sesam, Sonnenblumenkerne, Kürbiskerne). Auch über die dazu gehörigen Pflanzen und die Lebensmittel, in denen die Samen vorkommen, findet im Weiteren ein Gespräch statt.

Danach werden Pflanzversuche in Kleingruppen gestartet. Jede Gruppe sät eine Pflanze, für deren Pflege sie verantwortlich ist. Diese wird zur weiteren Beobachtung auf das Fensterbrett gestellt. Die Kleingruppen bekommen einen Beobachtungsbogen, den sie mit der Lehrkraft zusammen ausfüllen und für das nächste Treffen mit den Ehrenamtlichen vorbereiten.

2. Einheit „Wachstum"

Bei dem zweiten Treffen werden die Pflanzen begutachtet. Als Einleitung wird von den Ehrenamtlichen eine kleine persönliche Geschichte zum Thema „Wachstum" erzählt. Anhand des Beobachtungsbogens wird über den Vorgang des Wachsens und über beobachtbare Veränderungen an den Pflanzen gesprochen. Bilder, die die Pflanzen im Großen und im Wechsel der Jahreszeiten zeigen, werden gemeinsam betrachtet.

3. Einheit „Pflanze und Frucht"

Die Gruppe organisiert einen Besuch beim Biobauern. Die Schülerinnen und Schüler erfahren dabei vom Gemüsegärtner, welche Gemüsearten aus der Region stammen und welche besonderen Eigenschaften sie haben. Sie erleben, wie der Biobauer arbeitet. Sie bekommen Informationen und Erklärungen über ökologische Ziele und deren Umsetzung in der Praxis. Am wichtigsten ist es für die Schülerinnen und Schüler, das frische Biogemüse selbst kosten zu dürfen.

Ergebnis

Seit Herbst 2003 haben 15 bis 20 Schulklassen diese drei Einheiten vom Samenkorn zur Pflanze durchlaufen. Sowohl Schülerinnen und Schüler als auch die Lehrerkräfte sind jedes Mal begeistert. Auch die Ehrenamtlichen sind mit ihrem Projekt sehr zufrieden. Inzwischen arbeiten sie routiniert und regeln ihre Termine mit den Lehrerinnen und Lehrern selbstständig. Sie sind zu einer Instanz an der Schule geworden und heißen dort mittlerweile „Die mit dem grünen Daumen".

> Gut vorbereitete und durch Hauptamtliche begleitete Projekte führen zu großer Begeisterung bei Kindern und Pädagogen und zu Zufriedenheit bei Senioren.

AG Wald und Steine

Beim Auftaktworkshop hatten sich die beiden Gruppen „Wald" und „Geologie" gebildet, die Projekttage für Schulklassen zu den jeweiligen Themen entwickeln wollten. Fünf Freiwillige beteiligten sich zum Teil in beiden Projekten. Da die Projekttage als Exkursionen durchgeführt werden sollten, ging es zunächst um die Auswahl der Gebiete. Alle Beteiligten waren sich einig, dass bei einer Exkursion mit 20 bis 30 Kindern mindestens vier Ehrenamtliche dabei sein sollten. Die beiden Gruppen beschlossen daher, sich bei personellen Engpässen gegenseitig zu helfen.

Nach der Begehung einer Schlucht bei Altdorf, die für das Thema Geologie ausgewählt wurde, beschlossen die beiden Gruppen, sich zu einer Arbeitsgruppe, der AG „Wald und Steine", zusammen zu schließen. Da die Schlucht mitten in einem urwüchsigen Mischwald liegt, können dort beide Themen bearbeitet werden.

Zu Beginn wurde aus einer Fülle von Ideen eine kleine Auswahl getroffen und diese als Arbeitskonzept in der Praxis erprobt. Nach jedem Ausflug wurden die Erfahrungen reflektiert und so Schritt für Schritt ein Konzept erarbeitet. Im Verlauf stellte sich heraus, dass die Berücksichtigung der beiden Themen „Wald" und „Geologie" bei einem Ausflug zu viel an Programm beinhalten. Die Gruppe beschloss, den Ausflug in die Schlucht ausschließlich unter das Thema Geologie zu stellen und zum Thema Wald in einen stadtnahen Wald zu gehen, der für die Schulklassen leichter erreichbar ist. So bietet die AG „Wald und Steine" nun zwei verschiedene Projekttage an.

Der Gruppenprozess, die Erarbeitung des Konzepts sowie die Erprobung der Umsetzung in die Praxis wurden von einer hauptamtlichen Kraft des ZAB begleitet. Unterstützend zur Konzeptarbeit wurden praxisnahe Fortbildungen zum Thema Geologie und Wald durchgeführt.

Konzept für den Walderlebnistag am Valzner Weiher

Der Ausflug dauert einen Schulvormittag und wird von vier ehrenamtlichen Mitarbeiterinnen und Mitarbeitern in Begleitung einer Lehrkraft oder Erzieherin durchgeführt.

1. Einführung

Die Ehrenamtlichen stellen sich vor. Danach werden die Kinder mit Hilfe eines Tastspiels mit Waldmaterialien in Kleingruppen eingeteilt. Jeweils eine Mitarbeiterin oder ein Mitarbeiter ist im weiteren Verlauf für eine Kleingruppe von sechs bis acht Kindern zuständig.

2. Wahrnehmung

Nach einem kurzen Fußweg um einen Weiher führen die Ehrenamtlichen mit ihren Kleingruppen Spiele durch, die der Intensivierung der Wahrnehmung des Waldes dienen. Zum Beispiel werden durch das Ausschalten des Sehsinnes alle anderen Sinne verstärkt. Nebenbei wird ein Stück des Weges zurückgelegt.

3. Suchauftrag

Nach einer gemeinsamen Vesperpause auf einer Lichtung im Wald bekommen die Kinder in den Kleingruppen einen Suchauftrag. Sie sollen verschiedene Gegenstände aus dem Wald suchen, z.B. etwas Rundes, etwas Glattes, etwas Raues. Diese „Waldschätze" werden dann in der Kleingruppe zusammengetragen und begutachtet.

4. Spaziergang

Danach schließt sich ein gemeinsamer Spaziergang zu einem nahe gelegenen Walderlebnispfad an. Dort finden Gespräche über Bäume statt. Je nach den zeitlichen Möglichkeiten wird ein größerer oder kleinerer Teil des Erlebnispfades für den Rückweg gewählt.

5. Reflexion und Verabschiedung

Der Ausflug endet mit einer gemeinsamen Runde, bei der noch einmal kurz über das Erlebte gesprochen wird und die Ehrenamtlichen sich verabschieden.

Konzept für die erdgeschichtliche Forschungsreise

1. Einführung

In der Woche vor dem Ausflug kommen zwei Ehrenamtliche in die Klasse oder den Hort und geben den Kindern eine Einführung in das Thema Geologie. Es wird mit viel Anschauungsmaterial über die Sandsteine in der Schlucht berichtet. Die Entstehung der Gesteine während der Zeit der Dinosaurier wird dargestellt. Anhand eines Versuchs, den die Kinder im Sandkasten selbst durchführen, wird die Bildung einer Schlucht anschaulich gemacht.

2. Ausflug in die Schlucht

Es handelt sich um einen Tagesausflug mit dem Zug, der von vier ehrenamtlichen Mitarbeiterinnen und Mitarbeitern in Begleitung einer Lehrkraft oder Erzieherin durchgeführt wird. Im Zug findet ein erstes gegenseitiges Kennen lernen statt. Nach der Ankunft erfolgt ein Spaziergang zum Wald. Dort werden die Schülerinnen und Schüler mit einem Tastspiel (siehe Walderlebnistag) in Kleingruppen eingeteilt, für die im weiteren Verlauf jeweils eine Ehrenamtliche bzw. ein Ehrenamtlicher zuständig ist.

Der erste Teil des Weges wird als Schnitzeljagd zurückgelegt. Danach folgt eine Vesperpause. Der verbleibende Weg zur Schlucht ist dann nicht mehr weit.

An der Schlucht wird eine kurze Einführung mit Verhaltensregeln gegeben. Die Kinder gehen in ihren Kleingruppen gemeinsam mit ihrer ehrenamtlichen Betreuerin bzw. ihrem Betreuer in die Schlucht. Dort bekommen die Kinder Hämmer, mit denen sie die Steine bearbeiten dürfen. Schließlich erfolgt der gemeinsame Rückweg mit einer zweiten Pause. Auf der Heimfahrt im Zug wird dann noch einmal über das Erlebte gesprochen.

Ergebnis

Die erdgeschichtliche Forschungsreise hat bisher etwa 20 Mal mit Grundschulklassen und Hortgruppen stattgefunden. Der Walderlebnistag wurde inzwischen mit drei Grundschulklassen und mit einer Hortgruppe durchgeführt. Schülerinnen und Schüler, Lehrerinnen und Lehrer sowie Ehrenamtliche waren jedes Mal begeistert von ihren

> Die intensive Aufmerksamkeit der Seniorinnen und Senioren für die Kinder zeigt positive Wirkungen.

gemeinsamen Erlebnissen. Die Exkursionen werden vor allem davon geprägt, was den Kindern und Ehrenamtlichen in der Natur begegnet.

Oft erleben die Ehrenamtlichen, dass manche Kinder noch nie in einem Wald waren. Von Erzieherinnen und Erziehern bzw. Lehrerinnen und Lehrern erfahren die Aktiven immer wieder, dass die Ausflüge bei den Kindern lange in lebhafter Erinnerung bleiben und bei einigen sogar nachhaltige positive Veränderungen bewirken. So genoss ein Mädchen die intensive Aufmerksamkeit einer Ehrenamtlichen und die natürliche Umgebung im Wald derart, dass sie sich zum ersten Mal in der Gruppe öffnen konnte. Von der Erzieherin erfuhren die Aktiven, dass das vorher sehr schüchterne Kind noch nach einem Jahr von diesem Ausflug spricht und seitdem viel mutiger geworden ist.

Inzwischen ist die Zahl der Aktiven in der Gruppe „Wald und Steine" auf insgesamt zehn Personen angewachsen.

AG Schulgarten

Die Scharrerschule besteht aus einer Haupt- und einer Grundschule. Mit der Grundschule bestand über das Programm „Lernende Region" bereits eine gute Zusammenarbeit. In einem Gespräch wurde der Wunsch an die Mitarbeiterinnen des ZAB heran getragen, im Rahmen des *Generationennetzwerks Umwelt* den bis dahin brachliegenden Schulgarten zu reaktivieren. Durch die AG Schulgarten wurde dabei auch die Hauptschule in die Kooperation mit einbezogen.

1. Treffen mit interessierten Lehrerinnen und Lehrern
Zunächst fand ein Treffen mit interessierten Lehrkräften der Grund- und Hauptschule statt. Es wurde beschlossen, das Grundstück wieder als Garten für Aktionen mit Schulklassen nutzbar zu machen. Hierfür sollte die AG Schulgarten, bestehend aus Lehrerinnen bzw. Lehrern, Eltern und Ehrenamtlichen des ZAB, die Planung und dauerhafte Pflege übernehmen.

2. Werben von Eltern

Als nächster Schritt wurde auf Elternabenden und in Elternbriefen um eine Beteiligung in der AG Schulgarten geworben und zu einem ersten Treffen eingeladen.

3. Gründung der AG Schulgarten

Beim ersten Treffen aller interessierten Eltern, Lehrerinnen und Lehrern sowie einer ehrenamtlichen Mitarbeiterin aus dem ZAB wurde die AG gegründet. Sofort ging die Gruppe in die Planung für die Gestaltung des Grundstücks.

4. Erste Aktionen

Zunächst erstellten Hauptschülerinnen und -schüler im Mathematikunterricht einen maßstabsgetreuen Plan des Grundstücks. Grundschülerinnen und -schüler sammelten einen Vormittag lang den Müll auf. So entstand bereits der erste Bezug zu „ihrem Garten". Die ehrenamtliche Mitarbeiterin des ZAB, eine Gärtnerin und Landschaftsarchitektin, übernahm in Absprache mit der AG die Planung.

5. Meilenstein Caring Day

Im ZAB existiert eine Projektgruppe mit dem Namen „Türen Öffnen". Diese Gruppe organisiert Kontakte aus der freien Wirtschaft mit sozialen Einrichtungen. So ergab sich die Möglichkeit, einen so genannten Caring Day als Unterstützung für die Errichtung des neuen Schulgartens zu veranstalten. An einem Caring Day werden Mitarbeiterinnen und Mitarbeiter einer Firma freigestellt, die einen Tag lang in sozialen Einrichtungen arbeiten. Dieses Engagement wird auch mit Sachspenden für die sozialen Einrichtung verbunden.

An dem Caring Day für die Schule konnte die Grundlage für den neuen Schulgarten gelegt werden. Unter der Regie von Fachleuten aus der AG Schulgarten wurden von den Mitarbeiterinnen und Mitarbeitern der Firma und den Grund- und Hauptschülerinnen und -schülern Hecken, Sträucher und ein Baum gepflanzt, Beete und Hochbeete angelegt und zwei Komposthaufen aufgestellt.

6. Aktivitäten

In vielen großen und kleinen Aktionen hat sich der Schulgarten zu einem lebendigen, sich ständig wandelnden grünen Klassenzimmer entwickelt, das rege genutzt wird. Hochbeete werden von den Schülerinnen und Schülern bepflanzt, ein kleiner Tümpel wurde angelegt, an dem Kleintiere beobachtet werden, für verschiedene Bereiche wurden Abgrenzungen aus Weidenzäunen gebaut und vieles mehr. Ein wichtiges Ereignis ist auch das alljährliche Grillfest im Sommer, das von der AG veranstaltet wird.

Ergebnis

Die AG Schulgarten ist eine stabile Gruppe, die sich regelmäßig trifft. Bei Eltern sowie Schülerinnen und Schülern hat sich ein verantwortungsvoller Bezug zu „ihrem Garten" entwickelt. Nach zwei Jahren der Betreuung der AG Schulgarten durch eine hauptamtliche Mitarbeiterin des ZAB ist die Gruppe zum Selbstläufer geworden.

Naturwissenschaftliche Experimente im Kindergarten

Eine pensionierte Chemielehrerin, die sich auch in der Gruppe „Wald und Steine" engagiert, kam mit dem Wunsch zum ZAB, bei Kindern das Interesse an der Naturwissenschaft zu fördern. Über die Scharrerschule wurde deshalb ein Koffer mit Materialien für einfache chemische Experimente und ein Heft mit Vorschlägen für deren Durchführung angeschafft. Darüber hinaus beschaffte sich die Mitarbeiterin Literatur und las sich in das Thema ein.

Die Projektverantwortliche des ZAB vereinbarte ein Gespräch mit der Leiterin einer Kindertagesstätte und der ehrenamtlichen Chemielehrerin. Nun wurden die Rahmenbedingungen für die Durchführung des Projekts vereinbart:
• Die Ehrenamtliche arbeitet einmal pro Woche
• mit einer festen Kleingruppe von Vorschülerinnen und -schülern
• in einem kleineren Raum, in dem es auch mal schmutzig werden darf.
• Eine Erzieherin ist anwesend.

Seit über einem Jahr führt die Mitarbeiterin mit der Kleingruppe Experimente zu den „Phänomenen der unbelebten Natur" durch. Die Kinder erforschen dabei ihre natürliche Umwelt mit einfachen Experimenten, die auch zu Hause mit Alltagsmaterialien nachspielbar sind. Das Projekt ist bei den Vorschulkindern sehr beliebt. Sie werden zu Experten für Naturphänomene und geben ihr Wissen gerne an Eltern und Freunde weiter. Auch die Erzieherin ist von den einfachen naturwissenschaftlichen Erklärungen immer wieder fasziniert. Inzwischen hat sich die ehrenamtliche Mitarbeiterin zu einer Expertin auf ihrem Gebiet entwickelt und bietet auch Fortbildungen für Erzieherinnen zu diesem Thema an. Solche Fortbildungen fanden bereits fünfmal mit jeweils 12 Personen statt.

AG Umwelt und Natur

Während der Entwicklung der Projekttage der AG Pflanzenwelt entstand bei einer Mitarbeiterin der Wunsch, ein regelmäßiges Angebot zum Thema Umwelt und Natur an der Grundschule anzubieten. Nachdem auch die ehrenamtliche Chemielehrerin ihr Interesse bekundet hatte, konnte die AG Umwelt und Natur gegründet werden. Gemeinsam mit der Schulleiterin wurde ein Plan erstellt. Darin ist festgelegt, welche Themen wann bearbeitet werden und wer zuständig ist. Die beiden ehrenamtlichen Mitarbeiterinnen wechseln sich ab.

Die AG Natur und Umwelt findet als freiwilliges Nachmittagsangebot einmal wöchentlich statt. Die Ehrenamtliche aus der AG Pflanzenwelt erkundet mit den Kindern auf Spaziergängen in der nächsten Umgebung die Pflanzenwelt, sammelt und presst Pflanzen und legt ein Herbarium an. Die Exkursionen werden von der Schulleiterin begleitet.
Die ehrenamtliche Chemielehrerin aus der Gruppe „Wald und Steine" erforscht mit den Kindern die „Phänomene der unbelebten Natur". Über das gemeinsame Experimentieren werden chemische Zusammenhänge erforscht.

Seit dem Frühjahr 2005 wird von der Gruppe auch eines der Hochbeete im Schulgarten bepflanzt und gepflegt.

Herausforderungen

▮▮▮ Zielgruppenansprache

Die Resonanz auf den Artikel und der Besuch des Informationsabends fielen geringer aus als das ZAB erwartet hatte. Das Thema Natur spricht offensichtlich weniger Menschen an als z.B. die sozialen Projekte. Bei dem ersten Informationstreffen äußerten die interessierten Anwesenden, dass das Thema im Zeitungsartikel zu offen gehalten war. Die Möglichkeiten der Beteiligung hätten mit Beispielen verdeutlicht und die Rahmenbedingungen klarer dargestellt werden sollen.

> Im Vergleich zu sozialen Projekten stellt die Gewinnung von Freiwilligen im Umweltbereich eine besondere Herausforderung dar.

▮▮▮ Hindernisse im Gruppenprozess

Die Zusammenarbeit in der Gruppe „Wald und Steine" war nicht immer reibungslos. Unterschiedliche Ansichten und Ansprüche innerhalb der Gruppe erschwerten anfangs die Konzeptarbeit. Schon bald zeigte sich allerdings, dass die Erfahrungen in der Praxis und deren Reflexion den Weg ebneten und die Gruppe voran brachten. So standen die gemeinsamen positiven Erfahrungen mit den Kindern im Vordergrund. Anhand dieser Erfahrungen wurde der Ablaufrahmen für die Projekttage Schritt für Schritt festgelegt. Die Zusammenarbeit in der Praxis schweißte die Ehrenamtlichen zusammen und ließ manche anfängliche Antipathie innerhalb der Gruppe in den Hintergrund treten. Auch praxisnahe Fortbildungen gaben den Ehrenamtlichen gute Anregungen und Hilfen für die Konzeptarbeit. Diese Vorgehensweise beanspruchte eine zeitaufwendige Begleitung der Gruppe durch die Projektverantwortliche vom ZAB.

> Stolpersteine bei der konzeptionellen Entwicklung der Projekte können durch Praxiserfahrungen aus dem Weg geräumt werden – dafür bedarf es der Begleitung durch Hauptamtliche.

Im Lauf dieses Prozesses hat sich die Gruppe durch das Hinzukommen neuer Mitarbeiterinnen und Mitarbeiter inzwischen weiter stabilisiert.

Perspektive der Seniorinnen und Senioren

Die Begeisterung für das generationenübergreifende Engagement hat bei den beteiligten Seniorinnen und Senioren im Projektverlauf immer weiter zugenommen, vor allem nach den ersten erfolgreichen Projekttagen mit den Kindern. Die Aktiven freuen sich, dass die Kinder begeistert mitmachen und den Einsatz der Ehrenamtlichen sehr schätzen. Danach gefragt, was die Projekttage nach Meinung der Seniorinnen und Senioren wohl für die Kinder bedeuten, antworten sie z.B.: „Den Kindern werden Erlebnisse möglich gemacht, die sie begeistern und für die Schule und Kindergarten keine entsprechenden Möglichkeiten bieten können – nämlich Menschen mit Zeit!" Die Arbeit für und mit den Kindern wird von ihnen jedoch nicht ausschließlich als „Geben" erlebt; sie betonen in Gesprächen sowie in einer schriftlichen Befragung die Balance aus „Geben" und „Nehmen", die als große Bereicherung und Anerkennung empfunden wird: „Eine große Bereicherung und Freude. Ich kann meine Begeisterung an der Natur weiter geben und Verständnis für die Umwelt wecken. Und auch die Kinder geben mir sehr viel" und „ein lebendiges Miteinander mit Kindern, die mich fordern mit ihren Wünschen und ihrer Neugierde", so lauten beispielsweise die Antworten zweier Aktiven auf die Frage, was der Austausch mit den Kindern für sie bedeutet.

Die positive Bewertung des Projekts durch die aktiven Ehrenamtlichen umfasst aber auch die Entwicklung und die Arbeitsweise der Gruppe selbst. In einer schriftlichen Befragung wird deutlich, dass die Aktiven die Klarheit der Ziele und Aufgabenverteilung sowie das positive Gruppenklima sehr schätzen. Jede und jeder hat zudem das Gefühl, sich sehr gut oder zumindest gut mit seinen Erfahrungen und Kenntnissen einbringen zu können. Deutlich machen die Ehrenamtlichen am ZAB aber auch, dass ihnen die gesellschaftliche Anerkennung für das Engagement noch zu gering erscheint. Sie wünschen sich mehr öffentliche und mediale Aufmerksamkeit für das gesellschaftlich wichtige Thema.

> Gesellschaftlich wird das Engagement von Älteren noch zu wenig beachtet. Wichtig ist daher die Anerkennung und Gratifikation durch Feste, Fortbildungen usw.

Veränderungen in der Einrichtung

Erweiterung des Angebotsspektrums

Generationenübergreifende Projekte im Natur- und Umweltbereich sind als Betätigungsfelder für bürgerschaftliches Engagement im ZAB nicht mehr wegzudenken. Durch die Teilnahme des ZAB als Lernwerkstatt im *Generationennetzwerk Umwelt* konnte das Kleinprojekt „Gärtnern mit Kindern" auf eine völlig andere Stufe gestellt werden. Die Zahl der ehrenamtlich Aktiven im ökologischen Bereich hat sich vergrößert. Gerade die aus der Lernwerkstatt hervor gegangene Gruppe „Wald und Steine" findet immer wieder neuen Zulauf. Durch die Kooperation mit der Institution Schule wurde ein neues Erfahrungsfeld erschlossen, das Modellcharakter hat und auf weitere Initiativen und Einsatzorte übertragen werden kann.

Profilierung der Schule und der Kindertagesstätte

Die Schule kann nun im Umweltbereich auf fünf verschiedene Projekte, die im Rahmen der Lernwerkstatt entwickelt wurden, verweisen. Vor allem der Schulgarten ist zu einem regelrechten Aushängeschild für die Schule geworden.

Auch die Kindertagesstätte möchte nicht mehr auf die Mitarbeit der ehrenamtlichen Chemielehrerin verzichten, die den Kindern mit ihren Experimenten einen positiven Zugang zu den Naturwissenschaften ermöglicht.

Nachhaltigkeit der Projekte

Anfangsphase

Wie bereits dargestellt, wurde dem Aufbau und der Begleitung der Projekte viel Zeit gegeben. Wichtig war es den Projektverantwortlichen, die tatsächlichen Motive und Interessen der einzelnen Interessentinnen und Interessenten ernst zunehmen und aufzugreifen, damit jede und jeder ihren bzw. seinen Platz in den Konzepten finden und sich mit dem Inhalt und den Methoden identifizieren konnte. Auf diese Art sind insgesamt sechs Kleinprojekte entstanden, die am Anfang viel Unterstützung von hauptamtlicher Seite benötigten, sich aber während der gesamten Modelllaufzeit stabilisieren und verselbstständigen konnten.

> Die intensive Begleitung der Freiwilligen durch Hauptamtliche macht sich „bezahlt". Die Älteren entwickeln „ihr" Projekt, die Kinder profitieren von guten Ansätzen und gemeinsam optimierte Angebote werden zum „Selbstläufer".

Ein wesentlicher Bestandteil des Projektaufbaus war es, entsprechende Ansprechpartnerinnen bzw. -partner in der Schule und im Kindergarten zu finden, d.h. Lehrkräfte und Pädagoginnen und Pädagogen, die bereit waren, sich nach außen hin zu öffnen und mit Ehrenamtlichen zu kooperieren. Es fanden Gespräche mit Lehrkräften und Pädagoginnen bzw. Pädagogen statt, in denen geklärt wurde, welche Projekttage anfangs in welchen Schulklassen stattfinden konnten. Die ersten Einsätze in den Unterrichtsstunden bzw. die gemeinsamen Ausflüge mit den Schulklassen (durchgeführt von Ehrenamtlichen des ZAB) wurden anfangs immer von einer Projektverantwortlichen des ZAB begleitet und unterstützt. Die Erlebnisse und Erfahrungen wurden zeitnah in gemeinsamen Reflexionstreffen ausgewertet. Durch den intensiven Austausch aller Beteiligten konnten die Konzepte optimiert und eventuellen Negativerfahrungen im weiteren Verlauf der Projekttage vorgebeugt werden.

Versuchsphase

Im späteren Verlauf der Projekttage und der Einsätze in den Unterrichtsstunden wurden von der Projektverantwortlichen des ZAB hauptsächlich organisatorische Aufgaben (z.B. Terminabsprachen und Vermittlung einzelner Schulklassen) übernommen. Die Ausflüge fanden mit Lehrkräften, Ehrenamtlichen und Schulklassen ohne Begleitung der Projektverantwortlichen statt. Feedback gab es in den stattfindenden Gruppentreffen bzw. in Telefonaten sowie in Tür- und Angelgesprächen mit den Lehrkräften bzw. aktiven Ehrenamtlichen. Unterstützend wurden für die Ehrenamtlichen Fortbildungen zu spezifischen Themen, wie Umweltpädagogik im Elementarbereich, Erste Hilfe am Kind, Grundwissen Geologie und eine Waldexkursion angeboten. Die Fortbildungsthemen orientierten sich an den Interessen und Bedürfnissen der ehrenamtlich Aktiven.

Verselbstständigungsphase

In der dritten Verlaufsphase arbeitete die Projektverantwortliche des ZAB darauf hin, bestimmte Aufgaben- und Verantwortungsbereiche an Ehrenamtliche mit dem Ziel der Selbstorganisation der Gruppe abzugeben. Parallel dazu wurden die kooperierenden Pädagoginnen und Pädagogen bzw. Lehrkräfte rechtzeitig darüber in Kenntnis gesetzt, dass nach Ablauf der Modelllaufzeit die Projektverantwortliche nur noch ein Minimum an Organisationsarbeit leisten kann. Dies hat zur Folge, dass Projekttage und Aktionen in Zukunft auf direktem Wege, zwischen Institution und Ehrenamtlichen stattfinden sollen.

Selbstorganisation

Die Selbstorganisation der einzelnen Projektgruppen ist bereits gelungen. Die AG Schulgarten organisiert sich selbstständig. Hier finden regelmäßige Gruppentreffen und gemeinsame Aktionen zwischen Lehrkräften, Ehrenamtlichen vom ZAB, Eltern und interessierten Schülerinnen und Schülern statt. Aktive Eltern, deren Kinder demnächst auf eine andere Schule wechseln werden, haben bereits ihre weitere Mitarbeit in der AG Schulgarten zugesagt. Da fast alle in der nahen Umgebung wohnen, stellt der nun begrünte und belebte Garten auch eine Verschönerung des Stadtteils dar. Es lohnt sich somit, sich auch weiterhin für den Garten einzusetzen.

Die in der AG Natur und Umwelt aktiven Ehrenamtlichen haben als Ansprechpartnerin die Direktorin der Schule, die auch an einzelnen Aktionen mitwirkt. Für die Projekttage „Vom Samenkorn zur Pflanze", „Walderlebnistag" und „Erdgeschichtliche Forschungsreise" gibt es eine Lehrkraft als Hauptansprechpartnerin, die auch Vermittlungsaufgaben übernimmt. Der Kontakt zum Biobauern hat Bestand, so dass auch hier weitere Exkursionen stattfinden werden.

Die Gruppe „Wald und Steine" hat jeweils eine projektverantwortliche Mentorin für den „Walderlebnistag" und für die „Erdgeschichtliche Forschungsreise" ausgewählt. Diese ehrenamtlichen Mentorinnen haben Verantwortung für die Absprachen mit der Ansprechpartnerin an der Schule bzw. mit den Leiterinnen der Kindertagesstätten und den Informationsfluss in der Gruppe übernommen.

Die ehemalige Chemielehrerin, die im Kindergarten tätig ist, hat ein gutes Verhältnis zur Kindergartenleiterin und spricht selbstständig alles Notwendige mit ihr ab.

Ausblick

Seit Anfang 2005 beteiligt sich das ZAB an einem neuen bundesweiten Modellprogramm mit dem Namen „Große für Kleine – Bürgerengagement in Kitas". Hier sollen u.a. auch intergenerative ökologische Projekte entstehen, die das Angebot der Kindertageseinrichtungen systematisch erweitern. Hier sehen die Mitarbeiterinnen und Mitarbeiter des ZAB eine gute Chance, an die Erfahrungen und Ergebnisse der laufenden Projekte nahtlos anzuknüpfen. So werden im Rahmen dieses Projekts inzwischen in drei Kindertagesstätten Experimente im naturwissenschaftlichen Bereich von Ehrenamtlichen durchgeführt. Auch Gartenprojekte und Waldtage für Kindertagesstätten wurden neu initiiert.

Öffentlichkeitsarbeit und Medienresonanz

Um möglichst viele Menschen mit dem Projekt *Generationennetzwerk Umwelt* anzusprechen, wurden wichtige Entwicklungen veröffentlicht.

- Radio Z, ein privater Nürnberger Radiosender, berichtete in einem Interview über neue Lernmethoden, die im ZAB im Projekt *Generationennetzwerk Umwelt* entwickelt wurden.
- Das Frankenfernsehen drehte einen Bericht über den Caring Day im Schulgarten.
- Im Projektverlauf sind immer wieder Artikel in der örtlichen Presse erschienen.
- Auch in der aktuellen Ausgabe der Broschüre des ZAB sind die umweltpädagogischen Projekte, die im Verlauf des *Generationennetzwerks Umwelt* entwickelt wurden, auf einer Doppelseite dargestellt.

Praxistipps

1 Praxistipp

An den Potenzialen der am Ehrenamt Interessierten ansetzen

Ein wichtiges Motto des ZAB lautet: „Die Hauptamtlichen bauen den Rahmen – die Ehrenamtlichen malen die Bilder". Die Projektverantwortliche des ZAB arbeitet in der Regel indirekt. Sie orientiert sich am Ansatz des Empowerment, d.h. Energiepotenziale und Möglichkeiten der/des ehrenamtlich Interessierten sollen sich entfalten können. Durch diesen Ansatz entstehen Projekte, mit denen sich die Ehrenamtlichen in einem hohen Maß identifizieren und für die sie oft dauerhaft Verantwortung übernehmen.

Rahmenbedingungen mit den Schulen und Kindertagesstätten klären

2 Praxistipp

Das ZAB entwickelt über die pragmatische Zusammenarbeit Bezüge zu Kooperationspartnern wie Schulen und Kindergärten, die sich über gemeinsame Aufgaben, Arbeiten und Projekte definieren. In dieser Kooperation stärkt die Projektverantwortliche des ZAB bewusst die Stellung der Ehrenamtlichen. Sie sucht die Verbindung zu fachlichen Partnern, um gemeinsame sinnvolle Einsatzmöglichkeiten ausfindig zu machen. In dieser Partnerschaft werden die Bedingungen des ehrenamtlichen Einsatzes geklärt, z.B. die Sicherstellung anspruchsvoller Arbeitsbereiche, die gleichberechtigte Einbindung der Ehrenamtlichen in bestehende hauptamtliche Teamstrukturen, Qualifizierung, versicherungsrechtliche Absicherung, Aufwandsentschädigungen und Anerkennungsformen.

Anerkennung für das Engagement geben

3 Praxistipp

Die beste Anerkennung für ehrenamtlichen Einsatz ist das direkte Feedback durch diejenigen, die von den Hilfen profitieren (Schülerinnen und Schüler, Lehrkräfte, Eltern). Der direkte menschliche Bezug ist besonders wichtig. Weitere Anerkennungsformen sollen so individuell wie möglich sein (Geburtstagskarten, Einladung zum Schulfest, persönliche Danksagung etc.). Auch Fortbildungen und gemeinsame Ausflüge gehören zur Anerkennungskultur.

Externe Beratung fördert die Projektentwicklung

4 Praxistipp

Die kontinuierliche Begleitung und Beratung der Netzwerk-Agentur im *Generationennetzwerk Umwelt* (Besuche vor Ort, Reflexion im Rahmen gemeinsamer Veranstaltungen) hat die erfolgreiche Entwicklung eines neuen Betätigungsfeldes befördert. Neben vielfältigen Anregungen aus anderen Projektzusammenhängen ist es hilfreich, wenn eine „externe" Institution die Projektentwicklung beobachtet und durch gezieltes Feedback die Weiterentwicklung des Gesamtprojekts unterstützt.

Kontakt

Ute Zimmer, Geologin (Projektleitung)
Andrea Konopka, Sozialpädagogin (Projektleitung)

Zentrum Aktiver Bürger (ZAB)
Gostenhofer Hauptstraße 63
90443 Nürnberg
Telefon: 0911/929717-0
Fax: 0911/929717-29
E-Mail: zab@iska-nuernberg.de
Internet: www.zentrum-aktiver-buerger.de

Zentrum für Allgemeine Wissenschaftliche Weiterbildung der Universität Ulm

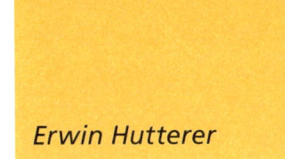

Erwin Hutterer

Das Zentrum für Allgemeine Wissenschaftliche Weiterbildung (ZAWiW) verfügt über viele Erfahrungen in der Arbeit mit Seniorinnen und Senioren, die sich mittels der Methode des „Forschenden Lernens" in verschiedenen Themenfeldern weitgehend selbst gesteuert weiterbilden. Durch die Mitwirkung im Generationennetzwerk Umwelt wurden Erkenntnisse unterschiedlicher Themenfelder erstmalig auch generationenübergreifend in die Wissensvermittlung (Thema: Solarenergie) und in den Dialog mit Jüngeren (Thema: Wohnen) eingebracht. Die Beispiele zeigen auf anschauliche Art und Weise, wie Schulen die Potenziale Älterer produktiv einbeziehen können.

Profil der Einrichtung

Das ZAWiW ist eine zentrale Einrichtung der Universität Ulm, deren Hauptaufgaben in der Entwicklung innovativer Bildungsangebote für ältere Erwachsene im Bereich der „Allgemeinen Wissenschaftlichen Weiterbildung" liegen. Wichtigste Arbeitsfelder sind die „Jahreszeitakademien", die vom ZAWiW konzipiert, organisiert und zweimal jährlich durchgeführt werden, sowie die Begleitung von Arbeitskreisen „Forschenden Lernens" zu Themen aus verschiedensten Fachbereichen. Im Sinne der Aktionsforschung werden Modellprojekte auf regionaler, nationaler und internationaler Ebene durchgeführt, die die Förderung selbstgesteuerten Lernens und die Nutzung neuer Technologien zur Aufgabe haben. Zielvorstellung ist es, wenn möglich, diese Projekte in Selbstständigkeit zu überführen.

Ausgangspunkt

Der Ansatz, ältere Menschen zum Engagement für gesellschaftliche Belange zu ermutigen, ihre Erfahrungen und Kompetenzen zu nutzen, ist ein Hauptziel der Arbeit des ZAWiW. Dieser Grundgedanke deckt sich mit den Intentionen des *Generationennetzwerks Umwelt*. Die Umsetzung dieses Ansatzes geschieht beim ZAWiW bereits seit vielen Jahren in Gruppen „Forschenden Lernens". Derzeit sind in den insgesamt 15 Gruppen ca. 120 bis 150 Seniorinnen und Senioren ehrenamtlich tätig. Sie kommen aus einem Umkreis von etwa 50 km rund um Ulm. Das Spektrum der Gruppen reicht quer über alle Fachrichtungen: Naturwissenschaften/Ökologie/Umwelt, Medizin, Geistes- und Sozialwissenschaften, Wirtschaftswissenschaften und Informatik.

> Im Rahmen des „Forschenden Lernens" werden Ältere durch das ZAWiW ermutigt, sich mit ihren Erfahrungen und Kompetenzen für gesellschaftliche Belange einzusetzen.

„Forschendes Lernen" ist ein didaktisches Prinzip, das einen auf Selbstständigkeit und Interaktion der Lernenden ausgerichteten Arbeits- und Lernprozess beschreibt. Die Eingrenzung von Problemen und Themen und die Konkretisierung des Ziels werden den Teilnehmenden prozessorientiert überlassen. Dabei sind der Austausch von Wissen und Erfahrungswissen und die gemeinsame Erschließung von Bildungsressourcen zentrale Elemente. In diesem Zusammenhang werden die neuen Informations- und Kommunikationstechnologien zunehmend zur Informationsrecherche, Zusammenarbeit, Diskussion und Präsentation von Ergebnissen genutzt. Daneben werden die gewonnenen Ergebnisse auch als Broschüren veröffentlicht.

Diese vom ZAWiW initiierte Methode des „Forschenden Lernens" wird mittlerweile auch – z.T. in etwas abgeänderter Form – an anderen Universitäten sowohl in Deutschland (z.B. Schwäbisch Gmünd, Hannover, Mittweida, Leipzig, Frankfurt) als auch in anderen Ländern (z.B. Frankreich, Italien, Spanien, Polen) praktiziert.

Das ZAWiW verfügt von seiner originären Aufgabenstellung als Einrichtung der allgemeinen wissenschaftlichen Weiterbildung mit Schwerpunkt „Menschen im dritten

Lebensalter – und davor" über eine Fülle an Erfahrungen in der Arbeit mit ehrenamtlich tätigen Seniorinnen und Senioren. Noch nicht sehr weit entwickelt waren zum Start des *Generationennetzwerks Umwelt* die Aktivitäten im Bereich „Umwelterziehung" und beim generationenübergreifenden Dialog. Das letztgenannte Handlungsfeld entwickelt sich allerdings seit einigen Jahren zu einem Haupttätigkeitsfeld des ZAWiW, ermöglicht durch eine Förderung des vom ZAWiW entwickelten Projekts „Kompetenznetzwerk der Generationen" durch die Bund-Länder-Kommission. Insofern war die Einbindung des ZAWiW in das *Generationennetzwerk Umwelt* die ideale Ergänzung, um damit folgende Zielvorstellungen zu erreichen:

- Anregung und Initiierung von eigenständigen Arbeits- und Projektgruppen von engagierten Älteren in umweltbezogenen Handlungsfeldern,
- Entwicklung von generationenübergreifenden Projekten,
- Entwicklung von innovativen Methoden zur Förderung des Dialogs der Generationen.

Mit dem *Generationennetzwerk Umwelt* sollte – zusammenfassend formuliert – die Verknüpfung des generationenübergreifenden Dialogs in Bezug auf umweltbezogene Aktivitäten für die Zielgruppe des ZAWiW erschlossen und attraktiv gemacht werden. Diese Projektintention korrespondierte mit dem Bestreben in einigen Gruppen „Forschenden Lernens", die ihrerseits anstrebten, das erarbeitete Wissen speziell an Kinder und Jugendliche weiterzugeben.

Arbeitskreise und Projekte

Arbeitskreis Solar

Besonders gute Voraussetzungen für die Mitwirkung im *Generationennetzwerk Umwelt* boten sich beim Arbeitskreis (AK) „Solar". Dieser ist hervorgegangen aus dem Arbeitskreis „Energie", dessen Arbeit mit der Herausgabe einer Broschüre zur „Stromerzeugung und -verwendung in Ulm und der Region" beendet wurde. Aufgrund der hohen Aufmerksamkeit, die dieser Arbeitskreis „Energie" über die Jahre hinweg (er war seit 1994 tätig) in den fachlich relevanten Kreisen der Stadt Ulm genoss, kam die „Solarstiftung Ulm/Neu-Ulm" auf diesen mit der Bitte zu, eine Bestandsaufnahme aller Photovoltaikanlagen auf den Dächern der Ulmer und Neu-Ulmer Schulen (zum damaligen Zeitpunkt handelte es sich um 18 Anlagen) zu erstellen sowie einen Maßnahmenkatalog zu deren besseren Integration in den Schulalltag, in den Unterricht und bei der Präsentation in der Öffentlichkeit vorzulegen.

Nach einjähriger Arbeit legte der AK Solar im August 2002 seinen Bericht der „Solarstiftung Ulm/Neu-Ulm" vor. Darin wurden insbesondere die Weiterbildung von Lehrerinnen und Lehrern sowie Schülerinnen und Schülern, die Konzipierung und Durchführung von Unterrichtseinheiten zu den Themen „Energiesparen", „Erneuerbare Energieträger" und „Photovoltaik" und die gemeinsame Durchführung von diesbezüglichen praxisorientierten Workshops als gewünschte Maßnahmen genannt. Diese wurden dann auch zu den Hauptaufgaben des AK Solar, die dieser dann als Lernwerkstatt im *Generationennetzwerk Umwelt* umsetzen konnte.

Die Bedingungen für den Projektstart waren günstig. Es bestand mit dem AK Solar einerseits eine feste Gruppe von zehn Senioren (alle männlich), die begierig darauf waren, ihr langjährig (z.T. im Beruf und in jedem Fall durch die ehrenamtliche Tätigkeit am ZAWiW) erworbenes Wissen weiterzugeben. Auf der anderen Seite herrschte von Seiten der Schulen eine Nachfrage nach ergänzenden Ange-

> Einmal etablierte Arbeitsgruppen älterer Freiwilliger sind wegen ihres Know-Hows gefragt.

boten, welche die Schule/die Lehrkräfte nicht im Rahmen ihrer eigenen Möglichkeiten anbieten können. Es waren also schnell interessierte Schulen und Lehrkräfte gefunden, die zusammen mit dem AK Solar an den Schulen generationenübergreifende Projekte anbieten wollten.

Im ersten Jahr der Projektlaufzeit des *Generationennetzwerks Umwelt* (2003) wurden mit zwei Schulen entsprechende Vereinbarungen zur Durchführung von Projekten getroffen, im Jahr 2004 ebenfalls mit zwei Schulen. Im Verlauf der Angebotsentwicklung und -erprobung hat der AK verschiedene Programmelemente konzipiert, die jeweils der Schulform, der Klassenstufe und den zeitlichen Rahmenbedingungen folgend zum Einsatz gebracht werden:

- **Energiefahrrad,** um zu zeigen wie mühsam es ist, mit Muskelkraft Energie zu erzeugen und wie mager die Belohnung für die Schufterei ausfällt (1 cm² Knäckebrot für drei Minuten strampeln),
- **Solarkocher,** der Frühlingssuppe und Würstchen erhitzen kann,
- **Solarmobil,**
- **Solarthermie und Photovoltaik** mit Versuchen zur Wärme- und Stromerzeugung aus Sonnenlicht,
- **Solarmodelleisenbahn,** die durch die Sonne betrieben wird,
- **Solarmodellboot,**
- **Tauziehen gegen die Sonne,**
- **Musikübertragung mittels Laserstrahl (Sender) und Solarzelle (Empfänger),**
- **Solarboot:** Vorführung des Solarboots der Solarstiftung Ulm/Neu-Ulm und Fahrt damit auf der Donau (gesponsert durch die Solarstiftung Ulm/Neu-Ulm),
- **Solardusche:** 50 Meter schwarzer Gartenschlauch, auf einem Brett fixiert, ergibt bei Sonnenschein ein prächtiges Duschvergnügen.

Den ersten Einsatz gestaltete der AK Solar im Rahmen des „Tag der offenen Tür" am **Bertha-von-Suttner-Gymnasium Neu-Ulm** am 5. April 2003. Das Interesse von Schülerinnen und Schülern sowie den Eltern war sehr groß und

> Enttäuschungen und Rückschläge in Projekten von Freiwilligen sind gemeinsam mit den Projektbeteiligten und ggf. der hauptamtlichen Ansprechperson mit Blick auf eine Überarbeitung des Ansatzes auszuwerten.

die Schule zeigte sich mit dem Ergebnis sehr zufrieden. Aber leider war es kein Tag für die Solarenergie! Nach einer wochenlangen Schönwetterperiode blieb der Himmel bedeckt und es war kalt. So wurden leider nur die „Indoor-Aktivitäten" gut angenommen. Bei der rückblickenden Besprechung des Arbeitskreises Solar war eine gewisse Enttäuschung über die miserablen äußeren Bedingungen unverkennbar, auch wenn von vorn herein feststand, dass es sich um ein weitgehend wetterabhängiges Unterfangen handelte. Für zukünftige Aktivitäten an anderen Schulen wurden einige Änderungen im Ablauf beschlossen, aber die Veranstaltung – nicht zuletzt aufgrund der sehr positiven Rückmeldung von Seiten der Schulleitung – grundsätzlich als erfolgreich gewertet.

Nach dem „Tag der offenen Tür" bestand weiterhin Kontakt zum Bertha-von-Suttner-Gymnasium. Als Modellschule für Solarenergie ist die Schule mit einem eigenen Solarhaus ausgestattet. Für dieses Solarhaus hat der AK Solar die Aufgabe übernommen, eine Betriebsanleitung für die Lehrkräfte zu erstellen und zu eruieren, welche Möglichkeiten bestehen, dieses Solarhaus sinnvoll in den Unterricht möglichst aller Jahrgangsstufen zu integrieren. Auch für die Zukunft wurde eine aktive Beteiligung des AK Solar an gemeinsamen Projekten mit der Schule vereinbart.

Die **Elly-Heuss-Realschule** veranstaltet jährlich mit den Klassenstufen 7 bis 9 Projekttage zu verschiedenen Themen. Auf Anregung des AK Solar wurde das Thema „Solartechnik" für die Klasse 9c (32 Schülerinnen und Schüler) ausgewählt und gemeinsam mit den Fachlehrern für Physik, Mathematik und Chemie umgesetzt. Ziel der gemeinsam geplanten Projekttage war, Schülerinnen und Schülern, Eltern sowie Freundinnen und Freunden der Schule die Möglichkeiten der umweltschonenden Solartechnik anhand von Versuchen und Demonstrationen nahe zu bringen. Dazu bot das traditionelle Schulfest im Schulhof am letzten Tag der Projekttage, an dem alle Klassen mit vielen Eltern teilnahmen, eine gute Gelegenheit. Die Projekttage an der Elly-Heuss-Realschule erwiesen sich als sehr erfolgreich; nicht zuletzt, da optimales „Solarwetter" herrschte und alle geplanten Demonstrationen von den Schülerinnen und Schülern der Klasse 9c erfolgreich durchgeführt werden konnten. Im Abschlussgespräch mit den beteiligten Lehrern wurde spontan vereinbart, die Solar-Projekttage nach Möglichkeit zu wiederholen.

Im Rahmen der Vorbereitungen haben die Teilnehmer des AK Solar eine Fülle von fachdidaktischen Unterlagen gesichtet und auf ihre mögliche Verwendung – im Unterricht oder unterrichtsbegleitend – hin geprüft. Ein Teil dieser Materialien wurde aufbereitet, um eigene Unterlagen ergänzt und zu einem Einführungsvortrag zusammengestellt, der – je nach Bedarf – die Länge von ein bis zwei Schulstunden hat. Dieser Vortrag wurde im Rahmen der Projekttage an der Elly-Heuss-Realschule Ulm vom AK Solar zum ersten Mal erprobt und fand eine positive Resonanz. Seither gehört er zum festen Repertoire des AK Solar und wird ständig aktualisiert.

Die **Meinloh-Hauptschule mit Werkrealschule Ulm** wurde vom Kultusministerium Baden-Württemberg als Projektschule für den neuen Unterrichtszug „Materie, Natur, Technik" (M.N.T.) im Schuljahr 2003/2004 ausgewählt. Die positive Resonanz in der Öffentlichkeit, die die Aktivitäten des AK Solar an den beiden bereits genannten Schulen erfuhren, veranlasste die Schulleitung der Meinloh-Hauptschule dazu, beim AK Solar anzufragen, ob dieser bereit wäre, ein ähnliches Projekt zu „Anwendungen der Solarenergie" an der Schule durchzuführen. Dazu war der AK Solar natürlich gerne bereit.

Das an der Elly-Heuss-Realschule verwirklichte Konzept war in großen Teilen in die Planungen der Schule integrierbar. Ergänzend dazu – und, weil die Meinloh-Hauptschule im Gegensatz zu den bisher betreuten Schulen keine eigene Photovoltaik-Anlage besitzt – beschloss der AK Solar, mit den zwölf Schülerinnen und Schülern, die für dieses Projekt ausgewählt wurden, eine Photovoltaik-Musteranlage für ein Gartenhaus zu entwerfen und gemeinsam aufzubauen. Aus Kostengründen wurde dies als Zeltpavillon ausgeführt. Weitere Programmelemente aus dem Repertoire des AK Solar wurden ausgewählt (z.B. Energiefahrrad, Solarkocher).

Für Theorie, Aufbau und Demonstration standen insgesamt sechs Mittwochvormittage zur Verfügung (10.30 Uhr bis 13.00 Uhr). Durch dieses enge Zeitgerüst waren alle Beteiligten gezwungen, sich an genaue Arbeitspläne zu halten. Alles verlief reibungslos und die angestrebten Ziele wurden erreicht. Zwar kam beim inhaltlichen Aspekt der Theorieteil etwas zu kurz, dafür war aber in erster Linie das fehlende Grundwissen der Schülerinnen und Schüler verantwortlich. Schließlich handelt es sich bei der Meinloh-Schule um eine Hauptschule, die einem völlig anderen Lehrplan folgt als die höheren Schulen, bei denen der AK Solar bisher ähnliche Aktivitäten betreut hat.

Sehr positiv wirkten sich die regelmäßig und sehr eng aufeinander folgenden gemeinsamen Treffen aus. Das führte zu einer intensiven und sehr harmonischen Zusammenarbeit zwischen Schülerinnen und Schülern, Lehrkräften und Senioren.

Im Juni 2004 wurde auf Wunsch der Schule vom AK Solar der Einführungsvortrag „Warmes Wasser und Strom von der Sonne" vor Schülerinnen und Schülern der **Waldorfschule Römerstrasse** gehalten. Daraufhin wurde von Seiten der Waldorfschule der Wunsch an den AK Solar herangetragen, in der Jahrgangsstufe 11 eine Unterrichtsreihe über Solartechnik und erneuerbare Energieträger zu gestalten. In einer Vorbesprechung mit der Klassenlehrerin wurden Details der Organisation geklärt.

Die 36 Schülerinnen und Schüler der Jahrgangsstufe 11 wurden in zwei Gruppen aufgeteilt. Mit jeder Gruppe sollten sechs Doppelstunden gehalten werden. Wie sich herausstellte, war die Lehrerin – entgegen der Verabredung – jedoch nur bei der ersten Vorstellung kurzzeitig anwesend. Auch stand der Physik- und Vorbereitungsraum nicht immer wie abgesprochen jeweils in der Schulstunde vorher zur Verfügung.

Im Vergleich zu den bisher vom AK Solar durchgeführten Aktionen an den anderen Schulen war der Verlauf ernüchternd: Das Interesse und die Motivation der meisten Schülerinnen und Schüler war wider Erwarten schwach und entsprechend gering war die Akzeptanz der Vorträge und Demonstrationen. In beiden Kursen waren nur wenige Schülerinnen und Schüler zur Mitarbeit bereit, trotz mehrfacher, freundlicher Appelle, selbst einfachste Kopfrechenaufgaben wurden verweigert. Von den angekündigten 18 Schülerinnen und Schüler pro Gruppe erschienen jeweils nur zehn bis 14, manche kamen zu spät und andere verabschiedeten sich vorzeitig. Die Atmosphäre war zeitweise unerquicklich und ohne Rücksichtnahme auf diejenigen, die sich beteiligen wollten.

Das Engagement des AK Solar hätte mehr Aufmerksamkeit seitens der Schule verdient. Aber durch dieses Unterrichtsprojekt hat er auch viel gelernt für zukünftige, ähnliche Einsätze, um mehr Effizienz zu erreichen:

- Begleitung durch eine Lehrkraft ist erforderlich zum Ausgleich der mangelnden pädagogischen Kenntnisse der ehrenamtlich tätigen Senioren;
- Genauere Informationen von Seiten der Lehrkräfte über Vorkenntnisse und Lehrinhalte, auf Schultyp und Jahrgang bezogen, sind notwendig;
- Schülerinnen und Schüler sollten stärker mit einbezogen werden durch gezielte Ansprache und Abfrage; kleine schriftliche Tests könnten hilfreich sein. Es muss mehr Raum zu Diskussion und Verständnisvertiefung gelassen werden;
- Geringere Teilnehmendenzahl mit möglichst interessierten Schülerinnen und Schülern ist anzustreben;
- Einzelthemen von Schülerinnen und Schülern protokollieren lassen zur Verständniskontrolle;
- Überarbeitung und Aktualisierung der Folien und Vortragsinhalte.

Der Projektmitarbeiter im ZAWiW leistete kontinuierliche Unterstützung für den AK Solar während der Projektlaufzeit. Seine Aufgaben liegen darin, die Treffen der AK-Mitglieder organisatorisch vorzubereiten, zu koordinieren und die Sitzungen zu moderieren. Insbesondere ist es in der Phase der Konzeptentwicklung wichtig, die Entscheidungsfindung der Gruppenmitglieder zu unterstützen. Da zuwei-

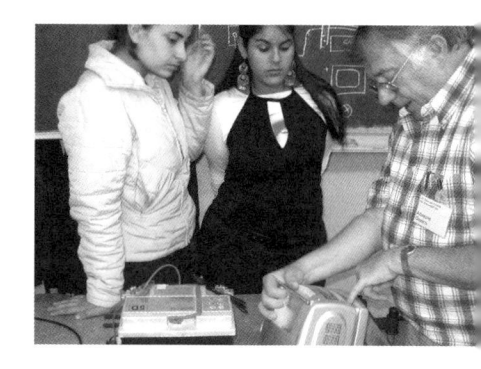

> Die Rahmenbedingungen für die Zusammenarbeit von älteren Freiwilligen und Lehrkräften müssen intensiv und offen diskutiert werden, um Gefühlen der Konkurrenz und Überforderung entgegen zu wirken.

len der Anspruch an die Perfektion der Lehreinheiten bei den Senioren sehr ausgeprägt ist, muss der hauptamtliche Begleiter immer wieder auch einen realistischen Maßstab für die Leistung der Ehrenamtlichen vermitteln. Eine weitere wesentliche Aufgabe lag zudem in der Anfangsphase darin, die Kontakte zu den Schulen herzustellen und die zugrunde liegende Idee von generationenübergreifenden Projektangeboten zu vermitteln. Mit der Entwicklung der Gruppen einher ging jedoch eine zunehmende Eigenständigkeit.

Die Entwicklung der Angebote für unterschiedliche Klassenstufen stellte für die Senioren eine echte Herausforderung dar, die sie mit jedoch mit viel Spaß für das Thema und vor allem an dem Kontakt mit den Jugendlichen gerne angenommen haben. Zu den Erfolgsfaktoren ihrer Arbeit gehören neben ihrer Fachkunde vor allem auch die Fähigkeiten, sich auf im Hinblick auf ihre Voraussetzungen sehr unterschiedliche Schülerinnen und Schüler einzulassen. Die Flexibilität der Senioren war aber auch angesichts sehr unterschiedlicher Rahmenbedingungen an den Schulen gefordert. So war es seitens der Mitglieder des AK Solar immer wieder notwendig, die verschiedenen Angebote auf unterschiedliche Anlässe zuzuschneiden („Tag der Offenen Tür", 6-wöchiger Kurs usw.).

Die Zusammenarbeit zwischen ZAWiW, AK Solar und den Schulen musste sich im Projektverlauf nach und nach entwickeln. Bei den Schulen Verständnis für die erforderlichen Rahmenbedingungen des ehrenamtlichen Engagements herzustellen bedarf intensiver Kommunikation. Im Rahmen eines Reflexionsgesprächs der Netzwerk-Agentur des *Generationennetzwerks Umwelt* mit beteiligten Schulen wurde zudem deutlich, dass die Zusammenarbeit mit (älteren) Erwachsenen auch für die Lehrkräfte und Schulleitungen ungewohnt ist und auch zu Verunsicherungen das eigene Rollenverständnis betreffend führt („Es war ungewohnt, dass da Senioren sind, die ihre pädagogischen Ideen hier einbringen"). Die Gespräche haben verdeutlicht, dass eine Reflexion der Prozesse und Erfahrungen für die erfolgreiche Entwicklung einer solchen Zusammenarbeit bedeutsam ist, weil z.B. innere Widerstände bewusst gemacht werden oder auch zeitliche Anforderungen noch einmal durch eine Auswertung des Nutzens solcher Projekte relativiert werden können.

Arbeitskreis Generationenübergreifendes Wohnen

Ein weiteres Ziel, das mit Förderung durch das *Generationennetzwerk Umwelt* erreicht werden sollte, war die Gründung einer neuen Lerngruppe zum Thema „Lebensraum und Wohnumfeld". An folgende Aspekte wurde dabei zunächst gedacht:

- Wie haben sich Spielflächen für Kinder im Laufe der Zeit (früher – heute) verändert und welches sind die Bedürfnisse von Kindern und Jugendlichen in der Gegenwart?
- Wie sollten Spielflächen in der Stadt gestaltet werden, um den heutigen Bedürfnissen verschiedener Generationen gerecht zu werden?
- Wie hat sich die Nutzung und die Bewirtschaftung von Park- und Grünflächen verändert?
- Welche Auswirkungen zeigen gesellschaftliche Veränderungen auf die Pflanzenwelt in den betroffenen Lebensräumen (unter Mitwirkung des bestehenden Arbeitskreises Botanik)?
- Welche Auswirkungen gehen von den heutigen Ansprüchen an Bebauung und Wohnung auf das direkte Umfeld aus und welche Maßnahmen zur Abmilderung von negativen Einflüssen sind erforderlich?
- Welche Wohnformen für Ältere – auch intergenerationelle – würden ihren Bedürfnissen entsprechen?

Im Gegensatz zum AK Solar musste eine Lernwerkstatt zum Thema „Lebensraum und Wohnumfeld" völlig neu aufgebaut werden. Dazu wurde zunächst eine Arbeitsgruppe zum Thema „Wohnumfeldqualität" im Rahmen der „Frühjahrsakademie" im März 2003 ausgeschrieben, mit der Option einer Weiterführung als Arbeitskreis im Sinne des „Forschenden Lernens" durch die AG-Leiterin Dr. Sabine Köberle, eine Soziologin. Das Thema wurde dann einige Wochen später in einem gemeinsam mit der Landeszentrale

> Einrichtungen mit teilnehmerorientierter Ausrichtung müssen sich auf z.T. nicht planbare Projektverläufe einlassen können.

für Politische Bildung Baden-Württemberg veranstalteten Seminar vertieft, in dem das Thema „Wohnen" im Sinne einer Ideenwerkstatt von den teilnehmenden Seniorinnen und Senioren angerissen wurde. Es blieb nicht aus, dass dabei die ursprünglichen Fragestellungen und die Denkansätze gegenüber der Konzeption für das *Generationennetzwerk Umwelt* verändert wurden. Die Teilnehmenden setzten z.B. eher praxisbezogene Schwerpunkte – bedingt und ermöglicht durch ihre jeweils eigenen Interessen und ihren jeweils eigenen individuellen Hintergrund, die sie in die Diskussion einbrachten.

Die nur kleine Gruppe von sechs Personen agierte dann in der Folge im Sinne des Forschenden Lernens und verschaffte sich durch Exkursionen zu verschiedenen Einrichtungen sehr bald einen guten Überblick über Vor- und Nachteile von existierenden generationenübergreifenden Wohnanlagen. Mit Schülerinnen und Schülern des Ulmer Schubart-Gymnasiums konnten schließlich auch Projektpartner gewonnen werden, deren Meinung auch Wohnvorstellungen der jüngeren Generation abdeckten. Die Schülerinnen und Schüler beteiligten sich intensiv an den Diskussionen sowie an der Gestaltung und Auswertung der Fragebögen.

Bereits zum Jahresende waren die gemeinsamen Recherchen der Gruppe abgeschlossen und im März 2004 erschien der schriftliche Bericht „Generationen übergreifendes Wohnen. Grundlagen – Erwartungen – Diskussionen". Der Bericht gibt einen Einblick in die zu erwartende demographische Entwicklung in den kommenden 40 Jahren und in die Versorgungsstrukturen, die der noch gültige Generationenvertrag mit sich bringt. Dabei hat sich der Arbeitskreis nur für Wohnformen interessiert, die für Seniorinnen und Senioren infrage kommen, deren Wohnungen und Häuser zu groß geworden sind. Mögliche Wohnformen für pflegebedürftige Menschen wurden ausgeklammert.

Nachdem der Arbeitskreis einen Überblick über Wohnformen im Alter gewonnen hatte, war für die Beteiligten schnell klar, dass generationenübergreifendes Wohnen für sie alle vorrangig ist. Es verspricht Wohnen in den eigenen vier Wänden, Kontaktmöglichkeiten mit jungen Familien, Kindern, Jugendlichen und auch die gegenseitig helfende Nachbarschaft. Darüber wollte der Arbeitskreis dann mehr wissen und hat seine weitere Arbeit darauf ausgerichtet. Es wurden verschiedene Organisationsformen kennen gelernt, mit Menschen Kontakt aufgenommen, die generationenübergreifendes Wohnen praktizieren und entsprechende Projekte besucht.

Auf dieser Basis wurde ein Wertekatalog zum Thema „Wohnen im Alter" entwickelt. Der nächste Schritt war, herauszufinden, ob diese Ideen auch bei den anderen Generationen auf Interesse treffen würden. In einem Alt-Jung-Projekt zusammen mit Schülerinnen und Schülern der 8. und 9. Klasse des Schubart-Gymnasiums in Ulm wurden in mehreren Gesprächsrunden wichtige Einschätzungen zum Thema Wohnen gewonnen. Um die Perspektiven von Menschen verschiedener Generationen einzuschätzen, wurde sodann gemeinsam mit den Schülerinnen und Schülern eine standardisierte Befragung zum generationenübergreifenden Wohnen durchgeführt, die ebenfalls in dem Bericht dokumentiert ist.

Die darin vorgestellten Ergebnisse können für Menschen, die sich mit der Zukunft des Wohnens in unserer Gesellschaft oder mit ihrer eigenen Wohnsituation im Alter befassen, von großem Interesse sein. Vielleicht kann der entstandene Bericht des AK auch einen kleinen Beitrag dazu leisten, die Herausforderungen, die das generationenübergreifende Wohnen mit sich bringen, schneller, leichter und erfolgreicher zu bestehen.

Perspektive der engagierten Seniorinnen und Senioren

Die in den beiden Arbeitskreisen engagierten Seniorinnen und Senioren repräsentieren die Zielgruppe des ZAWiW. Sie haben ein großes Interesse daran, sich intensiv mit einem Thema zu befassen. Bei den Teilnehmerinnen und Teilnehmern des Arbeitskreis „Generationenübergreifendes Wohnen" stellte sich bald heraus, dass die Auseinandersetzung mit eigenen Wohnwünschen und -vorstellungen einen größeren Stellenwert eingenommen hat als ursprünglich angenommen. Allgemeine Fragen zu verschiedenen Wohnformen und -konzepten dienten in erster Linie als Informationsbasis für die eigenen Planung. Aus diesem Grund interessierten sich die Älteren sehr für das Thema vor dem Hintergrund der eigenen Lebensplanung und -gestaltung, jedoch weniger, um weitere Projekte auch z.B. in Richtung Stadtentwicklung durchzuführen.

Die Motivation der Männer im AK Solar war zu Beginn der Arbeit im *Generationennetzwerk Umwelt* darauf gerichtet, die eigene fachliche (technische) Kompetenz zu nutzen, um die bisher vernachlässigten Solaranlagen an den Ulmer und Neu-Ulmer Schulen besser in den Schulalltag einzubinden. Schnell jedoch entwickelten die Mitglieder des Arbeitskreises eine große Begeisterung im konkreten Umgang mit den Schülerinnen und Schülern sowie in der Zusammenarbeit mit den Schulen. Die Begeisterung für Technik, die die Teilnehmer des Arbeitskreises alle bereits aus ihren langjährig ausgeübten Berufen mitbringen, tritt dahinter fast ein wenig zurück.

Die Schulen zeigen sich den Mitgliedern des AK Solar gegenüber sehr offen und überlassen ihnen z.B. die Schlüssel zu den Fach- oder Klassenräumen. Dies bewerten die Männer als ein positives Zeichen des Vertrauens. Der Arbeitskreis hat Angebote für verschiedene Schulformen und Klassenstufen entwickelt und erprobt. Die notwendige konzeptionelle Anpassungsarbeit – auch im Hinblick auf den zeitlichen Rahmen – wurde als Herausforderung gesehen, der sich die

Lebenslanges Lernen: Viele Seniorinnen und Senioren nehmen Herausforderungen an und entwickeln sich und ihre Projekte im Verlauf weiter.

Männer jedoch sehr gerne stellten. Sie hoben beispielsweise bei Projektpräsentationen im Rahmen von zwei Tagungen, an denen sie teilnahmen, hervor, dass sich ihr Projekt vor diesem Hintergrund sehr schnell entwickeln konnte und sie das als sehr positiv erleben.

Veränderungen in der Einrichtung und Nachhaltigkeit

Das *Generationennetzwerk Umwelt* hat die zukünftige Ausrichtung des Angebots des ZAWiW positiv beeinflusst.

Der AK Solar konnte sich während der Projektlaufzeit hervorragend etablieren und hat sich zu einem wichtigen und anerkannten Akteur im regionalen Umfeld entwickelt. Das zeigt sich unter anderem auch darin, dass seine Teilnehmenden von der Stadt Ulm zum „Wettbewerb Kommunale Bürgeraktionen" als Preisträger vorgeschlagen worden sind – und den Preis auch bekommen haben. Die Phase der Förderung war wichtig für die Konsolidierung des AK Solar und hat ihn in die Lage versetzt, genügend Erfahrung zu sammeln, um in Zukunft in Bezug auf den derzeitigen Aufgabenkatalog weitgehend autark zu agieren. Allerdings möchte der AK Solar sein Spektrum in Zukunft erweitern – entlang den Bedürfnissen seiner Mitglieder. Dabei wird das ZAWiW soweit es in der Lage ist, ihn natürlich begleiten und unterstützen.

> Der Austausch mit anderen Experten im Feld der generationenübergreifenden Arbeit im Umweltbereich fördert Kreativität und Motivation.

Der Arbeitskreis „Generationenübergreifendes Wohnen" hat während der kurzen Phase seiner Existenz enormes geleistet, was ohne die Förderung durch das *Generationennetzwerk Umwelt* nicht möglich gewesen wäre. Er hat dabei neue Maßstäbe aufgezeigt in der Qualität der Zusammenarbeit verschiedener Generationen (und auch unterschiedlicher Interessensgruppen). Auf diese Erfahrung können auch andere Arbeitskreise des ZAWiW zurückgreifen.

Zusammenfassend war die Beteiligung des ZAWiW am *Generationennetzwerk Umwelt* eine Bereicherung. Auch die sehr guten und fruchtbaren Kontakte während der Treffen der beteiligten Lernwerkstätten im *Generationennetzwerk Umwelt* haben eine Fülle neuer Ideen und Ansätze für bestehende und weitere Vorhaben auf den Weg gebracht.

Praxistipps

1 Praxistipp

Klare und konkrete Absprachen zwischen Haupt- und Ehrenamtlichen treffen

Bei der Zusammenarbeit von Haupt- und Ehrenamtlichen ist es wichtig, für alle Beteiligten verbindliche Absprachen klar und konkret zu treffen. Das erfordert eine Atmosphäre gegenseitigen Vertrauens, aber auch eine gehörige Portion Offenheit, um sich ggf. gegen Ansprüche, die nicht erfüllt werden können, rechtzeitig zu verwahren.

2 Praxistipp

Verbindliche Verabredungen in Kooperationen mit Schulen eingehen

Bei Projekten, die an Schulen durchgeführt werden sollen, empfiehlt sich, eine schriftliche Vereinbarung zwischen Schulleitung/Fachlehrkraft und durchführender Institution zu treffen, die konkret festlegt, wer welche Aufgaben übernimmt und wofür zuständig ist. Das verhindert spätere Fehlinterpretationen.

Kontakt

Carmen Stadelhofer, Akad. Dir'in (Projektleitung)
Telefon: 0731/5023192
Fax: 0731/5023197
E-Mail: carmen.stadelhofer@uni-ulm.de

Erwin Hutterer, Dipl.-Biol. (Projektbearbeitung)
Telefon: 0731/5023196
Fax: 0731/5023197
E-Mail: erwin.hutterer@uni-ulm.de

Zentrum für Allgemeine Wissenschaftliche Weiterbildung
(ZAWiW) der Universität Ulm
Albert-Einstein Allee 11
M24/226
89081 Ulm
Telefon: 0731/5023193
Fax: 0731/5023197
Internet: www.zawiw.de

Leitfaden Profilentwicklung

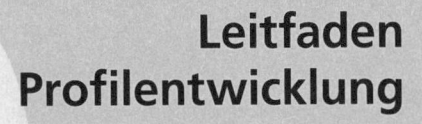

Atmosphäre für Freiwillige 1

Rahmenbedingungen für bürgerschaftliches Engagement 2

Ziele und Tätigkeitsfelder für ein generationenübergreifendes Profil 3

Klärung der konkreten Rahmenbedingungen für das neue Projekt 4

Projektplanung 5

Gewinnung von Freiwilligen 6

Kompetenzen kennen lernen und Freiwillige in die Einrichtung einführen 7

Konkrete Verabredungen der Zusammenarbeit 8

Einflussfaktoren auf Gruppen 9

Projektmanagement: Von der Idee über das Ziel zur Umsetzung 10

Erfolgreiche Veranstaltungsplanung 11

Zusammenarbeit zwischen Alt und Jung 12

Leitfaden Profilentwicklung

Claudia Olejniczak

Der Leitfaden Profilentwicklung soll Ihnen dabei helfen, einen neuen (generationenübergreifenden) Arbeitsschwerpunkt zu entwickeln. Bereits im Kapitel „Strategische Schritte zur erfolgreichen generationenübergreifenden Arbeitsweise" haben wir Ihnen verdeutlicht, welche Schritte den Aufbau eines solchen Profils zum Erfolg werden lassen. Die folgenden Fragenkataloge und Empfehlungslisten stellen eine zusätzliche Hilfestellung dar. Sie können natürlich nicht allen Einrichtungen, Vereinen und Initiativen in allen Punkten gleichermaßen gerecht werden. Passen Sie die Listen aus diesem Grund ggf. Ihrer konkreten Situation an!

1 Atmosphäre für Freiwillige

Checkliste

Freiwillige zu gewinnen erfordert eine Gesamtstrategie bei der am Anfang grundsätzliche Fragen zur Klärung anstehen. Die folgende Übersicht enthält zentrale Aspekte zur „Stellung" der Freiwilligen und gibt erste Hinweise auf das Klima für freiwilliges Engagement in Ihrer Einrichtung. Bitte nutzen Sie die Liste, um zu prüfen, welche Voraussetzungen Ihre Einrichtung bereits erfüllt und in welchen Bereichen Sie noch Handlungsbedarf sehen.

Nutzen Sie die folgende Checkliste z.B. in einer gemeinsamen Sitzung als Diskussionsgrundlage. Oder lassen Sie sie von verschiedenen Mitarbeiterinnen/Mitarbeitern und Mitgliedern Ihrer Einrichtung ausfüllen, werten Sie die Ergebnisse aus und diskutieren Sie diese.

Diese Frage ...

... ist mit nein zu beantworten! ↓

... ist mit teils-teils zu beantworten! ↓

... ist mit ja zu beantworten! ↓

Frage	nein	teils-teils	ja
Haben die Vorstandsmitglieder eine klare Aufgabenteilung untereinander?			
Sind die Aufgabenfelder der hauptamtlichen Mitarbeiterinnen und Mitarbeiter eindeutig?			
Sind die Aufgabenprofile in der freiwilligen Mitarbeit/im Ehrenamt auf die der bezahlten Mitarbeiterinnen und Mitarbeiter abgestimmt?			
Sind Rechte und Pflichten für beide Seiten geklärt? (Die Satzung eines Vereins reicht dazu nicht aus – es geht auch um die Spielregeln der Zusammenarbeit)			
Sind die freiwilligen Aufgaben attraktiv?			
Werden Zeitversprechen eingehalten?			
Werden Bedürfnisse nach Kontakten, Erlebnissen und zusätzlichen Erfahrungen berücksichtigt?			
Sind Freiwillige wirklich erwünscht – oder werden sie nur als notwendiges „Übel" (Vereinsstruktur) hingenommen? (Überprüfung der eigenen „Offenheit" für Neue!)			
Wie sieht es mit älteren Freiwilligen aus? Werden sie aufgrund ihrer Fähigkeiten, Erfahrungen und Ressourcen geschätzt?			
Ist die Zusammenarbeit in der Einrichtung/im Verein zwischen den unterschiedlichen Altersgruppen im Großen und Ganzen gut?			

Fragen teilweise übernommen von: www.buergergesellschaft.de, Praxishilfen – Freiwilligenkultur – Freiwillige gewinnen – Strategie (Stand: 31.5.2006).

2 Rahmenbedingungen für bürgerschaftliches Engagement

Checkliste

Die folgende Übersicht fasst die zentralen Erfolgsfaktoren eines engagementfördernden Klimas in Einrichtungen, Organisationen und Vereinen zusammen. Bitte nutzen Sie die Liste, um zu prüfen, welche Voraussetzungen Ihre Einrichtung bereits erfüllt und in welchen Bereichen Sie noch Handlungsbedarf sehen.

Nutzen Sie die Checkliste z.B. in einer gemeinsamen Sitzung als Diskussionsgrundlage. Oder lassen Sie sie von verschiedenen Mitarbeiterinnen/Mitarbeitern und Mitgliedern Ihrer Einrichtung ausfüllen, werten Sie die Ergebnisse aus und diskutieren Sie diese.

Diese Rahmenbedingung ...	... bedarf noch einer größeren Anstrengung!	... könnten wir ohne großen Aufwand erfüllen!	... erfüllen wir!
Eine feste Ansprechperson, die telefonische und schriftliche Anfragen entgegennimmt und bearbeitet			
Ein Infopaket, das Interessierten unverbindlich zugesandt werden kann			
Einen Info-Abend, auf dem Interessierte die Organisation und ihre Mitarbeiterinnen/Mitarbeiter sowie andere Freiwillige, die bereits in der Organisation sind, kennen lernen können			
Vermittlung von Spaß und Freude!			
Persönliche Vorgespräche, in denen Motivationen, Interessen, Erwartungen und die Rahmenbedingungen der Zusammenarbeit miteinander geklärt werden			
Feste Ansprechperson für Einführung, Begleitung oder Koordinierung			

Diese Rahmenbedingung …	… bedarf noch einer größeren Anstrengung! ↓	… könnten wir ohne großen Aufwand erfüllen! ↓	… erfüllen wir! ↓
„Arbeitsplatzbeschreibungen", die den Zeitaufwand, die Tätigkeiten und den möglichen finanziellen Aufwand sowie den Einsatzort beschreiben			
Klarheit über Rechte und Pflichten (Spielregeln der Zusammenarbeit)			
Pflege durch Rituale, Anerkennung, Belohnung, „Karriere"-Möglichkeiten, Zeugnisse			
Fortbildungsmöglichkeiten und Schulungen			
Methoden der Integration von Neuen in bereits bestehende Arbeitszusammenhänge (Tutorensystem o.ä.)			
Betreuung und Beratung/Supervision, um z.B. Aufgaben neu gestalten zu können, innerhalb verschiedener Aufgabenbereiche wechseln zu können oder sich Unterstützung zu holen in Konflikt- oder Entscheidungsfällen			
(Bezahlte) Mitarbeiterinnen/Mitarbeiter in der Organisation, die geschult sind im Umgang mit Freiwilligen			
Die Haltung, dass erst das Zusammenspiel zwischen bezahlten und unbezahlten Mitarbeiterinnen und Mitarbeitern die Arbeit der Organisation ausmacht			
Mitbestimmungsmöglichkeiten für Freiwillige, Vertretungsorgane, evtl. Sprecherinnen/Sprecher, um eine Mitgestaltungsmöglichkeit in ihrem Arbeitsbereich haben zu können, ohne gleichzeitig Vereinsmitglied werden zu müssen, u.a. zur Förderung der Identifikation mit der Einrichtung/Organisation			
Ausstiegsrituale (Dank, Verabschiedung, Feedback)			

Aspekte teilweise übernommen von: www.buergergesellschaft.de, Praxishilfen – Freiwilligenkultur – Organisationsentwicklung – Organisationssystem (Stand: 31.5.2006).

3 Ziele und Tätigkeitsfelder für ein generationenübergreifendes Profil

Fragenkatalog

Für welche Aufgabe oder welches Projekt in Ihrer Einrichtung würden Sie gerne engagementbereite Seniorinnen/Senioren gewinnen? Die folgenden Fragen helfen Ihnen bei einer strukturierten Konzeptentwicklung!

Suchen Sie Menschen für eine konkrete Aufgabe, die in Ihrer Einrichtung *bereits anfällt*?
- Um welche konkrete Aufgabe handelt es sich?
- Welche Ziele verfolgen Sie mit den (neuen) Freiwilligen?
- Welche Voraussetzungen/Kompetenzen benötigt die neue Mitarbeiterin/der neue Mitarbeiter?
- Können über eine Einführung oder Schulung ggf. fachlich und methodisch erfoderliche Kompetenzen vermittelt werden? Durch wen?
- Bietet die Aufgabe Gestaltungsspielraum für die potenziellen neuen Freiwilligen? Wenn ja, welchen?

Suchen Sie Menschen, die ein *neues Projekt* in Ihrer Einrichtung entwickeln sollen?
- Welche Ziele verfolgen Sie mit dem Projekt?
- Was genau ist die Projektidee?
- Welche Kompetenzen Älterer suchen Sie?
- Welchen Handlungsspielraum bietet die Projektidee für engagementbereite Ältere?

Bitte bedenken Sie bei der Erarbeitung der Ideen: „Der Köder muss dem Fisch schmecken, nicht dem Angler!"

Wie „werben" Sie jeweils um die potenziellen Freiwilligen?
- Suchen Sie Argumente! Was ist attraktiv an der Aufgabe bzw. an dem Projekt? Was bietet die Aufgabe bzw. das Projekt und die Einrichtung den Freiwilligen?

Klärung der konkreten Rahmenbedingungen für das neue Projekt

4

Fragenkatalog

Jedes Projekt benötigt bestimmte Ressourcen und Kompetenzen. Prüfen Sie anhand der folgenden Fragen, welche Voraussetzungen Sie für Ihr geplantes Vorhaben mitbringen!

- Auf welche Erfahrungen und Kompetenzen kann bei dem konkreten Vorhaben – Gewinnung von Freiwilligen für Tätigkeiten in der Einrichtung bzw. Aufbau neuer Projekte – zurück gegriffen werden? Bitte beachten Sie z.B. folgende Aspekte:
  - Zusammenarbeit mit Älteren
  - Erkennen von Kompetenzen bei Älteren
  - Erfahrungen mit Projektentwicklung (methodische Erfahrungen) und „Management" von Projekten
  - Erfahrungen in den entsprechenden Themenfeldern
  - Aufbau und Pflege von tragfähigen Kooperationsbeziehungen, u.a. auch unter Einbeziehung/Mitwirkung von Freiwilligen

- Welche personellen und materiellen Ressourcen stehen für das konkrete Vorhaben zur Verfügung?

- Welche Ressourcen sind für das Projekt erforderlich? (Personal- und Sachkosten)

- Welche Ressourcen können/müssen ggf. mobilisiert werden? (Zuschüsse, Sponsoren ...)

- Wer steht in der Einrichtung hinter dem Projekt? Gibt es auch Bedenken gegenüber dem Vorhaben? Von wem? Und warum? Wie gehen wir mit diesen Bedenken um?

- Wen können Sie evtl. als externe Beratung oder Begleitung hinzuziehen?

- Welche anderen Tätigkeiten können ggf. zurückgestellt werden, um diesen neuen Arbeitsansatz zu entwickeln?

Achtung!
Aus dem Vergleich der Rahmenbedingungen und den Erfordernissen des neuen Vorhabens ergeben sich Hinweise für die Umsetzbarkeit des Vorhabens!

- Zu welchen Menschen aus den Zielgruppen Alt/Jung haben Sie Zugang? Wen wollen und können Sie darüber hinaus erreichen?

- Welche anderen Träger/Vereine bieten sich evtl. als Kooperationspartner an?

5 Projektplanung

Checkliste

Auf der Basis der Bestandsanalyse sollten Sie nun eine Projektplanung für das Gesamtvorhaben machen. Es geht noch nicht um die konkrete inhaltliche Planung des Vorhabens – denn die erfolgt erst mit den Seniorinnen und Senioren. Vielmehr wird in dieser Phase der zeitliche und organisatorische Rahmen des Projekts geplant. Folgende Bausteine sollte Ihre Planung umfassen:

- **Projektstrukturplan**
  (Projektphasen mit Meilensteinen)

- **Aufgaben-/Terminplan**
  (Wer macht was bis wann?)

- **Projektkontrolle**
  (regelmäßige Kontrolle zur Erreichung der Teilziele „Meilensteine" und des Projektziels)

  → *Für die konkrete Projektplanung finden Sie weitere Hinweise unter „Projektmanagement: Von der Idee über das Ziel zur Umsetzung" (S. 232).*

6 Gewinnung von Freiwilligen

Checkliste

Die Ansprache und Gewinnung von Freiwilligen ist ein Prozess der unterschiedliche Wege umfassen sollte. Die folgende Übersicht bietet Anregungen für die Zielgruppenansprache.

- Persönliche Ansprache von Menschen (… immer noch die erfolgreichste Methode!)

- Zufriedene Mitarbeiterinnen und Mitarbeiter fungieren als Botschafter für Einrichtung und Verein
- Gut anzusprechen sind vor allem Menschen in „Umbruchphasen" (nach einem Umzug, vor dem Eintritt in den Ruhestand …)

Stellenausschreibungen
- Zeitungen, Internet, andere Medien wie z.B. auch Kinos usw.
- Darstellung der konkreten Aufgaben
- Nennung der gewünschten Voraussetzungen und Kompetenzen
- Angabe der Ansprechperson für den persönlichen Kontakt nicht vergessen (mit zuverlässigen Zeiten)

Medien
- Örtliche Presse und lokaler Rundfunk
- Verbandseigene Medien, Aushänge usw.
- „Anzeigen", Berichte in Medien und Rundbriefen anderer Vereine, Organisationen usw.
- Anzeigenblätter
- Für Projektstart: „Presseempfang" o.ä. mit entsprechendem Rahmen!

Freiwilligenagenturen
- Klarheit über die Aufgaben, Anforderungen und Rahmenbedingungen vorausgesetzt

Öffentliche lokale Präsenz
- Eigene Veranstaltungen und Aktionen nutzen, um für die eigene Einrichtung zu werben (konkrete Handlungsmöglichkeiten an Stelle von allgemeinen Aussagen wie „Wir benötigen noch Leute!")
- Veranstaltungen von anderen gezielt nutzen, um potenzielle Mitstreiterinnen und Mitstreiter zu finden

Infomaterial über die Einrichtung und die Engagementfelder
- zum auslegen, versenden, mitgeben …

7 Kompetenzen kennen lernen und Freiwillige in die Einrichtung einführen

Fragenkatalog

▬ Aspekte für die Kennlerngespräche

Die folgenden Fragen sind nach den drei zentralen Aspekten „Wünsche", „Kompetenzen" und „Rahmenbedingungen" geordnet. Es handelt sich um Leitfragen, die dem jeweiligen Gesprächsverlauf entsprechend in unterschiedlicher Reihenfolge angesprochen werden. Dazwischen sollten Sie auch die zentralen Informationen zur Einrichtung, ihren Zielen, Aufgaben und Tätigkeitsfeldern, einbringen. Den Engagementinteressierten sollten zentrale Informationen zur Einrichtung auch mitgegeben werden (fertiges Info-Paket bereit halten!).

▎ Bewusstmachen der Wünsche der potenziell Aktiven

- Warum möchten Sie sich freiwillig engagieren?
- Wie sind Sie auf die Idee gekommen, zu unserer Einrichtung zu kommen? Was interessiert Sie an unserer Einrichtung?

Frage bietet Anknüpfungspunkte, über die Ziele, Aufgaben und Tätigkeiten der Einrichtung zu sprechen.

- Ist Ihnen die Zusammenarbeit mit anderen wichtig oder möchten Sie eine Aufgabe übernehmen, bei der Sie selbstständig arbeiten?
- Für welche Art von Tätigkeit interessieren Sie sich? (z.B. praktische Tätigkeit wie die Anlage und Pflege einer Gartenanlage zusammen mit Kindern; naturkundliche Führungen für Schulklassen)

Frage bietet die Möglichkeit eine Tätigkeit genauer zu beschreiben, die evtl. zu den Vorstellungen der interessierten Personen passt.

- Sind/Waren Sie bereits freiwillig tätig? Wenn ja, in welchem Bereich? Was hat Ihnen an der Tätigkeit gefallen? Was hat Ihnen missfallen?
- Was sollte in unserer Zusammenarbeit auf keinen Fall passieren?

▎ Fähigkeiten und Kompetenzen vor Augen führen

- Über welche Erfahrungen, die Sie im Beruf, in der Familie oder in anderen Zusammenhängen erlernt haben, verfügen Sie (fachliche und soziale Kompetenzen)?

- Für welchen Tätigkeitsbereich sind diese Kenntnisse Ihrer Ansicht nach geeignet? (z.B. praktische Tätigkeit, Bildungs- und Betreuungsaufgabe, Organisation und Management, fachliche Arbeit in Sachen Umwelt- und Naturschutz)
- Fehlen Ihnen Ihrer Meinung nach zurzeit Qualifikationen für Ihre Wunschtätigkeit? Haben Sie bereits jetzt einen konkreten Fortbildungswunsch? In welchem Bereich?

Rahmenbedingungen klären

- Wieviel Zeit wollen bzw. können Sie wöchentlich oder monatlich in eine freiwillige Betätigung investieren?
- Können Sie sich eine regelmäßige Mitarbeit in einer Einrichtung oder einer Initiative vorstellen oder wollen Sie sporadisch aktiv sein?
- Wie weit wollen bzw. können Sie zu einem möglichen Einsatzort fahren?

Beim Thema „Rahmenbedingungen" gilt es, die Voraussetzungen der Einrichtung zu erläutern, wie z.B. Erstattung von Aufwandsentschädigung, Versicherungsschutz, Fortbildungsangebote, Ansprechperson für Freiwillige (wer? wann?), zeitliche Anforderungen für konkrete Tätigkeiten, für die sich der potenzielle Freiwillige interessiert.

Einführung von Freiwilligen

- Einstieg der neuen Freiwilligen als zentrale Phase ins Bewusstsein rücken
- Persönliches Gespräch zu Beginn (Aufgabe von Freiwilligenkoordinatorin/-koordinator), z.B. vertiefende Informationen zu Abläufen, Strukturen sowie den zur Verfügung stehenden Ressourcen
- Persönliche Vorstellung anderer Mitarbeiterinnen und Mitarbeiter sowie der zentralen Ansprechperson für die Belange der Freiwilligen (sofern nicht identisch mit Freiwilligenkoordinatorin/-koordinator)
- Gute Einführung in die Tätigkeit

8 Konkrete Verabredungen der Zusammenarbeit

Checkliste

Die Ausgestaltung der konkreten Zusammenarbeit betrifft eine Reihe der bereits unter den Rahmenbedingungen der Engagementförderung genannten Punkte. Die folgende Liste soll Ihnen eine Übersicht über die konkreten einzelnen Aspekte einer konstruktiven Zusammenarbeit geben.

Freiwillige wollen wissen, was auf sie zukommt und in welchem Rahmen sie sich engagieren ....
- Aufgabe
- Zeitlicher Umfang der Betätigung
- Verantwortlichkeit
- Ansprechpartnerinnen/-partner

... und deshalb sind folgende Bedingungen wichtig:

Atmosphäre schaffen und Rahmenbedingungen gestalten ...
- Klärung von Verbindlichkeit und Zuständigkeit zwischen Projektträger und engagierten Personen (klare Absprachen, Ansprechpersonen usw.)
- Ggf. Schaffung von Arbeitsmöglichkeiten für beteiligte Engagierte („Arbeitsplatz")
- Zur Anerkennung der Leistungen von (älteren) Ehrenamtlichen gehören z.B. Erstattung von Kosten, ggf. kleinere Honorare; Schaffung von Anerkennungsstrukturen, z.B. Feste, Fortbildungen, kleine Vergünstigungen für Ehrenamtliche (Eintrittskarten für Veranstaltungen) usw.

Ausstieg ermöglichen ...
- Festlegung eines Zeitpunkts, an dem über Auflösung oder Fortsetzung der Zusammenarbeit gesprochen wird
- Vermeidung von schlechtem Gewissen beim Engagierten und Enttäuschung beim Verein
- Möglichkeit für Dank, Verabschiedung, aber auch Rückmeldung und Kritik

... eröffnet ggf. auch eine Option für die spätere Wiederaufnahme der Zusammenarbeit

Einflussfaktoren auf Gruppen

9

Bei der Arbeit mit Gruppen von Freiwilligen sind verschiedene Faktoren zu beachten, die zum Gelingen der gemeinsamen Arbeit beitragen. Sie müssen alle im Blick bleiben, um die Gruppe zu einem erfolgreichen Projekt zu führen.

Grundsätzliches

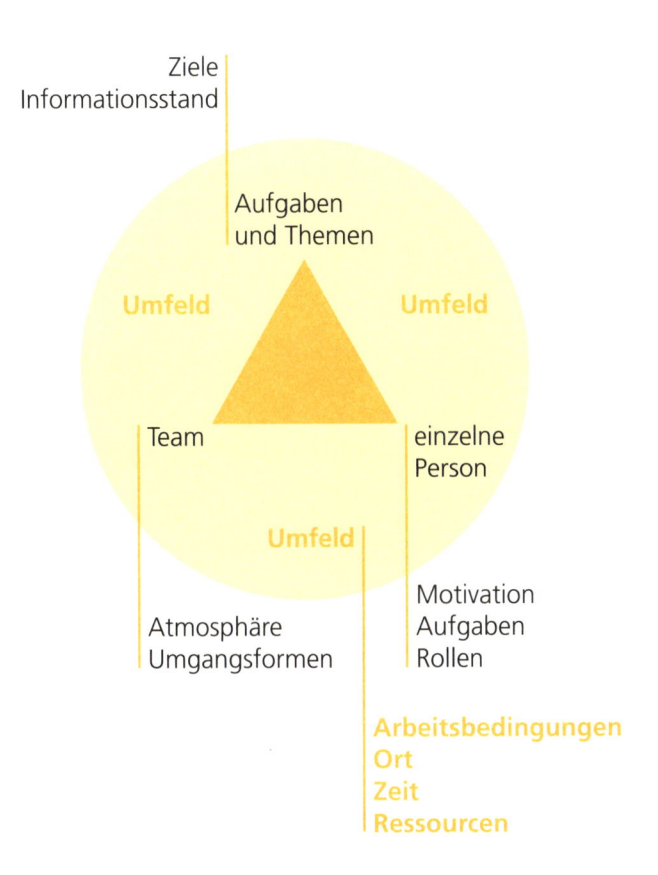

```
            Ziele
       Informationsstand

              Aufgaben
              und Themen

    Umfeld              Umfeld

       Team          einzelne
                     Person

              Umfeld

                    Motivation
       Atmosphäre   Aufgaben
       Umgangsformen Rollen

                    Arbeitsbedingungen
                    Ort
                    Zeit
                    Ressourcen
```

Klären Sie mit Ihrer Gruppe, welche Spielregeln, welche Spielräume, welche Arbeitskultur und welche Rahmenbedingungen Sie für die gemeinsame und konstruktive Arbeit benötigen. Holen Sie sich gegebenenfalls eine Moderation, die mit dem Thema „Gruppenbildung" vertraut ist. So erreichen Sie unter Umständen schneller eine bessere Arbeitsform.

Quelle: Dörte Paustian, Akademie für Natur und Umwelt des Landes Schleswig-Holstein

Leitfaden Profilentwicklung

10 Projektmanagement: Von der Idee über das Ziel zur Umsetzung

Checkliste

Die folgende Checkliste soll Sie und die engagierte Gruppe (bzw. die engagierte Einzelperson) bei der Planung und Konkretisierung des generationenübergreifenden Projekts unterstützen!

Wen will ich, wie, wann, wo, für welches Projekt erreichen?

Wen will ich ...	Zielgruppe	Genau analysieren nach z.B. • Alter • Geschlecht • Beruf • Hobbys • Interessen • Wohnort
Wie ...	Methode	Was spricht die Zielgruppe an? • Exkursion • Tag der offenen Tür • Vortrag • Informationsveranstaltung • Tagung • Workshop • Aktion

Wann ... erreichen?	Termin	Wann passt es für die Zielgruppe gut? • Jahreszeit bedenken • Ferienzeiten • Feiertage • Thementage • Wochenende • Werktags • Nachmittags • Abends
Wo ...	Ort	Wie groß ist der Radius der Zielgruppe? z.B. • regional • vor Ort • in der eigenen Organisation • in der Natur • im Seniorentreff • im Jugendzentrum
Für welches Projekt (Was?)	Produkt	Warum soll sich die Zielgruppe für mein/unser Projekt interessieren • Was ist das Besondere? • Was hat die Zielgruppe von meinem/unserem Angebot? • Wie findet man mich/uns? • Was macht Freude, wovon hat die Zielgruppe einen Nutzen?

Quelle: Dörte Paustian, Akademie für Natur und Umwelt des Landes Schleswig-Holstein nach Dr. Jutta Hatenrath & Partner, Lübeck, www.hastenrath.de

11 Erfolgreiche Veranstaltungsplanung

Checkliste

Schnelltest zur Vorbereitung von Veranstaltungen

- Warum?
- Von wem?
- Mit wem?
- Für wen?
- Mit welchen Inhalten? (Was?)
- Wo?
- Wann?
- Wie lange?
- Wie?

Die Durchführung - Die drei „As"

Der Anfang

- Teilnehmenden-Orientierung: Anmeldung, Garderobe, WCs, Plätze, Unterlagen
- Begrüßung (Warum spreche ich zu diesem Themen mit Ihnen?)
- Vorstellen des Ablaufs, ggf. der Referentinnen/Referenten und der Teilnehmenden
- Methoden für den Einstieg:
  Postkarte (Gegenstand) aus einem mitgebrachten Pool aussuchen und in der Runde Namen, Institution und Grund für das Auswählen dieser Karte nennen lassen; Vorteil: lockerer Einstieg, jeder entscheidet, was und wie viel er/sie von sich erzählen will. Möglichst noch keine „ernsten" Themenfragen.
  Nachbarinterview mit gegenseitigem Vorstellen.
  Soziometrische Fragen: Nach vorgegebenen Fragen ordnen sich die Teilnehmenden im Raum an. Das Anordnen erfordert gegenseitigen Austausch. Die Fragen können vielfältig sein, z.B. Ordnen Sie sich auf einer Landkarte Schleswig-Holsteins an, indem Sie Ihren Heimatort/Geburtsort/Berufsort darstellen oder Aufteilung nach Alter, Schuhgröße, Körpergröße usw.

Marktplatz: Die Teilnehmenden bewegen sich durch den Raum und bilden 3er- Gruppen. In diesen Gruppen behandeln sie nacheinander vorgegebene Fragen. Pro Frage sollten ca. 5 Minuten gerechnet werden. Nach jeder Frage bilden sich neue Gruppen. Man sollte dies maximal 15 Minuten, also zwei bis drei Fragen lang, durchführen.

Pinwand mit Tabelle, in die die Ankommenden ihre Erwartungen eintragen können. (Name, Institution, Was ist Ihnen wichtig?)

Das Arbeiten
- Rollen verteilen: Experten, Moderatoren, Helfer, Beobachter, Leitung
- Medien und Technik: Freie Sicht ermöglichen, Methodenwechsel einplanen, Kontrolle der Technik (Laptop, Beamer, Pinwände, Moderationsmaterial)
- Teilnehmereinbindung: Austausch, Kontakt, schwierige Teilnehmerinnen und Teilnehmer
- Pressearbeit
- Zeitmanagement

Der Abschluss
- Dank und Wertschätzung (ehrlich und von Herzen!)
- Blitzlicht (1 Satz-Rückmeldung)
- Bewertungsbogen
- Pinwand (Stimmungsprofil)
- Seil (Grad der Zufriedenheit von sehr gut bis schlecht, ggf. nachfragen, warum z.B. ganz schlecht)

Quelle: Dörte Paustian, Akademie für Natur und Umwelt des Landes Schleswig-Holstein

12 Zusammenarbeit zwischen Alt und Jung

Grundsätzliches

Damit die generationenübergreifende Zusammenarbeit gelingen kann, müssen auch die Interessen und Erwartungen von Kindern und Jugendlichen Beachtung finden. Folgende Übersicht gibt Hinweise!

... und die jungen Leute?

- Engagement muss abwechslungsreich sein und Lernmöglichkeiten bieten
- Projektorientierung der Angebote – flexibel, kurz, konkret
- Handlungs- statt Gesprächsorientierung
- Angebot für soziale Bindungen (unter Gleichaltrigen)
- Junge können andere junge Leute eher erreichen als die „altgedienten" Mitglieder
- Eigene „Foren" und „Formen" zulassen
- Engagement muss auch Spaß machen – und zwar den Jungen! (scheint im Umweltbereich zuweilen „verpönt")
- Jungen muss aber auch mit Respekt begegnet werden!
- Junge Menschen benötigen Ansprache und Zutrauen
- Jugendliche wünschen sich nicht nur Fachwissen, sondern auch menschliche Förderung
- Erwachsene als Vorbilder und Mentoren gefragt
- Jugendliche sind genauso gut/ernst zu nehmen wie Erwachsene
- Auch Jugendliche engagieren sich oft selbstlos nach dem Motto „Für sich und andere"
- Motivationsfaktor „Erfolg" beachten

Quelle u.a.: Neue Wege der Förderung freiwilligen Engagements von Jugendlichen. Eine Zwischenbilanz zu Modellen in Baden-Württemberg. Hg: Landesstiftung Baden-Württemberg. Stuttgart 2003.

Mögliche Zugangswege zu jungen Menschen

- Ansprache von Jungen über Schulen und Kinder- und Jugendarbeit
  Angebote von „Projekten" für Schulen oder Nutzung der außerschulischen Bildungsorte für die „Werbung" in eigener Sache (Kontakte zu Lehrerinnen/Lehrern aufbauen)
  Kooperationen mit der Kinder- und Jugendarbeit suchen
  Kennen lernen der Lebenswelt von jungen Menschen heute (mit Jugendlichen sprechen, ihre Medien ansehen, mit Menschen aus der Kinder- und Jugendarbeit reden, Fachvorträge und -artikel nutzen)
- Freiwilligendienst als „attraktive Lern- und Lebenszeit"
- Nutzen von vorhandenen Initiativen und Programmen, um für das Engagement zu werben, z.B. Förderpreise für Initiativen von jungen Menschen

Anhang

Literatur
Internetlinks
Programmträger
Herausgeber
Fotonachweis

Literatur

Zu den Themen Förderung des freiwilligen Engagements generell und von Menschen in der nachberuflichen Phase im Besonderen gibt es selbstverständlich eine Fülle an Publikationen. Die folgende Auswahl soll Ihnen Appetit machen, sich in das eine oder andere Thema zu vertiefen. Neben der Literatur zum freiwilligen Engagement empfehlen wir Ihnen ausgewählte Titel rund um das Thema Potenziale des Alters. Hinweise auf weiterführende Websites runden die Zusammenstellung ab und ermöglichen Ihnen den Einstieg in die vertiefende Recherche.

aktiv.um – Impulse für engagierte Umwelt- und Naturschutzarbeit. oekom-Verlag: München.
*In den Themenheften finden sich Methoden, Praxisbeispiele, Tipps und Kontaktadressen. In den Jahren 2003 und 2004 sind zwölf Hefte erschienen, die Aktiven aus der Umwelt- und Naturschutzarbeit bei der Profilierung ihrer Arbeit helfen. Themen u.a.: Presse- und Öffentlichkeitsarbeit, Projektmanagement, Finanzierung.
Downloads über: www.aktivum-online.de*

Alter und Altern. Aus Politik und Zeitgeschichte 49-50/2005. (= Beilage zur Wochenzeitung Das Parlament)
Beiträge aus unterschiedlichen Perspektiven von Claudius Seidl, Andreas Kruse/Eric Schmitt, Thomas Druyen, Sigrun-Heide Filipp/Anne-Kathrin Mayer und Gertrud M. Backes. Der Bezug des Heftes ist über die Bundeszentrale für politische Bildung möglich.

Amrhein, Volker; Schüler, Bernd: Dialog der Generationen – Potenziale generationenübergreifender Projektarbeit. In: Aus Politik und Zeitgeschichte 8/2005. S. 9-17. (= Beilage zur Wochenzeitung Das Parlament)

Der Beitrag verdeutlicht, inwiefern generationenübergreifende Projekte einen Beitrag zur Mitgestaltung der künftigen Sozialstrukturen leisten. Der Bezug des Heftes ist über die Bundeszentrale für politische Bildung möglich.

Ansätze und Methoden der Engagementförderung im dritten Lebensalter: Dokumentation von Fortbildungsveranstaltungen für Haupt- und Ehrenamtliche in der Seniorenarbeit. Eine Veröffentlichung der Bundesarbeitsgemeinschaft der Seniorenbüros (BaS), Bonn. Hg. vom Institut für Soziale Infrastruktur (ISIS), Frankfurt/Main. Bearb. von Sybille Böge. Verlag Peter Wiehl: Stuttgart, Marburg, Erfurt 1999. (= Praxisbeiträge zum bürgerschaftlichen Engagement im dritten Lebensalter, Band 5)
Der Band dokumentiert acht Fortbildungsveranstaltungen der BaS, die sich mit Ansätzen und Methoden zur Förderung des bürgerschaftlichen Engagements älterer Menschen beschäftigen.

Benien, Karl: Schwierige Gespräche führen: Modelle für Beratungs-, Kritik- und Konfliktgespräche im Berufsalltag. Rowohlt: Reinbek 2003.
Vor dem Hintergrund der Kommunikationspsychologie Schulz von Thuns bietet der Autor verständlich und praxisnah eine Einführung in die Gesprächsführung und Handwerkszeug für ausgewählte Situationen.

Bundesarbeitsgemeinschaft der Senioren-Organisationen e.V. (Hg.): Zukunftsgestaltung in einer alternden Gesellschaft. Eine Herausforderung für alle Generationen. BAGSO: Bonn 2006. (= Publikation Nr. 16)
Die Umsetzung des Zweiten Weltaltenplans hat die Bundesregierung durch die Einrichtung und Förderung der Geschäftsstelle „Nationaler Aktionsplan" begleitet. In sechs Veranstaltungsforen wurden Wissen, Erfahrungen und Forderungen von Wissenschaftlern und Verbänden zusammengetragen und dokumentiert.

Bundesarbeitsgemeinschaft der Senioren-Organisationen e.V.: Praxishandbuch für ehren- und hauptamtliche Führungskräfte in gemeinnützigen Organisationen. BAGSO: Bonn 2005.

Das Praxishandbuch umfasst sechs Hefte zu den Themen „Grundlagen verstehen", „Profil zeigen", „Erfolgreich kommunizieren", „Management optimieren", „Finanzen sichern" und „Neue Technologien anwenden".

■ **Dritter Bericht zur Lage der älteren Generation in der Bundesrepublik Deutschland:** Alter und Gesellschaft. Berlin 2001.
Der Dritte Altenbericht der Bundesregierung veranschaulicht die Potenziale von Älteren. Er ist ein Plädoyer für eine ressourcenorientierte Betrachtung des Alters zur Förderung einer auf Selbstbestimmung und Teilhabe gerichteten Lebensweise von älteren Menschen in unserer Gesellschaft.

■ **Enquête-Kommission des Deutschen Bundestags „Zukunft des Bürgerschaftlichen Engagements":** Bürgerschaftliches Engagement: auf dem Weg in eine zukunftsfähige Bürgergesellschaft. Leske + Budrich: Opladen 2002. (= Schriftenreihe Band 4)
Der Bericht der Enquête-Kommission enthält eine Bestandsaufnahme und Analyse zum bürgerschaftlichen Engagement und gibt Handlungsempfehlungen an die Politik zur Verbesserung der Rahmenbedingungen.

■ **Europarc Deutschland e.V. (Hg.):** Teamarbeit in Großschutzgebieten. Freiwilligenmanagement in Planung und Praxis. Berlin 2006.
Dokumentation des Projekts „Aufbau eines Freiwilligenprogramms in deutschen Großschutzgebieten", u.a. mit guten Hinweisen zu den unterschiedlichen Rollen von Haupt- und Ehrenamtlichen und zur Bedeutung von Freiwilligenkoordinatoren zur Gewinnung und Bindung von Ehrenamtlichen.

■ **Geißler, Clemens:** Die Potentiale der älteren Generation in der alternden Gesellschaft. In: Institut für Entwicklungsplanung und Strukturforschung (Hg.): Humanpotential und Landesentwicklung. S. 127-138. Hannover 1998.
Grundlegender Aufsatz zu den Potenzialen der Älteren, die u.a. aufgrund der verbesserten Bildungsvoraussetzungen heute höher sind denn je.

▌ **Geißler, Clemens:** Für einen Perspektivenwechsel: Die Potenziale des Alters als Triebkräfte gesellschaftlicher Entwicklung. In: Raumforschung und Raumordnung 5/2003. S. 395-403.
Grundlegender Aufsatz zu den Chancen, die in der Nutzung der Potenziale der Älteren für die regionale Entwicklung liegen.

▌ **Geißler, Katja; Monninger, Gerhard (Hg.):** Altes Eisen schmiedet Zukunft. Ehrenamtliches Engagement für Nachhaltigkeit in der nachberuflichen Lebensphase. oekom Verlag: München 2006.
Das Buch gibt Hintergrundinformationen zu den Chancen des demographischen Wandels durch die Förderung des nachberuflichen Engagements von Seniorinnen und Senioren. Rahmenbedingungen werden erläutert und Praxisbeispiele dargestellt.

▌ **Gensicke, Thomas; Picot, Sibylle; Geiss, Sabine:** Freiwilliges Engagement in Deutschland 1999-2004. München 2005.
Zweite repräsentative Erhebung des „Freiwilligensurveys" zum Engagement in Deutschland mit Vertiefungen für verschiedene Gruppen (Jugendliche, Ältere, Migranten). Erste Studie siehe unter Picot, Sibylle. Der Bezug ist als Download über die Homepage des Bundesministeriums für Familie, Senioren, Frauen und Jugend möglich (www.bmfsfj.de).

▌ **Grundsatzthemen der Freiwilligenarbeit. Theorie und Praxis des sozialen Engagements und seine Bedeutung für ältere Menschen.** Verlag Peter Wiehl: Stuttgart, Marburg, Erfurt 2002.
Grundlegende, einführende Texte in verschiedene Themen des Felds, z.B. Erfahrungswissen älterer Menschen, Strukturwandel des Engagements im Alter, Bildung und Freiwilligenarbeit.

▌ **Igl, Gerhard; Jachmann, Monika; Eichenhofer, Eberhard:** Ehrenamtliches und bürgerschaftliches Engagement im Recht – ein Ratgeber. Leske + Budrich: Opladen 2002.
Rechtsratgeber für Laien, in dem die rechtlichen Vorschriften, die direkt oder indirekt das freiwillige Engagement tan-

gieren, aus unterschiedlichen Gesetzen und Rechtsgebieten zusammengetragen sind. Dargestellt werden die einzelnen Themen anhand von Standardsituationen im Ehrenamt.

▎**Langmaack, Barbara; Braune-Krickau, Michael:** Wie die Gruppe laufen lernt. Anregungen zum Planen und Leiten von Gruppen. Ein praktisches Lehrbuch. Beltz Verlag: Weinheim 2000.
Grundlagenwerk zur Anleitung und Entwicklung von Gruppen. Besonders zu empfehlen ist Kapitel 6, das sich mit dem Verständnis von Gruppen- und Leitungsprozessen befasst.

▎**Landesstiftung Baden-Württemberg (Hg):** Neue Wege der Förderung freiwilligen Engagements von Jugendlichen. Eine Zwischenbilanz zu Modellen in Baden-Württemberg. Stuttgart 2003. (= Schriftenreihe der Landesstiftung Baden-Württemberg: 2)
Vorstellung von beispielhaften Initiativen zur Förderung des Engagements von Jugendlichen sowie Hinweise aus den AGs zur Engagementförderung (z.B. welche Formen der Honorierung kommen bei Jugendlichen an?)

▎**Olejniczak, Claudia:** Alter für die Umwelt. Verlauf und Ergebnisse eines Modellprogramms zur Förderung nachberuflichen freiwilligen Engagements im Umweltbereich. Hannover 2001. (= ies-Projektbericht 109.01).
Dokumentation des von 1998 bis 2000 durchgeführten bundesweiten Modellvorhabens „Alter für die Umwelt" zur Förderung des nachberuflichen Engagements von älteren Menschen.

▎**Olejniczak, Claudia; Schaarschmidt, Maike; Blume, Elke:** Chancen und Herausforderungen einer generationenübergreifenden Praxis im Umweltbereich. Dokumentation des Fachgesprächs vom 10. bis 12. November 2003, Evangelische Akademie Arnoldshain in Schmitten. Hannover 2004. (= ies-Bericht 106/04)
Dokumentation der Fachtagung im Rahmen des Generationennetzwerks Umwelt mit Beiträgen von Clemens Geißler, Rosemarie von Schweitzer, Claudia Olejniczak und den Lernwerkstätten.

▌ **Picot, Sibylle (Hg.):** Freiwilliges Engagement in Deutschland. Ergebnisse der Repräsentativerhebung zu Ehrenamt, Freiwilligenarbeit und bürgerschaftlichem Engagement. 3 Bände. Stuttgart, Berlin, Köln 2000.
Erste Erhebung des sogenannten „Freiwilligensurvey", der repräsentative Daten zum freiwilligen Engagement, der Engagementbereitschaft und den Rahmenbedingungen in Deutschland erhebt. Zur Fortsetzung siehe unter Gensicke.

▌ **Schuhmacher, Jürgen:** Handbuch für die Freiwilligenarbeit von und mit älteren Menschen: Ergebnisse des Projekts „Seniorengerechte Rahmenbedingungen für das soziale Ehrenamt". Eine Veröffentlichung der Bundesarbeitsgemeinschaft der Seniorenbüros (BaS), Bonn. Hg. vom Institut für Soziale Infrastruktur (ISIS), Frankfurt/Main. Bearb. von Sybille Böge. Verlag Peter Wiehl: Stuttgart, Marburg, Erfurt 2002. (= Praxisbeiträge zum bürgerschaftlichen Engagement im dritten Lebensalter, Band 11)
Die Broschüre ist für Praktikerinnen und Praktiker in sozialen Projekten geschrieben und gibt ihnen Entscheidungs- und Arbeitshilfen an die Hand.

▌ **Schulz von Thun, Friedemann:** Miteinander reden Bd. I Störungen und Klärungen. Rowohlt: Reinbek 1981.
Eine verständlich geschriebene Einführung in die Kommunikationspsychologie, die Selbstkundgabe, Sachvermittlung, Beziehungsgestaltung und Wirkungsaspekt als vier Seiten des kommunikativen Geschehens darstellt und auch Chancen und Risiken im Miteinander untersucht.

▌ **Schulz-Wimmer, Heinz:** Projektmanagement. Taschenguide Trainer mit CD-Rom. Rudolf Haufe Verlag: Planegg 2003.
Eine kleine Einführung in die hohe Kunst des Projektmanagements, die die Grundzüge erfolgreicher Projektarbeit deutlich macht.

▌ **Stahl, Eberhard:** Dynamik in Gruppen. Handbuch der Gruppenleitung. Beltz Verlag: Weinheim 2002.
Theorie und Praxis des Gruppengeschehens werden zusammenhängend dargestellt. Modelle wie z.B. zum Phasenverlauf des Gruppenprozesses dienen dazu, Praxisbeispiele

bzw. Tipps und Tricks für Gruppenleiterinnen und -leiter in einem übersichtlichen Rahmen einzuordnen.

▌ **Stiftung Niedersachsen (Hg.):** „älter – bunter – weniger". Die demographische Herausforderung an die Kultur. Transcript Verlag: Bielefeld 2006.
Auch Kunst und Kultur müssen sich den demographischen Veränderungen und den daraus resultierenden Chancen und Risiken stellen. Der Band bündelt erstmals Sichtweisen von Akteuren aus Kultur, Politik und Wissenschaft und präsentiert Erkenntnisse im internationalen Vergleich.

▌ **Tesch-Römer, Clemens; Engstler, Heribert; Wurm, Susanne:** Altwerden in Deutschland. Sozialer Wandel und individuelle Entwicklung in der zweiten Lebenshälfte. VS Verlag für Sozialwissenschaften: Wiesbaden 2006.
Wie sieht Altwerden in Deutschland aus und wie wandelt sich die Lebenssituation älter werdender Menschen? Die Studie, die auf einer repräsentativen Befragung von mehreren tausend Menschen im Alter zwischen 40 und 91 Jahren basiert, zeigt Chancen und Risiken unserer älter werdenden Gesellschaft auf und liefert Wissensgrundlagen zur Gestaltung einer lebenswerten Gesellschaft für alle Generationen. Sehr gute Kurzfassungen zu verschiedenen Themen als Download unter http://www.dza.de/forschung/forsch-alterssurvey.html#pressekonferenz

▌ **Vorstellung und Diskussion zentraler Positionen des Fünften Altenberichts der Bundesregierung mit Senioren, Seniorenverbänden und Seniorenorganisationen.** Fachtagung. Dokumentation der Fachtagung am 2. Mai 2005 in Berlin.
Der Fünfte Altenbericht befasst sich mit den Potenzialen des Alters aus zwei miteinander verknüpften Perspektiven: Zum einen sind für das Individuum deutlich größere Möglichkeiten zur Gestaltung des Lebens entsprechend eigenen Zielstellungen und Lebensentwürfen gegeben. Zum anderen ergeben sich weitreichende Anforderungen an die Gesellschaft, Rahmenbedingungen zu schaffen, die eine Entfaltung dieser individuellen Optionen ermöglicht. Auf der Tagung wurden zentrale Aussagen des Altenberichts vorab zur Diskussion gestellt.

Internetlinks

Hintergrund, Programme, Praxistipps

■ www.bagfa.de
Eine Vielzahl von Freiwilligenagenturen sind in der Bundesarbeitsgemeinschaft der Freiwilligenagenturen e.V. (BAGFA) organisiert. Auf der Website finden sich die entsprechenden Anlaufstellen sowie weitere Informationen zu Veranstaltungen, Wettbewerben u.a.m.

■ www.bagso.de
Die Bundesarbeitsgemeinschaft der Senioren-Organisationen (BAGSO e.V.) tritt als Interessenvertretung der älteren Generationen in Deutschland vor allem dafür ein, dass jedem Menschen ein selbstbestimmtes Leben im Alter möglich ist und die dafür notwendigen Rahmenbedingungen geschaffen werden. Sie setzt sich dafür ein, dass auch alte Menschen die Chance haben, sich aktiv am gesellschaftlichen Leben zu beteiligen und sich das im öffentlichen Meinungsbild über „die Alten" widerspiegelt. Die Förderung des freiwilligen Engagements von Älteren ist ein zentrales Anliegen der BAGSO. Die Website enthält entsprechende Anregungen, Hinweise auf Publikationen u.a.m.

■ www.buerger-fuer-buerger.de
Die Stiftung Bürger für Bürger hat sich zum Ziel gesetzt, das freiwillige, ehrenamtliche und bürgerschaftliche Engagement in seiner Vielfalt zu stärken und in der Öffentlichkeit stärker sichtbar zu machen. Die Stiftung versteht sich dabei als ein offenes Forum für den Diskurs und als Serviceeinrichtung für grundlegende Informationen. Diesen Anspruch spiegelt auch die Website mit zahlreichen aktuellen Infos und nützlichen Links.

▎ **www.buergergesellschaft.de**

Der Wegweiser Bürgergesellschaft informiert Interessierte über Möglichkeiten ehrenamtlichen Engagements. Zudem will das Angebot Politik und Verwaltungen dabei unterstützen, die notwendigen Rahmenbedingungen für solches Engagement zu schaffen. Sowohl für diejenigen, die zum ersten Mal aktiv werden, als auch für diejenigen, die sich schon seit längerem engagieren und nach neuen Ideen suchen, bietet die Website vielfältige praxisnahe Arbeitshilfen.

▎ **www.bund.net**

Der Bund für Umwelt und Naturschutz präsentiert in der Rubrik „Über uns" die Mitmachmöglichkeiten und Kontakte auf den verschiedenen Ebenen (Landesverbände, Kreis- und Ortsgruppen, Arbeitsgruppen, BUNDjugend).

▎ **www.efi-programm.de**

Homepage des Programms EFI (Erfahrungswissen für Initiativen) vom Bundesministerium für Familie, Senioren, Frauen und Jugend. Zwischen 2002 und 2006 werden in 35 Kommunen mit Unterstützung von Seniorenbüros, Freiwilligenagenturen und Selbsthilfekontaktstellen neue Verantwortungsrollen bzw. Qualifikationen für Ältere unter der Bezeichnung „seniorTrainerIn" erprobt. Die Website enthält neben vielen Infos auch zahlreiche Anschriften und Ansprechpartner von Agenturen für Bürgerengagement sowie eine kommentierte Linkliste.

▎ **www.ehrenamt.de**

Die Homepage der Akademie für Ehrenamtlichkeit ist eine Plattform für organisationsübergreifenden Erfahrungsaustausch für haupt- und ehrenamtlich Engagierte. Die Rubrik „Nachrichten" informiert über Neuigkeiten im Bereich des ehrenamtlichen Engagements. In der Rubrik „Qualifizierung" sind Weiterbildungsangebote gelistet.

▎ **www.ehrenamt-im-sport.de**

Die Internetseite bietet nicht nur für Sportlerinnen und Sportler in den vier Rubriken „Magazin", „Rat und Tat", „Unsere Aktion" und „Service" aktuelle Informationen, umfassende Vereinsberatung, kostenlose Analysen und zahl-

reiche Downloadmöglichkeiten für Zukunftsplanung, Anregungen, Checklisten, Anzeigenvorlagen oder Fotomotive.

▎ www.freiwillig.de

Das Bundesnetzwerk Bürgerschaftliches Engagement BBE ist ein gemeinsames Netzwerk aller drei großen gesellschaftlichen Bereiche – Bürgergesellschaft, Staat und Kommunen, Wirtschaft/Arbeitsleben – zur Förderung von bürgerschaftlichem Engagement und Bürgergesellschaft. Die Website bietet zahlreiche Informationen rund ums Thema „ehrenamtliches Engagement".

▎ www.generationendialog.de

1994 begann die Kampagne zur Verbesserung des Dialogs der Generationen, die 1997 zur Einrichtung des Projektebüros „Dialog der Generationen" führte. Das Projektebüro koordiniert und berät generationenübergreifende Projekte. Auf seiner Website findet sich u.a. eine umfangreiche Datenbank mit generationenübergreifenden Projekten, die viele Anregungen zur Nachahmung geben.

▎ www.generationennetzwerk.de

Die Internetpräsenz des Generationennetzwerks Umwelt informiert über die am Programm beteiligten Lernwerkstätten. Zudem gibt es eine umfangreiche Infobörse mit einer Projektdatenbank sowie kommentierten Literatur- und Linklisten.

▎ www.mitarbeit.de

Die Stiftung MITARBEIT bietet Bürgerinitiativen und Selbsthilfegruppen Beratung und Information, Kontakte und Vernetzungsmöglichkeiten sowie vielfältige praktische Hilfestellungen.
Mit dem Internetportal www.buergergesellschaft.de (s.o.) bietet die Stiftung MITARBEIT umfassende Informationen zu allen Fragen des Bürgerengagements und der Bürgerbeteiligung.

▎ www.nabu.de

Der Naturschutzbund Deutschland verstärkt seine Anstrengungen zur Gewinnung, Bindung und Qualifizierung von freiwillig engagierten Menschen. Auf seiner Website sind unter der Rubrik „Aktiv werden" die entsprechenden Angebote zu finden. Die einzelnen Landesverbände bieten ebenfalls über ihre Homepage besondere Aktionen an, wie z.B. der Landesverband Schleswig-Holstein über seinen „Freiwilligenbrief" (siehe www.schleswig-holstein.nabu.de; alle weiteren Verbände sind in der gleichen Logik aufzufinden, z.B. berlin.nabu.de, nrw.nabu.de usw.).

▎ **www.seniorenbueros.org**
Seniorenbüros sind Informations-, Beratungs- und Vermittlungsstellen für ehrenamtliches und freiwilliges Engagement in der nachberuflichen und nachfamilialen Lebensphase. Sie gehen auf ein Modellprogramm des Bundesministeriums für Familie, Senioren, Frauen und Jugend zurück. Seniorenbüros sind Ansprechpartner für Seniorengruppen und für andere Initiativen, die freiwillige Mitarbeiterinnen und Mitarbeiter suchen. Auf der Website finden sich Informationen, über die Standorte und die Angebote der Büros.

Programmträger

Deutsche Gesellschaft zur Förderung der Forschung im Alter e.V. (DGFFA), Hannover

Persönlichkeiten aus Wissenschaft, Wirtschaft und Politik gründeten im Jahr 1997 die Deutsche Gesellschaft zur Förderung der Forschung im Alter. Die Gesellschaft will durch ihre Aktivitäten

- auf das wachsende Entwicklungspotenzial, das die Älteren in der alternden Gesellschaft darstellen, aufmerksam machen,
- auf die Gefahr der Überforderung der Jüngeren in der strukturellen Alterung hinweisen und die Notwendigkeit der Zusammenarbeit der Generationen einsichtig machen,
- die Wissens- und Erfahrungspotenziale der älteren Generation am produktiven Wissens- und Erfahrungstransfer zugunsten der gesellschaftlichen Entwicklung fördern,
- das Interesse von Akteuren in Wirtschaft, Wissenschaft, Verwaltung, Gesellschaft an der Mitwirkung der Älteren und an einer neuartigen Zusammenarbeit der Generationen wecken und zu konkreten Vorhaben in ihren Arbeitsfeldern anregen.

Die Arbeitsweise der Gesellschaft ist vor allem anregender Art. Sie vollzieht sich ehrenamtlich, ohne hauptberufliche Mitarbeit und in der Regel im Rahmen von Kooperationsprojekten, in denen Mitglieder der DGFFA beratend mitwirken.

Institut für Entwicklungsplanung und Strukturforschung GmbH an der Universität Hannover (*ies*)

Das Institut für Entwicklungsplanung und Strukturforschung ist ein bundesweit tätiges unabhängiges Forschungs- und Beratungsunternehmen, das seit über 40 Jahren gesellschaftliche Prozesse analysiert und gestaltet. Das *ies* verfügt über ein breites Spektrum an Wissen, Kompetenz und Erfahrung.

Strukturforschung

Das *ies* befasst sich mit dem Wandel von Lebenslagen und Lebensphasen, mit sozial-räumlichen Entwicklungen und mit Veränderungen angesichts des demographischen Wandels. Ferner forscht das *ies* auf den Gebieten Arbeitsmarkt sowie Aus- und Weiterbildung. Eine Besonderheit des Instituts liegt in seiner Fähigkeit, die verschiedenen Politik- und Handlungsfelder zu verknüpfen. Das *ies* bedient sich des gesamten Methodenspektrums der quantitativen und qualitativen Forschung. Einen besonderen Schwerpunkt bildet die Durchführung von projektbegleitenden Evaluationen, die der Qualitätsentwicklung und dem Wirkungsnachweis dienen.

Entwicklungsplanung

Die empirischen Erkenntnisse der Forschungsarbeit und die Erfahrungen des *ies* bilden die Basis für die Erarbeitung von Handlungskonzepten, die Unterstützung von Akteuren durch Netzwerkmanagement, die Politikberatung durch die Mitwirkung in Kommissionen und Expertenrunden sowie die Beratung und Gestaltung von Prozessen. Bei dieser Transfer- und Beratungsarbeit finden die organisationalen und personalen Bedingungen und Entwicklungsoptionen stets Berücksichtigung. Die Arbeitsweise des *ies* ist beteiligungsorientiert und auf die Belange, Voraussetzungen und Ressourcen der jeweiligen Akteure ausgerichtet.

Themenfelder

Das *ies* bearbeitet Projekte in den Bereichen „Arbeitsmarkt und Qualifizierung" sowie „Lebenslagen und Lebensphasen". In der Projektentwicklung und -durchführung kooperieren die beiden Abteilungen eng miteinander, um die unterschiedlichen Kompetenzen der Mitarbeiterinnen und Mitarbeiter optimal zu nutzen und Synergieeffekte zu erzielen. Inhaltliche Schwerpunkte des Instituts liegen z.B. in den Themenfeldern Kinder, Jugend und Familie, Alterung, Bildung und Kompetenzentwicklung, Arbeitsmarkt, Migration, Stadtentwicklung.

Herausgeber des Praxisbuchs

Prof. Dr.-Ing. Dr. phil. h.c. Clemens Geißler, geb. 1931

- Handwerkslehre, Studium der Architektur/Stadtplanung, wissenschaftlicher Assistent an der Technischen Hochschule Hannover, Promotion und Habilitation
- Direktor des Instituts für Entwicklungsplanung und Strukturforschung GmbH an der Universität Hannover (*ies*) von 1973 bis 1996: Initiierung, Beratung und Begleitung von interdisziplinären Forschungs- und Modellvorhaben in den Bereichen Bildung und Wissenschaft, Generationen und Familie, Umwelt, Städtebau und Wohnungswesen, Infrastruktur und Entwicklung
- Mitgliedschaften in Akademien und Beratungsgremien, wie Wissenschaftlicher Beirat für Familienfragen beim Bundesministerium für Familie, Senioren, Frauen und Jugend, Sachverständigenkommissionen für die Sozialberichterstattung des Bundes (Familien- und Altenberichte), Bildungsrat beim Niedersächsischen Ministerpräsidenten, Hochschulstrukturkommission des Landes Sachsen-Anhalt, Jurys von Bundes- und Landeswettbewerben, wie „Mehrgenerationenwohnen", „Kinder- und Familienfreundliche Gemeinde", „TAT-Orte – Gemeinden im ökologischen Wettbewerb" (Deutsche Bundesstiftung Umwelt), Mitbegründer der Deutschen Gesellschaft zur Förderung der Forschung im Alter (DGFFA)

Dr. rer.soz. Claudia Olejniczak, geb. 1965

- Studium der Publizistik- und Kommunikationswissenschaften, freiberufliche Tätigkeit in der Öffentlichkeitsarbeit des Kommunalverbands Ruhrgebiet (KVR), Essen, und Promotion im Fach Sozialwissenschaften
- Seit 1998 im *ies* Hannover als wissenschaftliche Mitarbeiterin und Projektleiterin in verschiedenen Themenbereichen und seit 2005 Leiterin der Abteilung „Lebenslagen und Lebensphasen": Implementierung und Begleitung von Modellvorhaben, Durchführung von Studien sowie Netzwerkmanagement in den Bereichen Demographischer Wandel (insbesondere: Potenziale des Alters für generationenübergreifende Prozesse, Anpassung sozialer Infrastruktur zur Sicherstellung einer selbstbestimmten Lebensweise), Bürgerschaftliches Engagement, Kinder und Jugendliche, Integrationspolitik, Stadtentwicklung sowie Beschäftigungsförderung
- Konzipierung des *Generationennetzwerks Umwelt* gemeinsam mit Clemens Geißler; Begleitung der Lernwerkstätten sowie Koordination und Dokumentation des Gesamtprogramms während der Modelllaufzeit 2002 bis 2005

Fotonachweis
Akademie für Natur und Umwelt des Landes Schleswig-Holstein: 73 (2), 88; archivberlin/image100: 29; Image Direkt/John Foxx Images: 35, 74, 145, 146, 149, 156, 163, 165, 168, 169 (u); Image Direkt/ImageState: 97, 104; NABU-Naturschutzzentrum Rheinauen: 49, 59, 71 (u), 90 (2), 93 (2), 94, 95 (2), 99 (2), 100 (2), 102, 108; Nationalparkhaus Sächsische Schweiz: 110, 111, 112, 114, 115 (2), 117, 123; Ökologisches Schullandheim Licherode: Umschlag vorne, hinten (r, l), 13, 17, 39, 44, 45, 48, 51, 63, 71 (o, m), 124, 127, 129, 130, 131 (2), 132, 133, 135, 137, 138, 139, 141, 219; Katholische Erwachsenenbildung Niedersachsen – Bildungswerk Lingen: 143, 150, 151 (2), 154, 158; Mattonimages/PhotoAlto 77, 78, 160; PixelQuelle: 31; Projektebüro „Dialog der Generationen": 143 (m), 163, 164, 166, 167, 169 (o), 170, 172 (2), 173, 176, 177, 219; Zentrum Aktiver Bürger: Umschlag hinten (m), 11 (m), 37, 179, 181 (2), 182, 184, 185, 186, 187 (2), 189, 190, 193, 196, 197, 200 (2), 219 (m); Zentrum für Allgemeine Wissenschaftliche Weiterbildung der Universität Ulm: 11 (o, u), 22, 25, 40, 52, 66, 69, 143 (u), 201, 204, 205, 206, 207, 208, 209, 211, 214, 215, 217